STRAUSS · VOEGELIN

Copyright © 1993, 2004 by The Curators of the University of Missouri,
University of Missouri Press, Columbia, MO 65201
Todos os direitos reservados
Copyright da edição brasileira © 2017 É Realizações
Título original: *Faith And Poltical Philosophy: The Correspondence between Leo Strauss and Eric Voegelin, 1934-1964*

Editor
Edson Manoel de Oliveira Filho

Produção editorial
É Realizações Editora

Preparação de texto
Célia Cassis

Revisão
Mariana Cardoso

Capa e diagramação
Nine Design Gráfico | Mauricio Nisi Gonçalves

Reservados todos os direitos desta obra. Proibida toda e qualquer reprodução desta edição por qualquer meio ou forma, seja ela eletrônica ou mecânica, fotocópia, gravação ou qualquer outro meio de reprodução, sem permissão expressa do editor.

CIP-Brasil. Catalogação na Publicação
Sindicato Nacional dos Editores de Livros, RJ

F31

    Fé e filosofia política : a correspondência entre Leo Strauss e Eric Voegelin (1934-1964) / [Leo Strauss, Eric Voegelin] ; tradução Pedro Sette-Câmara. -- 1. ed. -- São Paulo : É Realizações, 2017.
    288 p. ; 23 cm.

    Tradução de: Faith and political philosophy : the correspondence between Leo Strauss and Eric Voegelin
    Inclui bibliografia e índice
    ISBN: 978-85-8033-299-5

    1. Strauss, Leo, 1899-1973 - Correspondência. 2. Voegelin, Eric, 1901-1985 - Correspondência. 3. Ciência política - História. 4. Ciência política - Filosofia. 5. Livros eletrônicos. I. Voeglin, Eric. II. Sette-Câmara, Pedro.

17-40820   CDD: 320.09
                                                                                         CDU: 32(09)

03/04/2017   04/04/2017

É Realizações Editora, Livraria e Distribuidora Ltda.
Rua França Pinto, 498 · São Paulo SP · 04016-002
Caixa Postal: 45321 · 04010-970 · Telefax: (5511) 5572 5363
atendimento@erealizacoes.com.br · www.erealizacoes.com.br

Este livro foi impresso pela Paym Gráfica e Editora em julho de 2017. Os tipos são da família Adobe Garamond Pro e AT Solid Antique. O papel do miolo é o Lux Cream 70g, e o da capa, cartão Supremo 250g.

FÉ E FILOSOFIA POLÍTICA

A CORRESPONDÊNCIA ENTRE LEO STRAUSS E ERIC VOEGELIN
1934-1964

ORGANIZAÇÃO, EDIÇÃO E INTRODUÇÃO DE PETER EMBERLEY E BARRY COOPER

Tradução
Pedro Sette-Câmara

É Realizações
Editora

Sumário

Introdução 7

Agradecimentos 27

PARTE 1 – A CORRESPONDÊNCIA STRAUSS-VOEGELIN 1934-1964

Lista de Cartas 31

Apêndice à Carta 10: Carta de Voegelin a Alfred Schütz sobre
Edmund Husserl..47

Apêndice à Carta 20: Resenha de Voegelin de *Da Tirania*, de Strauss;
resposta de Strauss à resenha de Voegelin 72

PARTE 2 – ENSAIOS

Jerusalém e Atenas: Algumas Reflexões Preliminares
Leo Strauss... 135

Evangelho e Cultura
Eric Voegelin.. 167

Imortalidade: Experiência e Símbolo
Eric Voegelin.. 207

A Influência Mútua entre Teologia e Filosofia
Leo Strauss... 249

Índice Analítico 267

INTRODUÇÃO

A ciência política foi fundada por Platão no meio da crise da sociedade helênica. O colapso do consenso a respeito dos princípios ordenadores do mundo político e dissensões sociais provocadas pela extrema polarização entre dogmatismo e ceticismo deram a Platão uma experiência direta da instabilidade política e espiritual. Como é característico, os problemas fundamentais da ordem política tornam-se questões que despertam uma preocupação generalizada durante épocas de instabilidade. Não é possível ignorar a desordem. Em épocas sem perturbações, a ciência política tende a contrair-se, tornando-se um empreendimento descritivo, talvez uma justificação dos princípios que animam veneráveis instituições e práticas tradicionais. Por outro lado, épocas de agitação revolucionária e de levantes políticos, ou aquilo que Toynbee chamou de "épocas de perturbação", geralmente coincidem com uma expansão da ciência política, que se torna uma descrição abrangente da sociedade humana, da história e dos princípios fundamentais da ordem. Repetidas vezes, na história da humanidade, análises profundas surgiram de sérias crises políticas.

Para usar um linguajar convencional, essas análises constituem o cânone da filosofia política. Mantendo-se o foco em fenômenos ocidentais ou expandindo-o a fim de considerar os grandes pensadores políticos da Índia e da China, encontra-se a associação entre crises políticas e a formulação de princípios de ciência política. Além disso, essa generalização empírica é teoricamente inteligível à medida que a efetiva experiência da desordem política leva pensadores sensíveis às coisas do espírito a propor uma resposta que busque restaurar uma consciência dos princípios de ordem política, social e individual que de início estava na mente do pensador individual e depois, talvez, nas mentes e ações de outrem. O legado desses esforços está contido nos textos canônicos que dão testemunho da busca pela ordem, e que permitem que leitores subsequentes resgatem ou reconstituam as origens experienciais e reflexivas desse processo de consciência.

Não há garantia de sucesso. A busca por uma consciência dos princípios pode seguir por inúmeras trilhas que não levam a lugar nenhum. Pode-se buscar, por exemplo, uma precisão que só será encontrada na matemática. Pode-se valorizar a linguagem cristalizada enquanto doutrina como a descrição da verdade em vez de olhar os símbolos da linguagem como índices de movimento num processo meditativo. Por outro lado, tentações antinômicas podem levar um pensador a renunciar integralmente ao bom senso. Há, em suma, miríades de maneiras de diminuir a amplitude completa da experiência. Uma coisa, porém, parece clara, ao menos à medida que as evidências nos permitem julgar: é que todos os grandes pensadores modernos começaram sua investigação refletindo a respeito da situação concreta das épocas de perturbação que eles mesmos viviam. Muitas vezes, uma experiência intensa de tirania, de injustiça ou do mal leva as pessoas a primeiro refletir sobre o sentido concreto que isso tem para elas, e a partir daí começam a procurar os princípios da ordem subjacentes às perturbações que acontecem. Além disso, as turbulências, as tensões e as ambiguidades visíveis em acontecimentos reais e imediatos normalmente refletem uma complexidade que deve ser inserida na equação quando a ordem da realidade é simbolizada pela consciência filosófica. O concreto, pode-se dizer, tem um efeito estabilizador sobre essa simbolização.

As vidas e as obras tanto de Leo Strauss quanto de Eric Voegelin conformam-se ao padrão que acabamos de esboçar. Ambos desenvolveram explicações abrangentes de desordens políticas contemporâneas e fizeram-no, além disso, a partir de experiências concretas similares, isso é, da revolução nacional-socialista, que fez dos dois refugiados nos Estados Unidos. Um fator que une seus pensamentos é que nenhum deles evitou o esforço de lidar com as complexidades inerentes à sua situação concreta. Ambos tentaram resgatar o tipo de encontro direto com as coisas políticas que caracterizou a ciência política de Platão e de Aristóteles.

Desde as mortes de Strauss (1973) e de Voegelin (1985), uma quantidade considerável de publicações acadêmicas dedicou-se à explicação de suas obras. Além disso, a publicação póstuma de ensaios dispersos e de material até então inédito deu aos estudiosos novo material para exegese, análise e, claro, ocasiões para expressar as opiniões críticas dos dois homens e de outros intérpretes, às vezes rivais, de suas obras. Esse material doxográfico é de interesse considerável por si mesmo, e não só porque ilustra para os estudiosos contemporâneos o antiquíssimo problema da sucessão. A geração dos fundadores agora foi sucedida por alas rivais de diádocos e também por seus inimigos bárbaros comuns, hipnotizados pelo sectarismo doutrinal e pelas delícias da polêmica. Boa parte desse material polêmico sem dúvida ter-se-ia beneficiado de um estudo atento da correspondência aqui apresentada, uma troca que pouco exibe da rigidez doutrinal tão em ascensão nos dias que correm. O que é significativo a respeito da presente coletânea, porém, é simplesmente que ela ofereça além de uma visão história do desenvolvimento primitivo das "posições" de Voegelin e de Strauss a respeito dos diversos assuntos e problemas que os dois homens discutiam. Antes, a correspondência entre Voegelin e Strauss ilustra como dois filósofos (ou cientistas políticos, no sentido amplo e aristotélico) puderam manter uma discussão intensa ao longo de tantos anos, comprometidos não com a vitória, mas com a exegese cooperativa da realidade política. Tanto Strauss quanto Voegelin concordavam que era mais importante ter clareza a respeito das questões fundamentais do que concordar a respeito das respostas para essas questões. Essas cartas iluminam ao menos parte do processo de clarificação crítica.

A concordância deles quanto ao propósito da filosofia política – isso é, a elucidação das questões fundamentais – serviu, sem paradoxo nem contradição, como base para que Strauss e Voegelin pudessem discordar um do outro. Além disso, como suas discordâncias quanto aos detalhes e também a concordância quanto ao principal se voltavam para a clarificação da estrutura da realidade política, a troca de ideias foi inicialmente proveitosa para os dois autores e continua proveitosa para nós. A concordância deles quanto aos detalhes da questão do dito behaviorismo ou da importância de Sir Karl Popper, famoso intelectual, não surpreenderá ninguém, porque tanto Strauss quanto Voegelin eram pensadores sérios, para quem o desprezo pelas questões fundamentais era uma abdicação da responsabilidade filosófica. O meio epistolar é claramente vantajoso para leitores posteriores porque permitiu que os dois homens expressassem suas perspectivas a respeito do estado contemporâneo de degeneração da ciência social com franqueza coloquial que seria necessariamente extirpada em publicações acadêmicas.

A troca nas Cartas 3 e 4 é um bom exemplo de seu esforço comum para obter clareza quanto às questões relevantes. Ali eles discutiram alguns dos problemas que surgiram na resenha crítica feita por Voegelin de *The Theory of Legal Science* [A Teoria da Ciência Jurídica], de autoria de Huntington Cairns. Strauss começou observando que a posição de Cairns, que Voegelin criticara, "não é digna de discussão". Strauss a caracterizava como "o último resquício da ciência estabelecida por Platão e Aristóteles". Strauss então descreveu a ciência platônico-aristotélica e acrescentou que a crítica feita por Voegelin à posição de Cairns se baseava não num resgate da ciência platônico-aristotélica original, mas no cristianismo. Aqui Strauss e Voegelin concordaram quanto ao valor científico ou intelectual da obra de Cairns, mas aparentemente tinham razões diferentes para seus julgamentos adversos.

Segundo Strauss, a ciência jurídica de Cairns era um resquício defeituoso da ciência platônico-aristotélica. A ciência jurídica de Cairns não rejeitava explicitamente a ciência platônico-aristotélica, ainda que rejeitasse explicitamente o cristianismo, que Strauss julgava ser a base da crítica de Voegelin. Para Strauss, então, a superficialidade da ciência jurídica de Cairns era explicada pela relação entre a ciência platônico-aristotélica e esse resquício degenerado. A crítica proposta por Voegelin à luz do cristianismo ficava, portanto, do lado de fora da questão. Por isso Strauss observou para Voegelin: "O senhor dirá... que o conceito platônico-aristotélico de ciência foi derrubado pelo cristianismo e pela descoberta da história. Não estou tão certo disso". Assim, para Strauss, bastava olhar para a crítica da ciência platônico-aristotélica feita pela ciência moderna; quando Strauss tentou fazê-lo, restou a questão de qual das duas seria superior.

A resposta de Voegelin tocou diretamente nesses tópicos. Para ele, o ponto de partida era não a ciência platônico-aristotélica, e sim "o problema platônico-aristotélico", no centro do qual havia, ao menos para Platão, um complexo de experiências fundamentais cujo foco estava na personalidade e na morte de Sócrates. A alma de Platão, dizia Voegelin, fora ordenada em resposta àquele defrontar-se real, imediato e concreto com Sócrates; essa experiência permitia-lhe tanto compreender a desordem à sua volta como resistir a ela, ao menos em sua própria alma. Os indícios disso estariam de um lado na realização teórica da ciência política, e de outro, na comunicação de Platão do sentido de seu defrontar-se com a alma socrática bem-ordenada. Segundo Voegelin, Platão transmitiu as experiências básicas e fundamentais desse defrontar-se com Sócrates por meio da forma discursiva e linguística do mito.

Além disso, Platão empregou a forma discursiva da ciência. Ele também usou essa forma de discurso para discutir tanto tópicos "periféricos à pessoa" (na terminologia de Max Scheler) quanto questões substanciais da ordem humana. Posteriormente, esse uso ambíguo levou à grande confusão aqui identificada por Voegelin como "cientificismo". À luz das confusões contemporâneas ocasionadas por uma concepção excessivamente rígida do que deve ser considerado ciência, pode-se dizer que a dificuldade era simplesmente que Platão não fazia diferença entre os dois tipos de discurso científico; o que Voegelin queria particularmente esclarecer, portanto, era que a ciência política platônica era científica porque o mito platônico da ordem da alma socrática estabelecia os critérios fundamentais pelos quais as evidências relativas à realidade política seriam consideradas relevantes para a discussão científica. Somente nesse sentido, segundo Voegelin, Platão baseava sua ciência no mito. Strauss, ao contrário, preferia falar do "argumento" discursivo e da "ação" dramática" de um diálogo platônico. O ponto importante de concordância é que para nenhum dos dois Platão era apenas o autor de um argumento.

Voegelin deu seguimento a essas observações com uma explicação da ciência política de Aristóteles e de seus fundamentos. Segundo Voegelin, não era o mito nem o "drama" da alma socrática, e sim a vida teórica do místico intelectual que era o centro experiencial da ciência política aristotélica. Porém aquela ciência política só foi possível graças à obra de Platão, que Aristóteles tomou como um dado. Assim, Aristóteles aceitou o critério de relevância do mito platônico e, segundo Voegelin, "conceituou-o".

Por fim, Voegelin voltou-se para a questão do cristianismo e de sua relação com a ciência platônico-aristotélica. Ele discordou da interpretação de Strauss de sua própria posição, de que a ciência platônico-aristotélica havia sido morta ou superada pelo cristianismo e pela descoberta da história. Na verdade, segundo Voegelin, o cristianismo e a história mudaram o sentido do mito da alma socrática em um aspecto decisivo: a explicação platônico-aristotélica do ser humano era a de um ser da pólis, mas também de um ser ligado ao cosmos divino por meio do *omphalos* délfico. Assim, não havia comunicação direta ou imediata entre o indivíduo e Deus. E, em correlação com isso, segundo Voegelin, a ciência platônico-aristotélica do homem era particularmente helênica e, portanto, não universal. O cristianismo e a história haviam ampliado os critérios relevantes da obra platônica-aristotélica.

Fica claro com base nesse resumo das duas cartas que Strauss e Voegelin não concordavam a respeito da importância de questões essenciais como os fundamentos e o caráter da ciência platônico-aristotélica e a relação entre essa ciência e o cristianismo. A resposta de Strauss, na Carta 5, ilustra bem o que se disse antes a respeito de sua preocupação conjunta à clarificação das questões fundamentais. Strauss enfaticamente negava o argumento de Voegelin de que a ciência política de Platão e de Aristóteles era intencionalmente particularmente helênica; assim, segundo sua explicação, o cristianismo não precisava universalizar as intuições de Platão e de Aristóteles. Mesmo assim, se ele afirmou abertamente que não considerava correta a interpretação de Voegelin, também escreveu que era "monumentalmente superior" a praticamente tudo o mais que havia. Isso não foi apenas um elogio feito por polidez.

Para usar uma linguagem convencional e um tanto opaca, o tópico "razão e revelação" permaneceu implícito em boa parte de sua correspondência subsequente, que, em sua quase totalidade, veio antes da publicação da obra madura dos dois. Os leitores observarão que as cartas mais longas e de maior fôlego filosófico foram escritas ou antes da época em que ambos deram suas palestras na Universidade de Chicago, como parte da série patrocinada pela Fundação Charles R. Walgreen para o Estudo das Instituições Americanas, ou durante essa época. Strauss deu sua primeira série de palestras em 1949; os resultados foram publicados em *Natural Right and History* [Direito Natural e História], de 1953. As palestras de Voegelin, em 1951, resultaram em *A Nova Ciência da Política* (1952), e a segunda série de Strauss, em 1953, foi publicada como *Thoughts on Machiavelli* [Considerações sobre Maquiavel], de 1958. Além disso, em 1956 Voegelin publicou o primeiro dos cinco volumes de *Ordem e História* (1956-1987), sua obra-prima.

A presente coletânea de cartas não pretende ser uma introdução às obras de Voegelin e de Strauss. Essa tarefa já foi assumida com sucesso considerável por outras pessoas. Claro que também houve uma controvérsia considerável, sobretudo no que diz respeito às divisões internas e à influência política da dita escola straussiana. Isso, porém, é outro assunto.

Sob o risco de impor um esquema excessivamente rígido, pode-se dizer que os principais temas da correspondência foram os indicados no título deste volume. A questão da filosofia política, por exemplo, foi levantada na resenha de *The Theory of Legal Science*, de Cairns. O livro de Cairns tratava daquilo que poderia ser chamado de política constitucional e liberal-democrática comum. A inadequação de seu tratamento ilustrou diversos problemas contemporâneos e ainda não resolvidos da ciência social. A resenha feita por Voegelin em *Da Tirania*, de Strauss, por sinal a única resenha pública que um faria da obra do outro, ilustrava esses problemas no contexto mais difícil do colapso constitucional e da tirania. As duas resenhas foram publicadas durante o período mais intenso dessa correspondência.

Os escritos da Parte 2 lidam explicitamente com o tópico "razão e revelação", ou fé e filosofia política. Contudo, ao contrário do material incluído na resenha de Voegelin e na resposta de Strauss, e ao contrário dos assuntos discutidos, sobretudo na correspondência, os ensaios foram todos escritos com base nas perspectivas e nos argumentos desenvolvidos por ambos em sua maturidade. Os leitores assim poderão acompanhar o desenvolvimento das observações mais tardias e mais amplamente consideradas de Strauss e de Voegelin a partir das primeiras formulações que surgiram ao longo de sua conversa epistolar.

Diversas das questões que surgem nessa comparação contribuem para entender a natureza da concordância e da discordância entre Strauss e Voegelin. A mais imediata delas diz respeito ao ambiente intelectual norte-americano, no qual os dois se encontraram após fugir do nacional-socialismo. Tratava-se de um amálgama de pragmatismo e de bom senso, mas também de positivismo, fenomenalismo, historicismo e behaviorismo, esses últimos unidos em grande parte pelo desejo de emular as realizações da ciência natural. O que preocupava os dois pensadores a respeito desses movimentos intelectuais era a ausência de substância filosófica em seu núcleo. Esse oco ficava evidente, sobretudo, na incapacidade da ciência contemporânea de analisar criticamente a óbvia desordem da vida política europeia na década de 1930.

Strauss dedicou boa parte de seus escritos a explicar como as diversas crises de sua época eram sintomas de uma crise intelectual e espiritual mais fundamental. As ciências sociais, dizia, não conseguiam justificar a afirmativa de que suas investigações constituíam um empreendimento racional interessado na verdade. De fato, hoje as ciências sociais evitam a questão de analisar ou de validar a racionalidade ou a justiça de propósitos políticos.

A razão para esse estado de coisas é que os instrumentos interpretativos dominantes das ciências sociais, o positivismo e o historicismo, não reconhecem a especificidade do âmbito político e consideram indiscerníveis as bases que um dia possibilitaram a avaliação da política. A política, para a ciência social moderna, não tem mais dignidade do que outras atividades sociais; a filosofia política foi assim degradada, tornando-se meramente outra ideologia. O positivismo eleva o conhecimento científico, baseado no modelo da ciência natural, ao status de genuíno conhecimento, e assim invalida os julgamentos que não exibem a universalidade, a certeza e a precisão das formas matemáticas. O historicismo priva os princípios do entendimento e da ação de qualquer fundamento que não seja a "decisão infundamentada" ou a "dispensação do destino". Em sua forma mais radical, mas ao mesmo tempo inevitável, o historicismo demanda uma reavaliação total de todos os valores e novos começos recorrentes. O historicismo radical de Heidegger, por exemplo, demanda um repúdio integral de todos os tipos anteriores de interação humana e de pensamento humano, incluindo as formas tradicionais de trabalho e de ação políticos, e presume, ao afirmar um "momento absoluto" de intuição da estrutura da história inteira, abrir-se para uma existência inteiramente nova, mas inespecificável. Essa "perspectiva escatológica", como Strauss observava, obviamente afasta as características naturalmente restritivas e limitadoras tanto da política quanto da filosofia política.[1] O risco dessa falta de moderação pode ser melhor entendido, sugere Strauss, pelo exame dos comentários preditivos de Nietzsche a respeito das guerras do século XX, do governo planetário, e de outras transformações cataclísmicas. Se os construtos da realidade, que dominam os círculos intelectuais atuais, permanecerem, segundo Strauss, a maior parte das pessoas vai achar cada vez mais difícil levar uma vida segura e decente.

Muitas das afirmativas de Strauss a respeito de como são simplórios os modelos dominantes das ciências sociais e sobre as perigosas implicações desse simplismo aparecem em suas análises de textos clássicos. Nas elaboradas criações de Platão e de Aristóteles, certas posições muitas vezes são apresentadas só para mostrar como podem ser politicamente voláteis as explicações abreviadas da realidade. Os argumentos de Polímarco, Adimanto,

---

[1] "Philosophy as Rigorous Science and Political Philosophy", *Interpretation: A Journal of Political Philosophy*, vol.2, n.1, 1971, p. 5-7.

Polo, Eriquímaco, Aristófanes, Hipódamo, Fedro ou até do próprio Sócrates, nesses textos, são fragmentos abstraídos daquele todo ao qual aspira toda filosofia abrangente. Negligenciar a natureza sintética do homem, ou o conflito essencial entre política e filosofia, que advém dessa natureza, ou não basear a investigação nas verdades elementares do entendimento pré-científico, ou não contrabalançar o temor reverencial com um senso de viabilidade, ou exigir que as coisas humanas tenham uma exatidão que o assunto não pode proporcionar – esses atos são em primeiríssimo lugar erros intelectuais. Mas no século XX as expectativas que eles trazem também nutriram o ativismo ideológico e movimentos políticos de massa, que são perversões espirituais e também erros intelectuais. A abstração do todo leva não apenas à menor capacidade de pensamento bem como a expectativas "hiperperfeccionistas" associadas a um cinismo covarde quanto à possibilidade de ação política. Um exame dos principais campos e correntes das ciências sociais revela um padrão de persistente e repetida abstração dos traços fundamentais da existência humana. Somente o resgate de uma filosofia política abrangente, defendia Strauss, poderia reintegrar os fragmentos da vida humana, atualmente apropriados por disciplinas independentes da ciência social, numa explicação adequada da existência humana.

Voegelin também questionava o quanto a ortodoxia reinante determinava os critérios de relevância teórica. Três fatores em particular, dizia, dominavam a ortodoxia da ciência social. Um era o cientificismo, que partia do pressuposto de que todos os fenômenos humanos poderiam, ao menos em princípio, ser estudados segundo os termos da física; o segundo era a centralidade da epistemologia na investigação intelectual; o terceiro era a predominância do foco na metodologia. O que eles três produzem, sugeria Voegelin, é uma transfiguração do modo como a realidade é conhecida pelos seres humanos e o impedimento de que componentes cruciais dessa realidade sejam considerados. Primeiro, ao estipular que o que pode ser conhecido cientificamente, isto é, conhecido como verdadeiro, a respeito da natureza humana, está limitado àquilo que pode manifestar-se na forma matemática das leis da física, o cientista social acaba por anular a singularidade do homem em relação ao resto da natureza. Ao presumir que nenhuma diferença decisiva distingue a existência humana de outras naturezas orgânicas ou vegetativas, condena-se o estudo dos seres humanos à estimativa de regularidades comportamentais emanadas de sua estrutura biológica. Isso nega que o ser humano seja "o centro criativo espiritual da sociedade e da história".² Nega também que os seres humanos são responsáveis pelas diversas compreensões da ordem que eles efetivamente possuem. Segundo, ao presumir que a investigação filosófica pode ser exaurida por meio de explicações de como e em que condições o sujeito cognoscente apreende o objeto cognoscível, negligencia-se o contexto abrangente dentro do qual o sujeito busca saber – isso é, sua consciência da participação numa realidade que transcende seus próprios talentos cognitivos. A consciência participatória, diz Voegelin, se pretende ser uma expressão de uma verdadeira responsividade à realidade em sua inteireza, terá necessariamente de reconhecer que a cognição é uma parte da resposta humana à transcendentalidade do ser. Por fim, a subordinação da relevância teórica ao método dificulta, se não impossibilita, reconhecer que existem domínios distintos do ser, que exigem métodos diferentes para ser devidamente analisados. A escolha do método adequado depende de sua utilidade para o propósito da investigação, e não o contrário. A inversão de método e propósito significa simplesmente que, ainda que as diferentes disciplinas das ciências sociais estejam associadas a um mesmo método "científico", não há um arcabouço de referências que componha essas disciplinas numa unidade de sentido. Cada disciplina poderia afirmar seu significado, mas essa afirmação não estabelece sentido. Além disso, fazer do método o único critério da ciência negaria que as "verdades elementares" do entendimento pré-científico tiveram qualquer importância para a natureza ou o propósito do método usado para chegar-se ao entendimento teórico dessas verdades. O resultado, dizia Voegelin, só poderia ser a perda do sentido da ciência enquanto "explicação verdadeira da estrutura da realidade" porque elementos significativos da realidade simplesmente seriam ignorados.³

Ao restringir o foco e perder o propósito substantivo da investigação científica social, o resultado é um fechamento da psique e uma perda da responsividade à realidade a que a ciência aspira. E essa negação e reinvenção imaginativa da realidade, dizia Voegelin, é a condição intelectual que contribui

---

² Eric Voegelin, "The Theory of Legal Science", *Louisiana Law Review 4*, 1942, vol.4, p. 564. Reproduzido em *The Collected Works of Eric Voegelin*, vol. 27. *The Nature of Law and Legal Writings*, Eds. Robert Anthony Pascal et al., 1991. Disponível por Columbia: University of Missouri Press, 1999, cap. 6.

³ *The New Science of Politics*, Chicago, University of Chicago Press, 1952, p. 5. Reproduzido em *The Collected Works of Eric Voegelin*, vol. 5; *Modernity without Restraint: The Political Religions; The New Science of Politics; Science, Politics and Gnosticism*, Columbia, University of Missouri Press, 2000.

para a construção de ideologias políticas e que por fim ajuda a inspirar a ação política de massa. Um exame da "ideia de raça", da propaganda, da destruição da linguagem e da construção das religiões políticas e das teologias civis mostra, como Voegelin demonstrou em seus primeiros trabalhos, como os fenômenos podem ser distorcidos imaginativamente com a intenção de recriar a substância da existência. Posteriormente ele direcionaria sua atenção para a transfiguração imaginária dos símbolos transcendentes ao mundo em projetos sociais imanentes ao mundo. Apesar do aspecto imaginário ou "mágico" dessas ações, elas são ainda assim capazes de mobilizar apoio para as transformações revolucionárias da existência humana com promessas do tipo "a guerra para acabar com todas as guerras", "a libertação da humanidade", ou "o fim da injustiça". Esses sonhos de uma atualização pragmática e histórica da perfeição e da pureza partem de uma concepção de uma personalidade intramundana para quem as ambiguidades ontológicas implicadas pela combinação dos símbolos corpo/alma, perfeição/imperfeição, finito/infinito e vida/morte foram condensadas em variáveis psicológicas ou sociais, isso é, em variáveis manipuláveis, variáveis que podem ser forçadas a harmonizar-se umas com as outras pela aplicação de força suficiente. O que essas "ideias" têm em comum é seu laço desprezível com um arcabouço de referências tirado da experiência comum da realidade primária. Elas compartilham o pressuposto de que a existência humana é mais simples do que o composto integrado por corpo e alma, do que as ambiguidades e as concessões pragmáticas da situação histórica, do que as tensões de nossa existência espiritual num movimento meditativo para a realidade do fundamento divino do ser. Elas têm "realidade" só porque foram situadas dentro de um "sistema" e tiveram efeitos sociais por causa da mobilização e da agitação políticas. Mas na verdade elas constituem uma "segunda realidade", porque as ambiguidades ontológicas da existência humana não são elementos de um sistema. As "ideias" de perfeição e de pureza contraem a realidade, negando as ambiguidades a que o bom senso e a linguagem ainda rendem tributo. Essa "contração" da existência, dizia Voegelin, é menos um erro científico do que uma manifestação de uma desordem espiritual e de uma resistência à realidade. E as restrições da consciência manifestaram-se, na prática, nas deformações restritivas da existência humana que sustentaram as ideologias políticas e os movimentos políticos de massa do século XX.

Strauss e Voegelin concordam, então, que as deformações políticas do século XX foram antecipadas por constructos intelectuais da realidade que se distanciam da realidade e que restringem o horizonte da existência humana. Por sua vez, esses movimentos intelectuais são preparativos para a ação política. Esses constructos imaginários nascem de uma incapacidade de determinar o que é relevante ou irrelevante na ciência política. A "abstração" ou "contração" da realidade trouxe "ideias" eficazes, mas imaginárias para as guerras ideológicas assassinas que podem ser travadas em nome da ciência, do progresso e de um novo humanismo. Os acontecimentos do século XX demonstraram o quão mortífero esse erro aparentemente "intelectual" podia ser, como o mundo de fantasia dos intelectuais podia traduzir-se nos horrores da dominação política. Tanto Strauss quanto Voegelin perceberam que denunciar as distorções da realidade por trás desses fenômenos demandaria um resgate do ser humano integral enquanto foco da ciência política, uma renovação de uma filosofia que mais uma vez considerasse o ser essencial do homem, ou a natureza humana. Para ambos, essa retomada da antropologia filosófica seria orientada pela filosofia clássica, pela clareza trazida por Platão e por Aristóteles a respeito de, como disse Strauss, "quais são as questões fundamentais e como elas devem ser abordadas".

Os dois pensadores compartilhavam a convicção de que o colapso interno da filosofia moderna havia possibilitado uma renovação da experiência de pensar e um encontro direto com a realidade, sem a mediação de séculos de preocupação em formular uma investigação filosófica genuína. Mas o que se quis dizer por renovar o empreendimento filosófico no "nível platônico-aristotélico de questionamento"? Que formato teria essa renovação?

Voegelin afirma que a busca por ordem política está presente na responsividade humana à ordem do ser. Compreender essa ordem significa simbolizar em linguagem inteligível a experiência da participação pré-articulada nela. Mas a experiência da participação é sempre "um intermédio de ignorância e conhecimento, de tempo e intemporalidade, de imperfeição e perfeição, de esperança e realização, e, em última instância, de vida e morte" – em suma, de irredimível ambiguidade. O processo da realidade de que o ser humano participa contém uma dimensão histórica, cujo aspecto mais óbvio é experimentado como desassossego, inquietação ou "tensão". O que dá aos símbolos sua força persuasiva particular é sua proximidade com essa tensão da e na realidade. Porém a intimidade do símbolo e a experiência da tensão podem ser perturbadas facilmente, sobretudo quando o símbolo é abstraído da experiência originária e transformado num constituinte linguístico de doutrina.

A transformação dos símbolos em doutrinas faz as condensações de participação num campo difuso da realidade passarem a ser instrumentos de cognição. A realidade, escreve Voegelin, não é externa à consciência, e, portanto, não é objeto de cognição. Trata-se de um processo dentro do qual os seres humanos estão situados e que é iluminado de dentro.

Voegelin considera o dogmatismo, que colore todas as dimensões daquilo que ele e Strauss chamam de crise da modernidade, um problema maior do que a ausência de finalidade. A consciência filosofante não pode ficar do lado de fora desse processo da realidade, além da experiência da tensão existencial, e discernir seu sentido como um todo. Isso significa que a "verdade" não é uma posse mas uma dimensão da "existência na tensão". A simbolização dessa "verdade tensional" ou "verdade existencial" é como o mistério da realidade se torna significativo. A "verdade existencial" não é, portanto, uma representação da realidade em uma imagem de realização, de completude e de perfeição. Mas o termo existencial também não deveria evocar a ideia de um sentido meramente transitório situacionalmente preso na infinita e irrestrita temporalidade. Nas duas versões os símbolos deixam de expressar a realidade, e a razão deixa de iluminar o contexto dentro do qual se situa a existência pessoal.

Mas Strauss não se contentou com essa formulação; ele objetava, por exemplo, ao uso que Voegelin fazia da palavra *existencial*. Por trás desse uso, a seu ver, estava a separação de Heidegger do pensamento e da metafísica, e também seu apego ao Ser, entendido como o processo gerador indeterminado de emergência e de supressão. O "existencialista" heideggeriano, em busca de um "pertencimento" primordial ao Ser, que antecede o subjetivismo e o objetivismo, não contribui, diz Strauss, para a necessidade humana de princípios morais e políticos. "Existencial", afirma Strauss, "opõe-se a 'objetivo', 'teórico', e assim trai [uma] origem antiplatônica... à medida que sou sério e que existem perguntas, procuro pela verdade objetiva." E essa "objetividade" necessariamente exclui o histórico "infinitamente desimportante". "A 'história'", diz Strauss, "pertence à dimensão prática, à dimensão que é subordinada ao teórico." Será isso uma disputa de fórmulas linguísticas ou uma disputa de princípios?

É verdade que Voegelin resiste à demanda por "objetividade", ao menos no sentido em que o termo costuma ser usado, porque ele considera sua busca uma contração e uma redução da gama de elementos relevantes que constituem a consciência filosofante. "A ideia do homem", dizia ele, "não é um dado no mundo exterior, mas uma criação do espírito humano, que passa por mudanças históricas, e ela precisa ser criada a cada geração, e por cada pessoa em particular." Além disso, mais uma vez, ao contrário de Strauss, ele não está disposto a fazer a forte afirmação de que o objetivo de uma história rememorativa da filosofia seja a verdade, preferindo limitar a empreitada ao propósito mais modesto de explicar "transformações existenciais" em que a "verdade" se torna socialmente eficaz ou tem sua eficácia impedida. Para Voegelin, isso não implica uma negação nem uma relativização da estrutura da realidade, como sua lista de temas "existenciais" deixa claro: "teogonia... destruição do conhecimento da verdade por meio da *pleonexia* dos intelectuais... a eficácia da autoridade por meio da disposição intelectual para reproduzir imaginativamente a verdade conhecida". Não está claro, porém, que essa resposta fosse satisfazer à objeção de Strauss.

Voegelin, ao que parece, limita-se a simbolizar o processo da experiência noética do ser transcendente divino, a qual, por sua própria natureza, não pode ser definitiva nem completa. A questão decisiva aqui é a confiança de Voegelin naquilo que seria convencionalmente chamado de metafísica do processo: o processo, se evidentemente tem estrutura e substância, não pode ser fixado objetivamente. Uma representação abrangente do processo da consciência também não pode tapar a "dimensão histórica", que Voegelin nega ser uma mera corrente de acontecimentos temporais distinguível do que é real; a "dimensão histórica", para Voegelin, é a "presença permanente do processo da realidade em que o homem participa com sua existência consciente".[4] Trata-se, portanto, de algo mais do que o mero "prático" contingente; trata-se certamente de algo diferente da especulação parusiástica de Heidegger sobre o Ser.[5]

Opondo-se àquilo que ele vê como um "historicismo" implícito ou talvez nascente, Strauss traz o espectro de uma regressão à indeterminação de um defrontar-se fatal com o irrestrito e ilimitado. O que Strauss considera perdido por esse defrontar-se são os padrões pelos quais os regimes políticos e as psiques podem ser medidos, compreendidos e julgados. Nem os regimes anômalos, nem a ascensão da alma até a perfeição e a completude podem

---

[4] "Remembrance of Things Past", op. cit., vol. 12, 1977. *Published Essays*, 1966-1985, Ed. Ellis Sandoz, 1990. Disponível por Columbia, University of Missouri Press, 1999, 311.
[5] Ver Eric Voegelin, *Science, Politics and Gnosticism*, op. cit., vol. 5, p. 275-77, Trad. William J. Fitzpatrick; ver também ibidem, vol. 12, p. 8-10.

ser avaliados sem a possibilidade de uma realização da empreitada filosófica. Para Strauss, o termo *existencial* cancela a possibilidade da "teoria", isto é, a possibilidade de uma realidade transcendente à existência, uma ordem essencial que seja ao mesmo tempo prescritiva e passível de ser apreendida. Para Strauss, as questões de contexto e da eficácia da verdade conhecida são questões que não condicionam essencialmente a possibilidade da verdade; antes, elas estão relacionadas às falhas remediáveis dos participantes de uma conversa filosófica. A questão filosófica decisiva para Strauss, uma questão que é negada no termo *existencial*, é a possibilidade da transcendência do que é meramente "prático".

Obviamente, Voegelin também almeja à renovação da possibilidade de transcendência enquanto componente formativo da substância de uma sociedade sã. E, desde seu ponto de vista, como escreve para Strauss, "concordamos... quanto à questão da ontologia". Além disso, não há em Voegelin nem ausência de capacidade para o julgamento político, nem qualquer abandono das medidas de ordem política no exercício desse julgamento. Onde, então, estão suas diferenças?

Voegelin avisa sobre os riscos que acompanham a adesão dogmática a doutrinas. Primeiro, a representação objetiva da experiência enquanto doutrina ameaça cortar a conexão da experiência com a realidade, que leva à "crença" num resquício de ideias que não têm vida, para não dizer sentido. Segundo, essas doutrinas se prestam ao propósito da agitação ideológica, por meio de expressões como *progresso*, *libertação da humanidade*, etc. O complexo de experiências que constitui a abertura da consciência para a realidade divina não pode ser traduzido em termos precisos e unívocos. A abreviação da total amplitude desse complexo distorce fundamentalmente as experiências, disponibilizando os símbolos como instrumentos políticos práticos para mobilizar emoções e sentimentos e por conseguinte também seres humanos.

Mas Strauss dificilmente ignora a dinâmica erótica ou o drama da filosofia, como fica evidente em sua denúncia do conceito kierkegaardiano de "existência", porque ele negava "a paixão pela revelação que move o diálogo platônico, essa *mania* excelsa". Também não é apropriado ver a preocupação de Strauss com a medida como inspiração para ativismo ideológico. De fato, ele acusa a "filosofia existencial" de transformar a práxis em "existência", isto é, de destruir, por meio da análise, as distintas concessões e ambivalências que são peculiares à prudência política e à vida política. No lugar da prudência e da vida política, os existencialistas reconhecem apenas uma esfera generalizada de puros acontecimentos a que se deve responder de maneira autêntica ou inautêntica por meio de um projeto sistemático, "uma práxis", comenta ele, "que não é mais compreensível enquanto práxis". Discordâncias a respeito do termo *existência*, ao que parece, apontam para uma divergência a respeito da natureza da psique filosofante.

A fim de esclarecer essa divergência, diferença, ou mesmo discordância, talvez devêssemos ir a Platão, cuja descrição da psique automovida e de seu movimento apropriado pode oferecer uma explicação. Platão considera que o automovimento da psique surge de seu ser situado num campo "tensional" estruturado por forças que tendem de um lado ao limite, à proporcionalidade e à unidade, e, de outro, à transitoriedade, ao fluxo e à dispersão. Essas forças aparentemente emanam de duas determinações polares, o Um imóvel e o infinito ilimitado, ou *apeiron*. O jogo dessas forças constitui a essência da psique enquanto ser-em-movimento, mas também informa esse movimento. Quando as duas forças estão em equilíbrio, a tensão da psique, portanto, seu automovimento livre, fica preservada. O pensamento exibirá um ritmo que une medida e dinamismo. Mas quando um polo é abstraído e o campo da experiência não é mais estruturado pela tensão, a psique não se move mais e assim perde sua capacidade distintiva de pensamento. Ela se inclina para o sofisma quando exercita sua faculdade de raciocínio, e para o amor pela tirania quando se torna uma força política. Dependendo da influência dominante nas psiques dos interlocutores, o Sócrates de Platão é representado em um diálogo ou outro como diametralmente oposto ao dogmatismo ao ceticismo radical, muitas vezes abstraindo da experiência completa da demanda filosófica a fim de exagerar as tentações e os perigos da falta de equilíbrio. Os Livros 8 e 9 da *República*, por exemplo, são um extenso catálogo dramático da patologia em que a psique pode cair.

À luz da descrição de Platão da natureza do pensamento e de sua preocupação com suas manifestações patológicas, seria possível sugerir que a divergência de foco entre Strauss e Voegelin não deveria ser vista como indicação de que suas "posições" são opostas. Antes, essas "posições" são avisos, para outros, dos perigos de destruir o equilíbrio do automovimento da psique. Cada "posição" é uma resistência à inverdade. Num certo sentido, cada pensador está numa relação semelhante àquela entre Platão e Sócrates na *Apologia*, fazendo uma sutil acusação a respeito das implicações de uma degeneração do ensinamento nas mãos de mentes inferiores, incapazes de manter o equilíbrio na experiência do pensar.

A razão para a divergência pode ser rastreada até os problemas distintos que cada homem enfatizou ao concentrar a atenção no momento formativo do pensamento que impede seu descaminho. Voegelin encontra na linguagem do processo uma descrição adequada de como a consciência tenta, a partir de suas experiências finitas, entender os processos "infinitos" dos quais ela participa. A "verdade" não é uma representação de uma realidade externa à consciência e sim uma iluminação desde dentro, estruturada pela consciência filosofante que experiencia a realidade como algo que a transcende. "Processo", "desassossego" e "tensão" evocam as experiências do ser questionador. Strauss, por outro lado, está interessado nas medidas que necessariamente estruturam e informam esse processo de ascensão; o questionamento platônico-aristotélico, para Strauss, é uma revelação progressiva da verdade, a substituição da aleatoriedade e da mutabilidade da opinião por uma descrição completa do todo que está pressuposto desde o princípio. Mas nenhum dos dois pensadores nega que eles sejam necessariamente momentos complementares do filosofar enquanto acontecimento. A combinação das análises de Strauss e de Voegelin do acontecimento formativo que estrutura o processo de pensamento traz à tona a experiência abrangente que, segundo a descrição de Platão, é a essência da psique. Juntos, seus relatos podem ser compreendidos como adequados em relação ao todo daquele processo, como expressões da tensão e do equilíbrio saudáveis entre o movimento e a medida, entre gênesis e ordem, entre processo e forma. A aparente discordância em terminologia e detalhes pode então ser vista como uma diferença mais de foco do que de substância. Cada um identifica a vulnerabilidade do processo de pensamento à corrupção de maneira levemente distinta. Isso leva cada qual a enfatizar mais um polo do que o outro a fim de recuperar o equilíbrio. Seria inapropriado tirar dessa diferença de ênfase uma interpretação de divergência doutrinal. Na verdade, a doutrinalização do pensamento é precisamente o que cada um deles tentava impedir. E, para nós, é esse o principal legado deixado por essa correspondência.

Gostaríamos de concluir essa introdução com algumas observações técnicas editoriais. A correspondência entre Leo Strauss e Eric Voegelin fica guardada principalmente na coleção Voegelin na Hoover Institution, em Stanford. Algumas cartas só estão presentes na coleção Strauss da Universidade de

Chicago. Aproximadamente cinquenta cartas restaram de um período de trinta anos, entre 1934 e 1964, em sua maioria escritas em alemão, e muitas destas, especialmente as de Strauss, escritas à mão.

A caligrafia de ambos era famosa pela dificuldade em decifrá-la. Strauss escrevia à mão praticamente todas as suas cartas; Voegelin datilografava a maior parte das dele, acrescentando apenas pequenas mudanças à mão. Os dois escreviam em meio a muitos compromissos de ensino e de pesquisa e frequentemente se desculpavam pelos inevitáveis atrasos. Houve um momento em que Strauss observou que tinha papel de boa qualidade algumas semanas antes, mas não tempo para escrever. Agora que ele tinha tempo, o único papel à disposição era muito ruim. Três meses passaram-se e nada de papel de boa qualidade aparecer, então sua missiva foi novamente mandada em sobras de papel. As coisas ficavam ainda mais difíceis porque Strauss usava um sistema de taquigrafia alfabética. A primeira letra de uma palavra poderia estar clara, as seguintes nem tanto, e o fim poderia não ser mais do que uma linha serpeada.

O procedimento que seguimos foi primeiro transcrever o original e depois traduzir essa versão. Foram consultados diversos falantes nativos de uma geração mais velha, que achamos que poderiam conhecer melhor do que nós o sistema usado por Strauss. Voegelin, porém, não tinha a assistência de especialistas como aqueles, e o resultado era que ele ocasionalmente lia Strauss erradamente em trechos fundamentais. De fato, existem algumas frases em que todas as palavras poderiam ser razoavelmente interpretadas de duas ou três maneiras distintas. Isso significa simplesmente que não é possível esperar precisão de uma obra desse gênero.

Como mencionamos, o coração da correspondência foi escrito entre 1942 e 1943. Durante esses anos, cada qual se familiarizou com a obra do outro, e a estrita formalidade do estilo epistolar do velho mundo foi relaxada do altamente formal *Sehr geherter Herr Doktor Voegelin / Strauss* para *Lieber Herr Strauss / Voegelin*. Ela nunca chegou a Lieber Freund, ou Caro Eric e Caro Leo. Em suma, Strauss e Voegelin mantiveram um respeito constante um pelo outro e uma atmosfera de seriedade ao longo de sua conversa.

A primeira edição desta coletânea, publicada pela Pennsylvania State University Press em 1993, continha uma terceira seção, que incluía diversos ensaios de acadêmicos discutindo algum aspecto da obra de Strauss e de Voegelin, ou fazendo comparações entre suas obras. Em parte por razões de espaço e em parte porque a última década de trabalho acadêmico demandaria que esses ensaios passassem por uma revisão significativa para que fossem tão úteis hoje quanto foram então, decidimos omiti-los desta edição.

Por fim, gostaríamos de repetir o aviso feito anteriormente: os recém-chegados à filosofia política não deveriam de jeito nenhum considerar que os textos aqui reunidos possam substituir os argumentos mais extensos e sólidos publicados alhures em versões mais polidas. É verdade, porém, que a correspondência entre Leo Strauss e Eric Voegelin é notável por direcionar-se para os tópicos perenes da filosofia política. Pode-se ver nessas trocas como dois estudiosos de grande inteligência e boa vontade puderam conversar. Ambos estavam cientes das diferenças em suas abordagens da realidade política e em suas interpretações dos textos. Ambos concordavam profundamente a respeito das origens do fanatismo político e da fantasia especulativa, mesmo quando expressavam seus argumentos em linguagem característica. Para dar só um último exemplo: Strauss escreveu que o esquecimento ou o olvido da eternidade era uma característica da crise moderna, ao passo que Voegelin o descreveu como um esforço para produzir um colapso imaginário na tensão entre homem e Deus. Não é preciso muita engenhosidade interpretativa para apreender a existência de uma semelhança familiar entre essas duas formulações. Ao ler essas cartas e as principais obras publicadas desses dois grandes filósofos políticos, temos uma esplêndida oportunidade de empreender uma exegese meditativa em conformidade com o sentido que tão claramente subjaz às trocas aqui apresentadas.

AGRADECIMENTOS

Como observado na edição original, muitos indivíduos doaram seu tempo para corrigir nossa decifração da caligrafia de Strauss, para oferecer sugestões a nossas traduções e para encontrar fontes. Dentre eles, somos particularmente gratos a Daniela Kopp, Elke Schmidt, Jennifer Strauss-Clay, Thomas Pangle e Tomas Heilke cujos esforços combinados contribuíram consideravelmente para o texto. Os professores Dante Germino, Jürgen Gebhardt, Ernets Fortin, Brendan Purcell, Ken Dorter, Zdravko Planinc, Richard Palmer e Hans-Georg Gadamer também nos salvaram de muitos erros. Somos também gratos à Carleton University, à Earhart Foundation, e ao Conselho de Ciências Sociais e de Humanidades do Canadá por proverem os fundos que possibilitaram nossa pesquisa nos Arquivos Voegelin na Hoover Institution em Stanford. Por fim, somos gratos aos herdeiros de Leo Strauss e de Eric Voegelin pela permissão para publicar sua correspondência.

A CORRESPONDÊNCIA STRAUSS-VOEGELIN

1934-1964

1

LISTA DE CARTAS

1. De Voegelin para Strauss, Londres, 2 de outubro de 1934
2. De Strauss para Voegelin, Nova York, 19 de janeiro de 1942
3. De Strauss para Voegelin, Nova York, 24 de novembro de 1942
4. De Voegelin para Strauss, L.S.U. (?), 9 de dezembro de 1942
5. De Strauss para Voegelin, Nova York, 20 de dezembro de 1942
6. De Strauss para Voegelin, Nova York, 13 de fevereiro de 1943
7. De Voegelin para Strauss, L.S.U. (?), 20 de fevereiro de 1943
8. De Strauss para Voegelin, Nova York, 25 de fevereiro de 1943
9. De Strauss para Voegelin, Nova York, 9 de maio de 1943
10. De Voegelin para Strauss, L.S.U., 26 de setembro de 1943
Apêndice: de Voegelin para Schütz, L.S.U., 17 de setembro de 1943
11. De Strauss para Voegelin, Nova York, 11 de outubro de 1943
12. De Voegelin para Strauss, L.S.U., 7 de junho de 1944
13. De Strauss para Voegelin, Nova York, 21 de abril de 1945
14. De Strauss para Voegelin, Nova York, 16 de outubro de 1946
15. De Strauss para Voegelin, Nova York, 11 de novembro de 1947
16. De Voegelin para Strauss, L.S.U., 18 de março de 1948
17. De Strauss para Voegelin & anexo, Nova York, 27 de maio de 1948
18. De Voegelin para Strauss, L.S.U., 12 de junho de 1948
19. De Voegelin para Strauss, L.S.U., 11 de outubro de 1948
20. De Voegelin para Strauss, L.S.U., 14 de janeiro de 1949
Apêndice: Resenha de Voegelin de *Da Tirania*, de Strauss; resposta de Strauss à resenha de Voegelin
21. De Strauss para Voegelin, Nova York, 21 de janeiro de 1949
22. De Voegelin para Strauss, L.S.U., 12 de março de 1949
23. De Strauss para Voegelin, Chicago, 17 de março de 1949

24. De Voegelin para Strauss, L.S.U., 22 de março de 1949
25. De Strauss para Voegelin, Chicago, 15 de abril de 1949
26. De Strauss para Voegelin, Chicago, 17 de dezembro de 1949
27. De Voegelin para Strauss, L.S.U., 2 de janeiro de 1950
28. De Strauss para Voegelin, Chicago, 14 de março de 1950
29. De Strauss para Voegelin, Chicago, 10 de abril de 1950
30. De Voegelin para Strauss, L.S.U., 18 de abril de 1950
31. De Strauss para Voegelin, Chicago, 8 de agosto de 1950
32. De Voegelin para Strauss, L.S.U., 21 de agosto de 1950
33. De Strauss para Voegelin, Chicago, 25 de agosto de 1950
34. De Voegelin para Strauss, L.S.U., 4 de dezembro de 1950
35. De Strauss para Voegelin, Chicago, 10 de dezembro de 1950
36. De Voegelin para Strauss, L.S.U., 21 de fevereiro de 1951
37. De Strauss para Voegelin, Chicago, 25 de fevereiro de 1951
38. De Voegelin para Strauss, L.S.U., 22 de abril de 1951
39. De Strauss para Voegelin, Chicago, 4 de junho de 1951
40. De Voegelin para Strauss, L.S.U., 5 de agosto de 1952
41. De Voegelin para Strauss, L.S.U., 20 de abril de 1953
42. De Voegelin para Strauss, L.S.U., 15 de abril de 1953 (não enviada? Cópia #35)
43. De Strauss para Voegelin, Chicago, 29 de abril de 1953
44. De Strauss para Voegelin, Chicago, 22 de maio de 1953
45. De Voegelin para Strauss, L.S.U., 10 de junho de 1953
46. De Strauss para Voegelin, Berkeley, 23 de junho de 1953
47. De Voegelin para Strauss, L.S.U., 3 de junho de 1956
48. De Voegelin para Strauss, L.S.U., 24 de janeiro de 1958
49. De Strauss para Voegelin, Chicago, 11 de fevereiro de 1960
50. De Voegelin para Strauss, Munique (?), 15 de fevereiro de 1960
51. De Strauss para Voegelin, Chicago, 22 de fevereiro de 1960
52. De Voegelin para Strauss, Stanford, 7 de setembro de 1964

Carta 1

Londres, 2 de outubro de 1934
18 Taviton St., W.C. 1
Museum 7914

Estimado Sr. Strauss,

O Sr. Kitteredge, da Fundação Rockefeller, gentilmente me passou seu endereço, por julgar que haveria pontos de contato em nossas obras científicas.[1] Atualmente me ocupo de estudos sobre a filosofia renascentista e sobre teorias do Estado. Ficarei em Londres apenas por alguns dias e ficaria muito grato se o senhor puder telefonar-me assim que possível, em algum horário da manhã após as nove horas, para que possamos marcar um encontro, caso o senhor tenha tempo.

Cordial e respeitosamente,
Eric Voegelin

. . . .

Carta 2

Social Research
Revista Trimestral de Política & Ciência Social
66 West 12 Street
Nova York
19 de janeiro de 1942

Dr. Eric Voegelin,
Universidade do Alabama
Departamento de Ciência Política

Caro Dr. Voegelin:,

Obrigado por sua carta de 14 de janeiro. Lamento não ter podido encontrá-lo enquanto o senhor estava em Nova York.

---

[1] Tanto Strauss quanto Voegelin, em diversos momentos, receberam apoio financeiro da Rockefeller Foundation. Tracy Kitteredge era a diretora assistente de Ciências Sociais.

Ficaríamos imensamente gratos se o senhor pudesse nos dar informações precisas sobre quando poderíamos esperar seu manuscrito a respeito da teoria do mito político, e também um título mais preciso, para que possamos listá-lo em nosso calendário.

Sinceramente,
Leo Strauss

. . . .

Carta 3

390 Greystone Avenue
Nova York
24 de novembro de 1942

Estimado Dr. Voegelin,

Muito obrigado por ter-me enviado sua crítica do livro de Cairns;[2] li a crítica imediatamente com interesse e com ela concordo de maneira considerável. É raro ler críticas tão detalhadas, abrangentes e precisas. O estilo e a clareza de sua dicção fazem da leitura um prazer. Se houvesse alguma necessidade de confirmação externa da adequação da sua crítica, esta seria a resposta dada [por Cairns].[3]

Para mim, porém, resta uma questão que não foi resolvida pela refutação de Cairns (e nem de Weber). Afinal, a posição que o senhor ataca é apenas o último resquício da ciência estabelecida por Platão e por Aristóteles: em Platão, o postulado de uma ética e de uma política exatas; em Aristóteles, a adesão ao ideal de exatidão apesar do abandono de sua aplicação às coisas humanas; a classificação da física num patamar necessariamente mais alto do que o da ética e da política, ao menos para Aristóteles e para seus sucessores; a opinião, que se manteve até o século XIX, de que "a questão da generalidade tem relevância para a legitimidade do status [de uma ciência] (ao contrário do que está na p. 561);[4] a impossibilidade de basear a ciência na fé religiosa. Pessoas como

---

[2] Eric Voegelin, "The Theory of Social Science: A Review", *Louisiana Law Review* vol. 4, 1942, p. 554-71; a resenha era a respeito de Huntington Cairns, *The Theory of Legal Science*, Chapel Hill, University of North Carolina Press, 1941.

[3] Huntington Cairns, "Comment", op. cit., p. 571-72.

[4] P. 561, topo, "Não haverá uma distinção entre a generalidade de intenção e a generalidade da compreensão fatual?" [Nota de Strauss]. Escreveu Voegelin: "Uma proposição pode ser ilegítima

Cairns (talvez sem saber) chegaram do conceito platônico-aristotélico de ciência – de fato, não à posição deles, que não vale a pena discutir – mas à rejeição de, por exemplo, sua posição. Porém o senhor dirá (p. 563) que o conceito platônico-aristotélico de ciência foi derrubado pelo cristianismo e pelo descobrimento da história.[5] Não estou tão certo disso. Com base na contracrítica da tradição cartesiana, e deixando de lado outras questões, não é mais possível adotar a tese de Descartes e de todos os seus sucessores de que Platão e Aristóteles são fundamentalmente inadequados; teríamos de verificar essa tese mais diretamente, por meio de uma crítica direta de Platão e de Aristóteles. Uma crítica exige um entendimento adequado. E nós? Quanto mais leio os clássicos, mais vejo como é inadequada a assistência oferecida, por exemplo, pela filologia clássica. Em suma – considero a questão central [de Platão e Aristóteles contra Descartes] inteiramente aberta. Em particular, não posso concordar com o que o senhor diz sobre Platão tentar "criar um novo mito": seus esforços dirigiam-se para uma nova fundamentação da ciência, em especial da ciência da alma e do estado.

Mas essas são, no contexto da crítica de Cairns, questões menores. Muitas vezes me perguntei como era possível, por exemplo, levar a perspectiva proposta por Cairns de maneira inteligível *ad absurdum*; vejo que o senhor resolveu esse problema de maneira excelente.

Por favor, me desculpe por usar a oportunidade destas linhas para recordá-lo de um ensaio semiprometido para a *Social Research*. Eu ficaria gratíssimo em saber quando poderíamos recebê-lo e qual seria exatamente o título.

Ouvi dizer que o Dr. Benno Strauss (não é meu parente), especialista em literatura alemã, sobretudo do século XVIII, e um homem muito agradável, está na Universidade da Louisiana. Talvez o senhor o encontre em algum momento. Caso o encontre, por favor transmita-lhe meus calorosos cumprimentos.

Respeitosamente,
Leo Strauss

• • • • • • • • • • • • • • • • •

num sistema de ciência social por uma de duas razões: (1) porque é inverificável, ou (2) porque é irrelevante no sistema de referências que é determinado pela antropologia filosófica; a questão da generalidade não tem relevância para a legitimidade de seu status".

[5] Escreveu Voegelin (562-63): "O aparecimento de Cristo acrescentou à ideia do homem a dimensão da singularidade espiritual de cada ser humano, de modo que não podemos mais construir uma ciência da ordem social a partir, por exemplo, das antropologias de Platão ou de Aristóteles. De modo similar, dentro do Ocidente cristão, a ideia do homem não é estática, mudando constantemente; ela adquiriu, por exemplo, desde o Renascimento, e por causa dele, a dimensão de singularidade histórica".

Carta 4

9 de dezembro de 1942

Caro Dr. Strauss,

Calorosos agradecimentos por sua gentil carta de 24 de novembro. É para mim uma verdadeira alegria receber uma resposta para uma modesta resenha que discute os problemas substanciais, ainda que eles sejam abordados apenas de passagem.

Infelizmente, devo concordar com seus comentários críticos. A crítica feita pelo senhor Cairns do positivismo não resolve nenhum dos problemas da contraposição. Creio certamente ter visto alguma luz nessas questões, graças ao trabalho feito na *History of Political Ideas*[6] [História das Ideias Políticas], que para mim ao menos tem a função de clarificar os problemas teoricamente essenciais. Se o senhor permitir, indicarei resumidamente onde enxergo, senão as soluções, ao menos as possibilidades de clarificação; o senhor certamente será capaz de suplementar mais minhas linhas necessariamente fragmentárias.

O problema platônico-aristotélico também me parece ser o ponto de partida inevitável. Vejo-o da seguinte forma: no centro do pensamento político de Platão estão as *experiências fundamentais*, que estão associadas com a pessoa e com a morte de Sócrates – a catarse por meio da consciência da morte e o entusiasmo de eros ambos preparam o caminho para o correto ordenamento da alma (*Dike*). A realização político-ética teórica parece secundária em relação a essas experiências fundamentais. Somente quando a ordem fundamental da alma é definida pode o campo das relações sociais determinadas por ela ser ordenado sistematicamente. Nesse sentido, compreendo que a realização teórico-científica de Platão se baseia no mito (que ele transmite como a representação das experiências fundamentais em *Fédon, Banquete, República* e *Leis*). O problema se complica porque Platão orienta sua ideia de ciência para a esfera não mítica, periférica à pessoa, da lógica, da matemática e da dialética. O problema do cientismo na ciência do homem enquanto ser espiritual parece-me ter suas raízes no fato de que a ideia de ciência que é ordenada pelo modelo das áreas periféricas à é transferida para os campos temáticos que devem substanciar seu sentido científico na ordem mítica da alma (no caso de Platão isso tem menos a ver com uma transferência do que uma negligência da diferenciação; desse problema surge então a dificuldade de que a "ideia" de um

---

[6] *The History of Political Ideas*, obra de diversos volumes, foi escrita durante a década de 1940, mas não foi publicada naquela época. Foi refeita diversas vezes. Parte dela foi publicada como os primeiros três volumes de *Ordem e História*; um fragmento dos materiais posteriores foi editado por John Hallowell e publicado como *From Enlightenment to Revolution*, Durham, N.C., Duke University Press, 1975.

triângulo também pode ser um genus biológico ou do Bem). O tratamento "científico" dos problemas políticos e éticos parece-me possível desde Platão e por causa dele, porque um mito do homem (Sócrates-Platão) se tornou o ponto estável para a escolha dos materiais relevantes. O mito do homem, aliás, não é uma constante em Platão; em meus capítulos sobre a *República* e as *Leis*, estudei detalhadamente a mudança na imagem do homem do primeiro para o segundo diálogo.

A ciência aristotélica da política parece-me fundada de modo levemente diferente da platônica. O centro aristotélico não é mais o mito socrático, e sim o *bios theōrētikos* do místico intelectual. Por meio disso se tornam possíveis as grandes transformações, da "ideia" do Estado (que se baseia diretamente no mito) ao "ideal", que se torna a medida das generalizações empíricas; das formas da alma dos Estados na *República* aos tipos científicos de regimes. Somente a partir da posição aristotélica é possível o tratamento completamente científico-teórico do político, mas ele é possível porque a forma platônica, saída do mito, agora pode ser pressuposta, como um dado, e, portanto, sem a participação existencial [do filósofo] no mito. A concepção aristotélica de uma ciência empírico-técnica da política, que pode render propostas para o aprimoramento de uma dada situação (a parte central da *Política* sobre as revoluções, sobre suas origens e sobre como evitá-las), é possível a partir da adoção, ainda que modificada de diversas maneiras, de uma alma-imagem dos Estados [platônicos] das ideias. Percebo o que Aristóteles quer dizer especificamente, isto é, que, como místico intelectual não místico, ele é capaz de operar facilmente com o sistema de relevância estabelecido pelo mito e conseguiu agrupar um vastíssimo material empírico na imagem mítica agora conceitualizada.

> Eu não diria, então, que a ideia platônico-aristotélica da ciência (à medida que ela tem a ver com o campo do político) foi morta pelo cristianismo e pela descoberta da história, e sim que as possibilidades mesmas da ciência platônico-aristotélica já têm suas raízes nos mitos e que o cristianismo e a consciência histórica apenas as modificaram. Eles não as repeliram completamente, mas só parcialmente; mas, ainda assim, eles o fizeram quanto ao aspecto não desprezível de que o homem helenocêntrico foi substituído pelo indivíduo, pela pessoa em comunicação direta com Deus. O homem platônico-aristotélico é o homem da pólis e está, mesmo para Aristóteles, associado ao *omphalos* de Delfos; precisamente a partir da posição helênica é radicalmente impossível uma ciência política universal. O cristianismo e a consciência histórica parecem antes ser passos no sentido da universalização da imagem do homem do que passos que se distanciam dela. Na minha opinião, essa é a razão decisiva para a superioridade da antropologia cristã sobre a helênica (claro que a antropologia cristã tem sua pré-história: de um lado, no helenismo cínico e estoico, e, de outro, na tradição israelita desde o

Deutero-Isaías). A crença na universalidade da imagem helênica do homem parece um produto do Renascimento – o equívoco de um classicista que só é possível na atmosfera de universalidade do homem criada pelo cristianismo.

Vou parar por aqui. A forma de uma carta mal permite que se entre nos detalhes de problemas teóricos.

Seu pedido de um manuscrito encontra-me na situação ainda infeliz de não ter concluído a *History*. Dificilmente eu poderia interromper o trabalho para escrever um artigo, mas eu ficaria muito feliz se fosse possível a publicação de um capítulo em *Social Research*. Claro que esse capítulo teria vestígios do contexto maior de onde foi tirado. Segue em anexo um trecho relativamente independente para a sua consideração.[7] Se o senhor não considerá-lo adequado, pode enviá-lo de volta sem hesitar – compreendo perfeitamente seus problemas editoriais. Se o senhor acreditar que ele pode ser utilizado, eu ficaria feliz em fazer as revisões que provavelmente são necessárias para uma publicação independente. Nesse caso, eu apreciaria muito as suas sugestões.

Até o momento não consegui me encontrar com o Dr. Benno Strauss; ele não consta do diretório e nenhum de meus colegas ouviu seu nome; o senhor tem certeza de que ele está na LSU? Ou será que está em alguma das diversas faculdades espalhadas pelo estado?

Calorosas saudações,
Eric Voegelin

. . . .

Carta 5

3900 Greystone Ave.
Nova York
20 de dezembro de 1942

Caro Dr. Voegelin,

Calorosos agradecimentos pela sua interessante carta do dia 9.

Seu ensaio (ou capítulo) está circulando neste momento entre os membros de nosso conselho editorial. A decisão será tomada ao final de janeiro. De modo geral,

---

[7] O capítulo "The People of God" ["O Povo de Deus"] foi tirado da *History*. Ver adiante a *Carta 7*.

a *Social Research* não publica capítulos avulsos de livros. Portanto, não lhe posso dar qualquer esperança. Talvez haja algum meio-termo, agradável aos dois lados.

O que o senhor escreveu sobre Platão e Aristóteles naturalmente me interessou muito diretamente. As linhas gerais da interpretação que o senhor propõe já me eram conhecidas; mas o senhor expôs essas linhas com ênfase incomum. Não considero essa interpretação correta. Mas ela é tão monumentalmente superior a quase tudo que se lê a respeito de Platão e Aristóteles que aprecio muitíssimo que ela seja apresentada ao público americano.

Em todo caso, uma correção me parece indispensável. Presumindo-se que a política platônico-aristotélica fosse intencionalmente grega, e não universalizável (o que nego decididamente), mesmo assim, em nenhuma circunstância a universalização da *politike epistēmē* grega teria sido executada pela primeira vez no Renascimento: a recepção dela pelos muçulmanos e pelos cristãos (a partir do século IX) depende dessa generalização. Sobre isso, não pode haver sombra de dúvida.

Quanto à questão da intenção de Platão, ela só pode ser decidida a partir de uma interpretação radical e incansável de *todos* os diálogos platônicos a partir de seus próprios termos, ou, sempre que possível, de qualquer diálogo platônico em seus próprios termos. Por essa razão, uma discussão por carta é realmente impossível.

Talvez nos encontremos em algum momento.

Com nossos melhores votos,

Sinceramente,
Leo Strauss

. . . .

Carta 6

3900 Greystone Ave.
Nova York, NY
13 de fevereiro de 1943

Meu caro Dr. Voegelin,

Por favor me desculpe por não ter respondido sua carta anterior, de 28 de dezembro de 1942.[8] Mas foi impossível, mesmo com a maior boa vontade do mundo.

Infelizmente, o destino de seu ensaio ainda não foi decidido. A sessão em que ele será decidido acontece no fim do mês. Discuti seu ensaio com diversos membros

---

[8] Carta perdida, ou referência à *Carta 4*, de 9 de dezembro de 1942.

do conselho editorial. Prevalece um clima de entusiasmo a respeito dessa obra tão interessante, estimulante, verdadeiramente fascinante. As objeções são apenas de natureza técnica: há uma aversão, que se transformou em regra, pela publicação de capítulos de livros; e o máximo é de 25 páginas datilografadas. Se essas objeções podem ser superadas, não posso dizer, não antes da discussão na próxima sessão editorial. O senhor estaria preparado para escrever um ensaio de aproximadamente 25 páginas sobre a "mentalidade sectária na política"? Talvez seja possível chegarmos a um entendimento a partir destes termos.

Compartilho o entusiasmo quanto ao seu ensaio. Acima de tudo, estou inteiramente de acordo com a ideia de que a dúvida radical a respeito dos dogmas dos últimos três ou quatro séculos é o ponto de partida de todas as buscas da sabedoria. A franqueza com que o senhor discute essa questão preliminar é digna de louvor no mais alto grau. Apenas não estou certo de que o senhor vá longe o suficiente; em sua resenha de Cairns o senhor disse, contra a tese de Cairns, que não temos uma ciência política (ou uma ciência social). Temos: por exemplo, o arcabouço de pensamento de Max Weber. O senhor pode realmente isentar a sociologia de Max Weber ou, aliás, alguma pesquisa hoje existente (e não apenas desejável) da classificação do pensamento moderno, como o senhor afirma? O senhor dirá que, afinal, nos tempos modernos sempre houve um movimento de oposição contra o pensamento moderno. Mas esse movimento de oposição não está sempre concentrado em si mesmo, até quando está se opondo ao pensamento moderno? Husserl é o único que realmente buscou um novo começo, *integre et ab integro*; o ensaio sobre a crise da ciência moderna é o sinal mais evidente – e aponta para o começo, ou para as ciências sociais.

Li seu ensaio sobre os mongóis com grande interesse e aprendi muito com ele.[9] Muito obrigado. O senhor conhece meu artigo "Persecution and the Art of Writing" ["A Perseguição e a Arte da Escrita"] (*Social Research*, 1941)? Caso o senhor não o conheça, ou não tenha acesso a ele, por favor me avise. Hula me disse que o senhor tem interesse pela filosofia política árabe.[10] Essa já foi a minha especialidade. Caso o senhor tenha interesse, envio uma lista das minhas publicações nessa área.[11]

---

[9] Eric Voegelin, "The Mongol Order of Submission to the European Powers, 1245-1255", *Byzantion*, vol. 15, 1941, p. 378-413.
[10] Eric Hula, *New School for Social Research*, editor de *Social Research*.
[11] Leo Srauss, "Quelques Remarques sur la Science Politique de Maimonide et de Farabi", *Revue des Études Juives 100*, 1936, p. 1-37; "Eine vermißte Schrift Farabis", *Monatsschrift für Geschichte und Wissenschaft des Judentums* vol. 80, 1936, p. 96-106; "Der Ort der Vorsehungslehre nach der Ansicht Maimunis", ibidem, v. 81, 1937, p. 93-105.

Eu gostaria muito de ver o índice de sua *History*. Caso eu veja algo, ou não veja nada que possa ser acrescentado, ficarei feliz em mencionar ao senhor.

Com nossos melhores votos,

Sinceramente,
Leo Strauss

· · · · · · · · · · · · · · · · · ·

Carta 7

20 de fevereiro de 1943

Caro Dr. Strauss,

Hoje, permita-me falar apenas do manuscrito – os demais conteúdos da sua carta terão de esperar até a próxima vez.

Fiquei muito feliz por saber que o senhor e os outros membros do conselho editorial apreciaram a obra; eu mesmo tinha algumas dúvidas, pois enxergo aquilo que escrevi contra o fundo de vastos e fantásticos materiais, e não estou suficientemente distanciado para ter certeza de que uma imagem inteligível realmente apareça.

Seria uma vergonha se o senhor tivesse de recusar o manuscrito pelas razões técnicas que o senhor mencionou, porque infelizmente no momento não posso escrever um artigo independente. Mesmo assim, olhei o manuscrito e creio que seria possível simplesmente cortar a última seção ("Métodos de Condenação"); quem não souber que ela estava ali não sentirá sua falta. Isso reduz o manuscrito em um quinto. Eu concordaria plenamente com essa redução. Quanto ao número de páginas do manuscrito, gostaria de chamar a sua atenção para o fato de que a cópia em suas mãos foi datilografada pela minha secretária numa máquina de fôrma grande com uma generosa distribuição de espaço. O meu próprio manuscrito, escrito na máquina com que datilografo esta carta, tem, sem a última seção, apenas 25 páginas, e, com ela, 31. Quanto à regra de não reproduzir capítulos de livros, naturalmente nada tenho a dizer; essa é uma preocupação editorial exclusiva sua. Posso apenas dizer que o livro não está vagamente próximo de ser publicado e que o capítulo em questão trata de um assunto tão isolado que poderia facilmente ficar separado.

Com as mais calorosas saudações,

Sinceramente,
Eric Voegelin

THE PEOPLE OF GOD [O POVO DE DEUS]

1. O Problema
   a. Os Dois Planos da Civilização Ocidental
   b. A Categoria da Reforma
   c. Dificuldades de Abordagem
   d. A Gama do Movimento Subjacente – Edward Gibbon
2. Instituição e Movimento
   a. A Institucionalização de Igreja e Império
   b. A Igreja como Base da Civilização Ocidental
   c. A Reação do Movimento
3. Efeitos do Movimento sobre a Instituição
   a. Reforma Espiritual
   b. Destruição Civilizacional – a Civilização Fragmentária
4. As Fases da Desintegração
   a. Dissolução do Carisma e da Autoridade
   b. O Estado Burguês e o Movimento Proletário
   c. Ignorância Sectária
   d. A Desintegração no Domínio das Ideias
5. A Estrutura Social do Movimento
   a. Movimento e Cidade – o Caráter da Classe Média
   b. Apoio Camponês, Feudal e Burguês
6. A Estrutura do Sentimento do Movimento
   a. O Problema da Influência Oriental
   b. Cátaros e Paulicianos
   c. O Puritanismo Pauliciano
   d. O Maniqueísmo Cátaro
   e. João Escoto Erígena – *De Divisione Naturae*
   f. Amauri de Chartres – a Terceira Dispensação
   g. O Mundo das Trevas e da Luz – Casos Extremos
   h. Ideias Puritanas, Hansard Knollys, Thomas Collier
   i. O Conteúdo em Mudança no Mundo da Luz
7. Métodos de Condenação
   a. O Reino Münster – Exibição de Luxo
   b. Convicção Sensual
   c. O Discurso Rival
   d. Propaganda

. . . .

Carta 8

Social Research
Revista Trimestral de Ciência Política e Social
66 West 12 Street
Nova York
25 de fevereiro de 1943

Dr. Eric Voegelin
Departamento de Estudos de Governo
Louisiana State University
Baton Rouge, Louisiana

Caro Dr. Voegelin,

Muito obrigado por sua carta de 20 de fevereiro. Somente hoje o Conselho Editorial da *Social Research* pôde chegar a uma decisão a respeito do seu artigo. Como escrevi em minha carta anterior, todos apreciaram muitíssimo seu artigo de raro interesse, mas, pelas razões que expus naquela carta, o Conselho não julgou poder aceitá-lo para publicação na *Social Research*.

Apesar de sua recusa da sugestão que fiz em minha carta, eu gostaria de pedir que o senhor considerasse se poderia escrever um artigo a respeito da mentalidade sectária na política. Por favor me comunique sua decisão assim que a tiver tomado.[12]

Sinceramente,
Leo Strauss
Editor Associado

Anexo.

. . . .

---

[12] A resposta de Voegelin, se dada por carta, perdeu-se. Pela *Carta 9*, porém, tem-se a impressão de que ele não conseguiu reformular "O Povo de Deus" numa forma aceitável para os editores da *Social Research*.

Carta 9

3900 Greystone Ave.
Nova York
9 de maio de 1943

Meu caro Dr. Voegelin,

Lamento muito que o senhor não possa escrever um artigo para a *SR* – mas vamos recordá-lo de sua promessa de escrever um artigo para a *SR* imediatamente após ter concluído sua obra principal.

Li o índice com grande interesse, aliás, com empolgação.[13] Certamente o senhor não deixou de fora nada relevante. O que eu teria a dizer se relaciona apenas com questões menores. Por exemplo, quanto à religião e ao misticismo, o senhor sem dúvida deveria consultar Scholem, *Major Trends of Jewish Mysticism* [Principais Tendências do Misticismo Judaico], que acaba de sair. Muito mais aprofundado do que Keiler, etc., etc., parágrafos 5, 7. O senhor fala do neoplatonismo dos *falasifa*.[14] Dentro da história das ideias políticas (mas também dentro da história da filosofia) é em certa medida enganoso fazê-lo, porque a base de sua doutrina política são expressamente as ideias do próprio Platão. Discuti isso em meu livrinho *Philosophie und Gesetz* (Berlim, 1935)[15] e em diversos artigos ("La Science Politique Chez Maimonides et Farabi" ["A Ciência Política em Maimônides e em Farabi"], *Revue des Études Juives*, 1936,[16] "On Abravanel's Philosophical Tendency and Political Teaching" ["Sobre a Tendência Filosófica e o Ensinamento Político de Abravanel"], *Isaac Abravanel, Six Lectures*, Cambridge, 1937). A visão equivocada realmente não deve ser guardada. No que diz respeito a Marsilius, dei alguns esclarecimentos – acho eu – sobre sua formação em um ensaio, que deve ser publicado ao final deste ano, e que com alegria disponibilizarei ao senhor.[17] (Infelizmente, não tenho cópias

---

[13] Pode-se presumir que isso se refira à *History of Political Ideas*, de Voegelin; ver a *Carta 6*, último parágrafo.

[14] Sobre os filósofos árabes, comparar com Strauss, op. cit.,1936, p. 1-37; *Persecution and the Art of Writing*, Glencoe, Illinois, The Free Press, 1952, introdução; What *Is Political Philosophy?* Glencoe, Illinois, The Free Press, 1959, cap. 5; e Voegelin, "Siger de Brabant", *Philosophy and Phenomenological Research* vol. 4, 1944, p. 505-26.

[15] Leo Strauss, *Philosophy and Law*, Trad. Fred Bauman, Filadélfia, Jewish Publication Society, 1987.

[16] Op. cit., 1936, p. 1-37.

[17] Parece que esse ensaio jamais foi publicado. Strauss, porém, publicou outro ensaio, "Marsilius of Padua", em Strauss e J. Cropsey (eds.), *History of Political Philosophy*, 3. ed. Chicago, Chicago University Press, 1987, p. 276-95.

das publicações anteriores, mas é fácil obtê-las na Biblioteca do Congresso ou no Hebrew Union College, em Cincinnati.)

Uma palavra sobre nossa diferença de opinião filosófica. O senhor diz: "O senhor percebe naturalmente como a análise fenomenológica (a de Husserl)… terminou", página 11 da egologia, etc.[18] Este, porém, é apenas um problema, e não dos mais importantes: a análise fenomenológica de Husserl terminou na análise radical do desenvolvimento integral da ciência moderna (o ensaio em *Philosophia* e o ensaio sobre a evidência geométrica, e também grande fragmento sobre a consciência espacial no Volume em Homenagem a Husserl)[19] – não conheço nada na literatura do nosso século que seja comparável a essa análise em rigor, em profundidade e em escopo. Husserl viu com clareza incomparável que a restauração da filosofia ou da ciência – porque ele nega que aquilo que hoje passa por ciência seja realmente ciência – pressupõe a restauração do nível platônico-aristotélico de questionamento. Sua egologia só pode ser entendida como resposta à questão platônico-aristotélica relacionada ao *noûs* – e somente no nível dessa questão é possível discutir adequadamente aquela resposta.

Nisso está contida a minha resposta à sua questão relacionada à ciência social contemporânea. É impossível um começo autêntico das ciências sociais antes que os conceitos fundamentais sejam esclarecidos, o que significa uma consciência de que os conceitos fundamentais – o próprio termo "político", por exemplo – têm origem grega, e particularmente origem filosófica grega; tudo o que deve ser feito diante da filosofia platônico-aristotélica é realmente entendido de novo. Certamente compartilho sua opinião de que há intuições muito importantes tanto na obra de Max Weber quanto na sua, mas eu diria o mesmo de Hobbes, de Locke e de Rousseau, por exemplo. A questão diz respeito ao *começo*; clareza a respeito das questões fundamentais e como elas deveriam ser abordadas. A resposta dada por Platão e Aristóteles a *esta* questão tem sido rejeitada desde Hobbes (sob um certo aspecto, desde Maquiavel) – a resposta antiplatônica e antiaristotélica é considerada inaceitável a partir de Rousseau – mas o que se fez foi (ao menos até onde sei): *completar* a resposta do Iluminismo ou

---

[18] Provavelmente a referência é a *Ideas*, de Hussel (1913); a observação atribuída a Voegelin por Strauss ("O senhor percebe […]."), parece uma paráfrase da visão de Voegelin, não uma citação.
[19] Em 1936, em *Philosophia*, um anuário filosófico internacional, publicou as primeiras duas partes da última obra de Husserl, *The Crisis of the European Sciences and Transcendental Phenomenology*; a obra foi publicada integralmente pela primeira vez em 1954. A tradução inglesa é de David Carr, Evanston, Illinois, Northwestern University Press, 1970. O "livro em homenagem a Husserl" provavelmente é Marvin Farber (ed.), *Philosophical Essays in Memory of Edmund Husserl*, Cambridge, Mass, Harvard Univeristy Press, 1940.

subsequentemente *corrigi-la*. A escola histórica, e de fato toda forma de historicismo, a dialética de Hegel, o positivismo de toda espécie, Bergson, etc., etc., tiveram isso em comum. O neotomismo é *em seu propósito* mais radical – em sua implementação é claro que ele é de baixo nível, e indigno de consideração.

Dixi – Devo encerrar. Amanhã à noite darei uma palestra sobre Maquiavel e ainda não a terminei.

Fique bem!

Com nossos melhores votos,
Leo Strauss

· · · · · · · · · · · · · · · · ·

Carta 10

26 de setembro de 1943

Caro Doutor Strauss,

Peço que confirme o recebimento de *Foundation of Phenomenology* [Fundamento da Fenomenologia], de Farber.[20] Devo entregar a resenha antes do fim do ano, como combinado.

Felix Kaufmann[21] teve a bondade de me emprestar sua cópia do ensaio de Husserl em *Philosophia*.[22] Li-o e agora me sinto mais capacitado para enfrentar o livro de Farber. O senhor há de lembrar que me aconselhou a ler esse ensaio a fim de ganhar a devida perspectiva da obra de Husserl, e devo dizer que, de fato, nenhuma outra obra de Husserl me esclareceu tanto em relação às motivações de seu pensamento. Trata-se de uma obra grandiosa, e o senhor provavelmente tem razão quando diz que se trata de uma das mais importantes, senão *a* mais importante contribuição da nossa época à filosofia. Mesmo assim, tenho algumas dúvidas de natureza fundamental. Pode-se atribuir sem reservas grande importância a essa obra apenas se presumirmos que o

---

[20] Marvin Farber, *The Foundation of Phenomenology: Edmund Husserl and the Quest for a Rigorous Science of Philosophy*, Cambridge, Mass, Harvard University Press, 1943. Resenhado por Voegelin em *Social Research*, vol. 11, 1944, p. 384-87.

[21] Kaufman fora aluno de Husserl e era amigo de Voegelin, de Viena. Tanto Kaufmann quanto Voegelin mantiveram, durante algum tempo, uma associação com Hans Kelsen.

[22] Ver a nota 19.

problema da epistemologia é o problema cardeal da filosofia. Mas será que é mesmo? Certamente nenhum dos grandes filósofos, de Platão e Aristóteles a Kant e Hegel, concordaria com essa proposição. Todos eles trataram a epistemologia como um dos complexos filosóficos mais importantes, mas, enfim, apenas como *um dos*. O que me parece faltar nesse artigo, e também em outras obras publicadas de Husserl, é uma fundamentação de sua fenomenologia no contexto maior de um sistema metafísico. A "esfera egológica" é para ele uma esfera definitiva além da qual ele não permite que haja questões. Bem – eu gostaria de levantar algumas questões além dela.

É pena que eu não tenha lido esse artigo antes de vir para Nova York; eu teria apreciado muito ouvi-lo explicar sua opinião sobre esse assunto mais longamente do que a correspondência permite. Mandei, porém, uma crítica de onze páginas do artigo para Schütz;[23] se o senhor tiver interesse nele, certamente lhe darei uma cópia da carta.

O senhor me deixaria muito agradecido se me pudesse enviar os títulos dos seus livros e artigos datilografados; temo não ter conseguido decifrá-los devidamente em sua caligrafia.

Com os melhores cumprimentos ao senhor e à senhora Strauss,

Muito sinceramente,
Eric Voegelin

Apêndice à Carta 10

Carta de Voegelin a Alfred Schütz sobre Edmund Husserl

17 de setembro de 1943

Caro Amigo,

Permita-me agradecer de coração pela maravilhosa noite que passamos com você e com sua esposa. Infelizmente o tempo foi tão curto que não pudemos falar de muitas coisas que tanto nos interessam.

Ainda agora considero muito doloroso não poder chegar a um entendimento com você por meio de uma conversa. Kaufmann teve a gentileza de me emprestar

---

[23] Publicado originalmente em Eric Voegelin, *Anamnesis*, Munique, R. Piper Verlag, 1966, p. 21-36. Seguiu-se uma tradução inglesa. Alfred Schütz e Voegelin eram amigos próximos desde os tempos da universidade. Em 1943 Schütz deu aula na New School. Ver Helmut Wagner, *Alfred Schütz*, Chicago,: University of Chicago Press, 1983, caps. 6 e 7.

o ensaio de Husserl sobre a "Crise das Ciências Europeias" do volume 1 de *Philosophia*.[24] Acabo de lê-lo e gostaria muito de falar-lhe a respeito. Permita-me ao menos alguns breves comentários – você provavelmente não terá tempo de examiná-los detalhadamente, mas talvez seja possível para você corrigir-me se eu tiver entendido Husserl equivocadamente.

Antes de tudo: a impressão geral é de grandeza – não apenas em comparação com o resto da produção filosófica de nossa época, bem como em comparação com muitas outras obras de Husserl. Este se abstém de maneira muito satisfatória de muitas tolices eruditas ("grandes" e "laboriosas" investigações, etc.) que estragam muitas páginas das *Ideas*; e ele exsuda o suor da "existência filosófica" apenas duas ou três vezes. Apesar da secura da linguagem, o ensaio vive numa atmosfera olímpica do mais puro entusiasmo filosófico. O controle do material é digno de um mestre; o tratamento do problema da visão de mundo de Galileu e das reduções que levaram ao fisicalismo são insuperavelmente claras; e o problema da subjetividade transcendental como tema da filosofia desde Descartes nunca tinha ficado tão claro para mim. A crítica das primeiras tentativas de apresentar a questão transcendental parece completamente certa, e, por conseguinte, a elaboração da esfera "egológica" e da fundamentação da objetividade do mundo nas operações do ego transcendental parece ter tido sucesso completo. Como você vê, estou preparado para admitir que esse ensaio é a performance epistemológica mais importante da nossa época.

No entanto, esse ensaio me desapontou tanto quanto as outras obras de Husserl – afinal, a epistemologia é um tema eminentemente importante da filosofia, mas ela não esgota o campo do filosófico, e nesse campo ela não é nem um tema autossuficiente, nem uma esfera em que está a raiz de todos os problemas filosóficos. O ensaio é, assim como as *Logical Investigations* [Investigações Lógicas] e as *Ideas*, um prolegômeno a uma filosofia, mas não é ele mesmo o reponsável por realizar uma filosofia estabelecida. Claro que é possível argumentar contra isso objetando que as grandes revelações serão encontradas nas obras ainda inéditas de Husserl. Mas há vinte anos que ouço esse argumento, e eu ficaria bastante desconfiado se um grande pensador nem uma vez, até o fim da vida, ao longo de uma produção amplamente divulgada, tocasse num único problema filosófico fundamental. A partir desse argumento relacionado a futuras publicações de manuscritos inéditos, parece-me que nada podemos esperar que fosse melhorar, de algum jeito inesperado, aquilo que já sabemos do círculo de temas de Husserl, por mais valiosos que ainda possam ser os manuscritos

---

[24] As referências no texto remetem à tradução inglesa de David Carr. Ver a nota 19. A tradução é levemente alterada.

inéditos enquanto estudos lógicos e epistemológicos. Creio, porém, que a partir do ensaio que ora temos diante de nós, podemos estabelecer bases para dizer que não há mais nada a esperar que vá ser fundamental em sentido filosófico.

(1) Nesse ensaio, Husserl desenvolve uma imagem da história – em linhas gerais indistinta da imagem da história da palestra de Viena, que presenciei. Essa imagem é vitoriana. A história relevante da humanidade vem da antiguidade grega, e da época moderna, desde o Renascimento. O período helenístico, o cristianismo e a Idade Média – um período temporal insignificante de não mais do que 2 mil anos – são um interlúdio supérfluo; a Índia e a China (colocados entre aspas por Husserl) são uma curiosidade vagamente ridícula na periferia do globo, no centro do qual o homem ocidental é simplesmente o homem. O homem é o ser racional. "A filosofia e a ciência seriam então o movimento histórico por meio do qual a razão universal, 'exclusivamente-gerada' na humanidade enquanto tal, revela-se" (p. 15-16). Na humanidade grega, a entelequia da humanidade deu seu salto (p. 15). Após a fundação da filosofia grega, e do intervalo de 2 mil anos, em que a entelequia obviamente se divertiu alhures, a nova fundação da filosofia foi feita por Descartes. Por causa de certas imperfeições, analisadas de maneira excelente por Husserl, a nova fundação cartesiana foi para o lado errado; Kant teve um início bom, mas parcial, colocando-a de volta nos trilhos; descarta-se a filosofia do idealismo alemão e dos românticos; e enfim chegamos à fundação final no transcendentalismo husserliano.

(2) Não creio que se possa dizer muito em defesa dessa visão empobrecida da história espiritual da humanidade, mas poder-se-ia objetar que se trata de uma perdoável ingenuidade de um grande filósofo sistemático e que sua realização essencial permanece intocada, e que é talvez inadequado deter-se muito explicitamente nesse ponto. Pelo contrário, eu objetaria enfaticamente que qualquer filósofo alemão, que, desde Hegel, venha querer mexer nos problemas da historicidade do espírito é, só por isso, como fica evidente por esse ensaio, de qualidade duvidosa. Mas vou me abster dessa discussão. Parece-me mais importante que, como mostra o ensaio, essa imagem da história não é um desvio perdoável e sistematicamente inessencial, antes constituindo o pressuposto imediato da temática husserliana.

A seção 15 (p. 70ff.) contém as "Reflexões sobre o método de nosso modo histórico de investigação", ricas em conclusões. Os princípios desse método são os seguintes:

(a) O devir histórico da filosofia tem uma teleologia.

(b) Essa teleologia pode ser "extrapolada" das formas históricas do filosofar.

(c) A teleologia, que foi "extrapolada" e esclarecida, possibilita a formulação do próprio *télos* e que essa passe a ser a tarefa da filosofia contemporânea (a de Husserl).

(d) Essa tarefa filosófica pessoal parte da compreensão do *télos* na história do espírito dos tempos modernos.

(e) A tarefa, porém, não se torna historicamente relativa. Não se trata de uma questão de classificação numa "sucessão meramente causal". O *télostélos* é intemporal e meramente se desdobra no devir histórico.

(f) A existência do filósofo recebe por meio disso um caráter particularmente dialético, revelado por Husserl nas duas teses a seguir:

(aa) "Nada mais somos do que o resultado do devir histórico-espiritual."
"Esse esclarecimento da história como investigação ulterior relacionada à fundamentação original de objetivos que ata a corrente das gerações futuras [...] não é outra coisa que a genuína autorreflexão do filósofo sobre aquilo que ele está verdadeiramente buscando, a partir do que ele autenticamente busca distinguir, aquilo que nele é vontade *da* vontade e *como* vontade de seus antepassados espirituais. Isso significa tornar novamente vital em seu sentido histórico oculto a conceitualidade sedimentada que se pressupõe como base de sua obra privada e não-histórica."

(bb) "A toda fundamentação original pertence essencialmente uma fundamentação final que o processo histórico atribui como tarefa. Ela é realizada quando a tarefa chegou à perfeita clareza, e, com ela, a um método apodíctico, que a cada passo da realização é a constante avenida para nossos passos, *que têm a natureza do sucesso absoluto, isto é, o caráter de passos apodícticos. Nesse ponto, a filosofia como tarefa infinita teria por conseguinte chegado a seu começo apodíctico, a seu horizonte de movimento apodíctico para a frente.*" (Grifos meus [E.V.])

(g) A "fundação final" deve ser distinguida da autorreflexão que é feita por todos os filósofos históricos a fim de fixar seu lugar perante os filósofos seus pares do passado e do presente. As autointerpretações de todos os outros filósofos não nos ensinam onde "isso" vem na história da filosofia. O *télos* da história revela-se apenas na interpretação final-fundacional, que é realizada por Husserl; e, com sua ajuda, os filósofos do passado podem ser entendidos melhor do que eles entendiam a si mesmos.

(h) Segue-se da posição privilegiada da consideração final-fundacional e teleológica da história que ela não pode ser contraditada por argumentos históricos (por exemplo, o de que um filósofo interpretado por Husserl tinha efetivamente, como provado pela filologia, uma intenção inteiramente diversa daquilo que Husserl lhe imputara com base em seu conhecimento do *télos*).

Diante da evidência da visão crítica total, brilha por trás dos "fatos históricos" da história da filosofia, pela primeira vez, a harmonia significativa do movimento histórico.

(3) A relação entre a tarefa sistemática da filosofia transcendental e a história da filosofia está resumida na fórmula:

> "Em *nosso* filosofar, somos *funcionários da humanidade*" (p. 17) e "Somos apenas aquilo que somos, como funcionários da humanidade filosófica moderna, como herdeiros e portadores da direção da vontade que a permeia, e somos por uma fundação original, que é porém ao mesmo tempo uma fundação subsequente e uma modificação da fundação grega original. Nisso está o *começo teleológico*, o verdadeiro nascimento do espírito europeu." (p. 71)

Há apenas algumas coisas a dizer em relação a essa formulação, junto aos princípios da Seção 15. E estou ansioso, como você pode imaginar, para não fazer quaisquer observações fortes que eu me sinta tentado a fazer, por exemplo, que tenho preconceitos contra funcionários em geral, e que, portanto, não distingo o suficiente entre funcionários do partido nacional socialista e funcionários da humanidade; ou que os funcionários do partido matam a humanidade, ao passo que os funcionários da humanidade não enxergam fundo o bastante a natureza do mal para ver ao menos uma de suas raízes na natureza do funcionário – mas Lissy diz que seria terrivelmente rude lhe agradecer pela maravilhosa refeição que você nos proporcionou em Champs Elysées enviando uma crítica de Husserl, e, se devo efetivamente fazê-lo, então ela ao menos não deveria ter "toques humorísticos". Sejamos sérios, portanto.

Porém, uma análise séria da posição husserliana tem suas dificuldades, porque a formulação de sua posição é de fato perfeitamente clara verbalmente, mas não é nem um pouco clara intelectualmente. Husserl não era um filósofo radical no sentido de ter sido claro a respeito das *radices* de seu pensamento: seu radicalismo, que ele sempre enfatizava, não é um radicalismo da existência filosófica, mas o radicalismo da busca de um problema específico, o da filosofia transcendental. Ele agora me parece ter buscado essa questão até suas raízes (e, no que diz respeito a isso, seu *pathos* de radicalismo é genuíno); a questão, porém, que, até onde consigo enxergar, Husserl nem sequer tocou em sua obra publicada, é se o progresso na direção da objetividade do conhecimento do mundo – na direção de sua subjetividade constituinte do ego – é de fato um progresso na direção dos problemas básicos da filosofia. Em relação a esse ponto, Husserl me parece absolutamente ingênuo. A clareza da formulação linguística no ensaio considerado esconde um mundo de implicações reais que precisam ser completamente explicitadas a fim de que se possa entender adequadamente a própria posição de Husserl. No espaço de uma carta, essa explicitação não é possível e, temo, em outro formato, considerando o escopo necessário, não vale a pena. Devo, portanto, limitar-me a limpar algumas das camadas ocultas com indicações breves e deixar que a sua imaginação desenvolva os panos de fundo e as explicações:

(a) No nível mais superior e mais geral, há a teleologia de Husserl da história, que deve ser considerada um exemplo de especulação averroística. Tratei desse tema detalhadamente no meu *Autoritären Staat*,[25] em relação à especulação nacional-socialista e fascista; e o artigo "Siger de Brabant",[26] de que você provavelmente se lembra mais, tenta esclarecer o que quero dizer com isso. Na filosofia ocidental, precisamos distinguir duas posições básicas em relação à natureza do homem, que na atitude cristã-ortodoxa de Tomás e na heterodoxia de Siger atingem sua mais clara representação.

Na posição tomista, a ênfase está na singularidade da substância humana (*intellectus*); em Siger, na alma do mundo, de que a substância humana individual é uma partícula. As duas posições derivam historicamente do ensinamento de Aristóteles sobre a alma (*De Anima III*), em que essa questão é deixada em suspense, de modo que, de fato, as duas posições podem ser remontadas a *De Anima*.

Denomino resumidamente "averroística" a posição que aceita a alma do mundo e o caráter correspondente de partícula do indivíduo, porque o comentário de Averróis a Aristóteles é a fonte literário-histórica mais importante da formação dessa posição no Ocidente desde o século XIII. Claro que estou perfeitamente ciente de que Averróis não desenvolveu originalmente essa posição, mas que a filosofia zenoniana do *logos* do mundo e dos *apospasmata* na alma individual continham-na em princípio. A posição averroística nesse sentido agora passou por muitos desenvolvimentos e derivações. A alma coletiva pode ser entendida em relação às almas individuais, como em Zenão, ou o coletivo pode ser transferido para o próprio mundo, por exemplo como entelequia racional do desenvolvimento humano para a perfeição, o que perfaz um componente essencial da filosofia kantiana da história; e pode emergir numa coletividade particular e intramundana, como nas especulações coletivas do comunismo, do nacional-socialismo e do fascismo.

---

[25] Der *autoritäre Staat*, Viena, Springer, 1936.
[26] Op. cit., vol. 4, 1944, p. 505-26.

O *télos* coletivo de Husserl da razão filosófica deveria ser modalizado pelo sistema coordenativo dessas variações averroísticas da seguinte maneira: à medida que o *télos* coletivo de Husserl é uma substância racional ou espiritual, ele permanece próximo do *logos* estoico ou do *intellectus* averroístico. O problema da filosofia torna-se então simplesmente o problema do espírito, e à medida que o espírito é a natureza do homem, o problema se identifica com o problema do homem em sua forma plenamente desenvolvida. "Os verdadeiros embates espirituais da humanidade europeia assumem a forma de *embates entre as filosofias*." (p. 5.) A humanidade, porém, como mostram essas e outras passagens (ver especialmente as páginas 15 e 16), é restringida à humanidade europeia e distinguida de "tipos arqueológicos meramente empíricos" como os chineses e os indianos (p. 16). O problema da humanidade é, por conseguinte, transferido de sua generalidade zenoniana, averroística ou kantiana para o histórico, e o "homem" torna-se um fenômeno histórico finito de certos períodos da história da humanidade, isso é, da antiguidade e dos tempos modernos. (O homem medieval também pode, ainda que isso não seja dito explicitamente, aparecer como "mero tipo antropológico", como o chinês ou o indiano.) Por meio dessa contração da humanidade à comunidade daqueles que filosofam juntos em sentido husserliano, o *téelos* filosófico aproxima-se da coletividade intramundana particular semelhante ao tipo do proletariado marxista, do *Volk* germânico hitlerista, ou da *Italianà* de Mussolini.

(b) A metafísica coletivista-histórica de Husserl tem suas consequências para seu método histórico. Na contradição entre o coletivo e uma pequena seção da verdadeira humanidade, está implicada a irrelevância histórica da quantidade preponderante da história humana, na rubrica "meramente antropológica". Mas também, dentro da pequena seção relevante, há uma diferenciação futura de relevância. Entre as várias possibilidades que permanecem abertas, Husserl escolhe a sua motivado pelo espetáculo da sucessão de sistemas filosóficos que vêm e vão sem que nenhum deles se torne definitivo. Será que a história da filosofia (que realmente é idêntica à história do espírito humano relevante) é, portanto, sem sentido? Ou será que existe uma ordem, e com essa ordem um sentido da história? A resposta dele é o *télostélos* que originalmente se fundamenta e que se revela de modo cada vez mais claro até sua fundamentação final apodíctica por meio de diversas maneiras dramáticas. Ou, traduzindo do linguajar husserliano em termos mais simples: Husserl é um filósofo do progresso no melhor estilo da época em que foi criado o Império Alemão e a respeito do qual Nietzsche tinha algumas coisas reveladoras a dizer. Toda filosofia do progresso que começa da suposição de um *télostélos* que se autorrevela tem um problema importante de relevância a resolver, que já tinha perturbado Kant profundamente. Kant também tinha esbarrado no problema da razão que se revelava na história num progresso sem fim até a realização. Em sua *Idea of a Universal History with a Cosmopolitan Purpose*[27] [Ideia de uma História Universal com Propósito Cosmopolita], ele desenvolveu a ideia do desdobramento e expressou em uma passagem decisiva sua "repulsa" por supor que as gerações anteriores da humanidade são, por assim dizer, degraus sobre os quais a geração posterior, realizada, ascende na direção de seu objetivo. Será que essa suposição significa que o homem historicamente é apenas um meio para um objetivo que somente a última geração da humanidade atingirá? Kant abandona o assunto por causa de sua "repulsa". Ele gostaria de ser realmente sistemático, mas ele não se sente emocionalmente impelido a enfrentar essa questão de maneira decisiva. Afinal, a concepção averroística é apenas um componente de seu sistema geral, e o sentido da vida humana individual em cada momento particular da história está de todo modo resolvida para ele satisfatoriamente pela crença na imortalidade da alma e em sua condição de realização no além. Além disso, o privilégio das gerações posteriores não chocava Kant tão violentamente, porque junto à suposição do progresso sem fim para a realização havia também o fato de que toda geração empírico-histórica compartilha com todas as outras o destino da imperfeição.

O problema para Husserl é um pouco diferente. Como Kant, ele acredita no progresso da razão no sentido de um desdobramento do *télos* na história. Mas ele não crê em progresso sem fim. Sua fundamentação final não está num ponto infinitamente distante, mas realiza-se aqui e agora na fenomenologia de Husserl. A filosofia chegou a seu "começo apodíctico" (p. 71) com o estabelecimento da fenomenologia, e a tarefa sem fim da filosofia (que também é de Husserl) acontece no "horizonte de continuação apodíctica". Como resultado, temos de distinguir duas fases na história da razão de Husserl: a primeira vem dos gregos e passa pela fundamentação original e renovada de Descartes, e chega à fundamentação final husserliana; a segunda começa com Husserl, como a continuação apodíctica de sua fundamentação apodíctica final. Podemos recordar a nós mesmos que a entelequia "deu seu salto pela primeira vez entre

---

[27] Em H. Reiss (ed.), *Kant's Political Writings*, trad. H. B. Nisbet, Cambridge, Inglaterra, Cambridge University Press, 1970, p. 41-53.

a humanidade grega" (p. 15), de modo que a história antes dos gregos é uma pré-história da verdadeira humanidade. Assim temos ao todo três fases, e a filosofia husserliana da história surge como uma típica filosofia de três fases, o Velho Testamento (pré-grego), o Novo Testamento (desde a fundamentação grega) e o *Evangelium Aeternum* (que começa com a fundamentação final husserliana). A fase final, a continuação sem fim da fenomenologia filosófica no horizonte da fundamentação final apodíctica, tem a mesma estrutura na história da filosofia que o último reinado marxista ou o milênio hitlerista.

A atitude de Husserl em relação ao período do Novo Testamento (da fundamentação original à fundamentação final) vale uma consideração mais detalhada. Kant tinha um certo desconforto, uma "repulsa" pela ideia de que as gerações futuras anteriores ao último reinado fossem apenas pontos de transição para a razão, pontos úteis e talvez necessários no caminho da realização, mas sem valor absoluto por si mesmos. Esse traço de humanidade em Kant falta a Husserl. Que os gregos e a filosofia moderna desde Descartes sejam o único adubo histórico para solo do qual brota a flor da fundamentação final husserliana não lhe parece minimamente "repulsivo"; essa relação é apenas o que deveria ser. Levantar essa questão, porém, não deveria ser, de modo algum, uma preparação para a contestação da humanidade de Husserl – o problema é mais profundo ainda. A falta da "repulsa" humanitária de Kant, a ausência de protesto interior contra a consideração da história como pré-história e a aceitação de que a "história real" (Lênin) começa com a fundamentação final – em termos husserlianos: a história "apodíctica" – coloca Husserl, pelo contrário, além da problemática do progresso do século XVIII, com suas implicações de humanidade, e torna necessário colocá-lo entre as representações messiânicas de uma era final a ser encontrada em nossa época. A história "apodíctica" de Husserl, como a história "real" do comunismo, não é uma continuação da história empírica (veja a paixão com que Husserl afasta qualquer tentativa de permitir que sua interpretação teleológica da história seja confrontada com argumentos empíricos-históricos), mas uma transposição da história para um novo nível do desdobramento do espírito do homem, com o qual começa uma nova apodicidade. Junto ao componente específico e problemático da subjetividade transcendental, o radicalismo de Husserl tem um componente messiânico por meio do qual a fundamentação final, com sua apodicidade na área do histórico e do social, torna-se o estabelecimento de uma seita filosófica na fase final da história.

A fim de descrever a estrutura particular da metafísica husserliana, foi necessário referir seus frequentes fenômenos paralelos na esfera política. Além de sua relação estrutural com o nacional-socialismo ou com o comunismo, a metafísica da história de Husserl, porém, não tem mais a ver com eles do que, por exemplo, Joaquim de Fiore, cujo escalonamento da história passa por um processo semelhante. Em sua relação metodológica, a posição de Husserl está intimamente relacionada com certas manifestações espirituais contemporâneas do espírito – isto é, a metodologia histórica da Escola Alemã do Sudoeste, e, mais ainda, as obras históricas que se orientam para essa metodologia. As obras de história política são menos relevantes nesse aspecto do que um clássico da história do espírito, como *Law of Partnership*[28] [Lei da Parceria], de Gierke. A *ratio* dessa obra é a suposição de Gierke de que a natureza de uma sociedade política é seu caráter de "pessoa real", e a história das ideias políticas e jurídicas deve, portanto, ser selecionada de tal modo que os fatos históricos sejam ordenados como uma corrente de desenvolvimento que leve ao desdobramento da ideia da "pessoa real". Gierke, portanto, escolhe essas migalhas de uma quantidade enorme de material histórico, e elas se permitem com maior ou menor felicidade ser ordenadas nessa série – não importa o que essas migalhas significaram no contexto do autor, ou qual material deve, por conseguinte, ser jogado debaixo da mesa. É esse o método de Husserl, ainda que Gierke carecesse do aparato terminológico de enteléquia, fundamentação original, e fundamentação final. Como resultado, Gierke enfrentou dificuldades quando Dunning teve a falta de tato suficiente para examinar mais de perto seu fantástico tratamento de Bodin. Como resultado, Gierke viu-se obrigado a publicar uma embaraçosa *retratactio* na terceira edição de seu *Althusius*.[29] O que Dunning fez no caso de Bodin poderia ser feito com praticamente cada um dos autores tratados por Gierke. Husserl não suportaria essa infelicidade, porque, desde o começo, rejeitou argumentos empíricos-históricos contra seu *télos*. Portanto, eu diria que a obsessão demoníaca da época de Gierke de tratar a história mundial como obra preparatória para a glória do respectivo presente foi, nesse caso, o de Gierke, superada pela posição messiânica de Husserl, que recusa qualquer correção do material empírico. Gierke ainda poderia ser criticado por meio

---

[28] *Das deutsche Gernossenschaftsrecht* é um monumento de quatro volumes da erudição alemã. Foi traduzido em partes, com títulos distintos.
[29] *Johannes, Althusius und die Entwicklung der naturrechtlichen Staatstheorien*, Breslau, Winkle, 1913.

de referências ao material que ele interpretou; Husserl não pode ser criticado, já que sua interpretação da história não pode ser falsa *ex definitione*. Falo de uma escritura "demoníaca" da história porque o historiador absolutiza sua própria posição espiritual, com sua limitação histórica, e "realmente" não escreve história, antes abusando do material da história, fazendo dele muletas históricas para sua própria posição. A tarefa de um não abuso da história do espírito é penetrar em cada posição espiritual histórica até seu ponto basilar, isto é, até onde estão suas raízes profundas nas experiências de transcendência do pensador em questão. Somente quando a história do espírito é realizada com esse objetivo metodológico ela pode atingir seu objetivo filosófico, que é compreender as formas históricas do espírito como variações do tema da experiência da transcendência. Essas variações se sucedem de maneira empírica e factual, não arbitrariamente; elas não constituem uma série anárquica; elas permitem o reconhecimento de sequências de ordem, ainda que essa ordem seja um tanto mais complicada do que os metafísicos do progresso gostariam que fosse. (É óbvio que não posso discutir as ordens efetivas aqui nesta carta.) Uma genuína reflexão histórica não assume a tarefa que Gierke, em sua ação historiográfica, e Husserl, em sua teoria, atribuem-lhe, que é explicar a própria preciosa posição como sedimento da história (ainda que essa autointerpretação seja uma consequência valiosa da reflexão histórica). Antes, a tarefa principal da reflexão histórica genuína é penetrar a forma espiritual-histórica do outro em sua experiência de transcendência, e nessa penetração treinar e clarificar a própria formação da experiência transcendente. A compreensão espiritual-histórica é uma catarse, uma *purificatio* em sentido místico, com o objetivo pessoal de *illuminatio* e de *unio mystica*; de fato, se ela lida sistematicamente com grandes cadeias de material, pode levar à descoberta de sequências de ordem no desdobramento histórico do espírito; por fim, ela pode, desse modo, efetivamente produzir uma filosofia da história. Os guias para esse entendimento, porém, que não podem ser abandonados nem por um segundo, são os "autotestemunhos" do pensador – aqueles mesmos autotestemunhos que Husserl não apenas crê não ter direitos, mas que ele sistematicamente evitou por perturbarem sua teleologia.

(4) As implicações mais importantes da posição husserliana agora foram explicadas, e posso, em poucas palavras, abordar a questão material fundamental: a relação entre Husserl e Descartes. Husserl julga que a filosofia moderna foi originalmente fundamentada por Descartes e, por fim, fundamentada por ele mesmo.

A fundamentação final traz a fundamentação original a seu desdobramento completo. A fim de provar essa tese, Husserl interpreta as *Meditações* cartesianas como uma forma imperfeita de redução fenomenológica cujo objetivo é uma *epoché* do conteúdo do mundo com o propósito de reconstituir o mundo como objetivo a partir da esfera egológica. Essa interpretação é parcialmente correta. A eliminação metodológica do conteúdo do mundo e a suspensão do juízo a fim de encontrar o ponto arquimédico do qual o mundo possa ser reconstruído é de fato o tema das *Meditações*. A crítica de Husserl também está correta: a *epoché* epistemológica não é realizada de modo radical e o "Eu" psicológico é transformado em ponto de partida para a reconstituição do mundo em vez do ego transcendental. Porém a afirmativa que Husserl faz, em relação ao *télos* histórico, de que a redução cartesiana não tem outro sentido positivo além do epistemológico, que deve posteriormente levar ao embasamento de uma filosofia transcendental, é falsa; mais ainda, a afirmativa – de que a obtenção da certeza em relação à objetividade do mundo pela via oblíqua da certeza da existência de Deus desaba porque a prova cartesiana de Deus é inviável – também é falsa.

As interpretações equivocadas de Husserl devem-se ao fato de que ele troca o tema próprio e exclusivo de Descartes por seu próprio tema filosófico, que é a *epoché* do mundo com o propósito de atingir a esfera transcendental do ego, mesmo que ela só tenha tido a intenção de fazê-lo de maneira obscura e imperfeita. De fato, a meditação cartesiana tem um conteúdo muito mais rico, que aliás levanta a questão de ela poder ser aplicada ao desdobramento daquela problemática. Para começar, a meditação cartesiana não é tão incrivelmente nova em sua forma principal, como crê Husserl. A meditação de Descartes é em princípio uma meditação cristã em estilo tradicional; ela pode até ser classificada como uma meditação de tipo agostiniano, e foi feita centenas de vezes na história do espírito humano desde Agostinho. O autor anônimo da *Nuvem do Não Saber* (uma meditação do século XIV) formulou o tema clássico da meditação na seguinte sentença: "É-te necessário ocultar numa nuvem de esquecimento todas as criaturas que Deus jamais criou, a fim de que possas dirigir para Deus tua intenção". O objetivo da meditação é a gradual eliminação do conteúdo do mundo, do mundo corpóreo ao animado, a fim de atingir o ponto de transcendência, do qual a alma pode, em termos agostinianos, voltar-se na *intentio* para Deus. Essa meditação é primariamente um processo na biografia do indivíduo que a realiza; e o manter-se no ponto de transcendência e na *intentio* são experiências de curta duração. Secundariamente, esse processo pode ser expressado verbalmente, e isso permite a forma literária da meditação. Seguindo o caminho inverso, a reconstituição de uma meditação que foi traduzida em palavras possibilita novamente uma meditação originária no leitor. A meditação cartesiana é o sedimento literário de uma meditação comum desse tipo, até o ponto, de fato, em que o caráter momentâneo do permanecer no ponto de transcendência é usado de maneira literária para articulação na maioria das meditações. A primeira meditação termina com a reclamação: "Recaí insensivelmente em minhas opiniões anteriores", ou seja, em sua crença na objetividade do conteúdo do mundo, ainda que o objetivo mesmo da meditação fosse livrar-se desse conteúdo, já que só essa liberação possibilita a experiência do *realissimum* na *intentio*.

Certamente há algo novo na meditação cartesiana – se não houvesse nada de novo, a interpretação de Husserl não seria falsa apenas parcialmente, mas totalmente. O estilo clássico da meditação começa com o *contemptus mundi*; a objetividade do mundo é infelizmente tão óbvia que a meditação é necessária como instrumento de libertação dele; por meio da meditação o pensador cristão assegura-se, se não da irrealidade, ao menos da irrelevância do conteúdo do mundo. O pensador cristão clássico *quer não conhecer o mundo na meditação*, e portanto, sua objetividade não é para ele um problema epistemológico. Descartes vê-se numa posição na história do espírito em que ele *quer* conhecer o mundo, sem ao mesmo tempo deixar de ser um pensador cristão. Portanto, de um lado, ele pode fazer a meditação cristã, e, por outro, ele pode *usar* essa meditação, com sua *epoché* do mundo, para assegurar-se novamente, desde o "ponto arquimédico" da experiência da transcendência, da realidade do mundo que ele anteriormente aniquilara na meditação. A experiência cristã da transcendência tem para Descartes a mesma importância, enquanto pressuposto indispensável da objetividade do mundo, que a visão mística que Platão tinha das ideias, enquanto pressuposto indispensável de sua epistemologia idealista. Eu, portanto, formularia como novidade em Descartes que o sentimento de *contemptus mundi* cede lugar ao sentimento de interesse pelo mundo, e que, a partir desse cuidado com a *epistēmē*, a experiência transcendente torna-se na meditação o instrumento para tornar certa a objetividade do mundo.

Husserl equivoca-se fundamentalmente quanto a essa problemática porque tropeça na prova da existência de Deus, não enxergando o conteúdo experiencial da experiência da transcendência. Um fato bastante conhecido na história da filosofia, mas obviamente não para Husserl, é que as provas escolásticas da existência de Deus, incluindo a cartesiana, não têm o propósito de garantir ao pensador que utiliza esse indício, a existência de Deus. A existência de Deus, para os pensadores cristãos, de Anselmo da Cantuária a Descartes, é conhecida por outras fontes. A prova é, porém, a forma estilística do pensamento escolástico, e a *demonstratio* nesse estilo é estendida a problemas que não são passíveis de *demonstratio*, e não precisam dela sob nenhum aspecto. Certamente todas as provas de Deus são inviáveis logicamente – mas nenhuma das provas de Deus foi tão estúpida quanto deve parecer após uma leitura de Kant. Na prova da existência de Deus, claro que se pode encontrar, até em Descartes, o relato não demonstrativo e puramente descritivo da experiência da transcendência, do qual ele depende exclusivamente do ponto de vista meditativo. Na *Terceira Meditação*, pode-se ler:

> De algum modo tenho a noção do infinito antes da do finito, isso é, de Deus antes de mim; como seria possível que eu pudesse conhecer o que eu duvido e o que eu desejo, isto é, que algo me falta e que não sou inteiramente perfeito, se não tivesse em mim nenhuma ideia de um ser mais perfeito do que o meu próprio, em comparação com o qual eu conhecesse as deficiências da minha natureza?.

A existência de Deus, portanto, não é uma conclusão, mas, na experiência da finitude da natureza humana, o infinito é dado. Deus não pode ser matéria de dúvida, porque, na experiência da dúvida e da imperfeição, Deus é um pressuposto. Na experiência-limite de ser finito está dado, junto a este lado do limite, o além.

O *ego cogitans* de Descartes é, portanto, verdadeiramente importante. Husserl percebeu corretamente dois desses três sentidos. Ele viu (1) o ego transcendental, que, voltado para o conteúdo do mundo, tem em suas *cogitationes a intentio* voltada para os *cogbitata*; (2) o ego psicológico, a alma como conteúdo do mundo, que Descartes, como Husserl corretamente critica, permitiu que escorregasse para o ego transcendental. O que Husserl não viu foi o terceiro sentido do ego, que serve de base aos dois primeiros, o ego enquanto *anima animi* no sentido agostiniano cuja *intentio* não se volta para os *cogitata*, mas para a transcendência. É nesse terceiro sentido que o processo de meditação tem seu sentido primário; na transcendência da *intentio* agostiniana, aquele "eu" tem simultaneamente certeza de si mesmo e de Deus (não em sentido dogmático, mas num sentido místico de transcendência na Base). E somente a partir *dessa* certeza pode ser fundamentada a esfera egológica de Husserl, com sua *intentio* indo na direção oposta, para os *cogitata* – não importando a forma que essa certeza receba na especulação metafísica. (Também é importante comparar a derivação da dialética de Hegel como uma das construções possíveis da fundamentação, a partir da mística de Jakob Böhme, e explicitada por Hegel na *História da Filosofia*.)

Assim, Husserl isolou o problema egológico do complexo meditativo cartesiano, desenvolvendo-o magistralmente em sua teoria da transcendentalidade. E essa relação com Descartes me parece estar na raiz da peculiaridade da posição husserliana. Husserl nunca fez uma meditação originária em sentido cartesiano – apesar de seu suposto radicalismo e de seu postulado de [ser] o novo começo para todos os filósofos [subsequentes]. Ele *adotou historicamente* a redução do mundo do ego cogitante e portanto não pode basear sua própria posição filosófica transcendental em uma metafísica originária outorgante. O limite que ele nunca ultrapassa é a subjetividade fundamentadora do ego; onde o ego recebe sua função de fundamentar a objetividade do mundo é algo que permanece não apenas inexplicado mas que também, inevitavelmente, quase não é tocado. Em vez da fundamentação superior na experiência da transcendência, entra a fundamentação na particularidade intramundana de uma das problemáticas epistemológicas estabelecidas por Descartes. Se Husserl era insensível às experiências da transcendência, se ele se afastava delas, se esse problema é de natureza biográfica (já que ele se afastou da religiosidade judaica e não queria entrar na religiosidade cristã), não sei. De todo modo, para fundamentar sua posição, ele eliminou a imanência de uma problemática histórica e, com todo o cuidado, distanciou-se do problema filosófico da transcendência – o problema decisivo da filosofia. Por essa razão, então, surgem de um filósofo notável o que parecem ser as curiosidades das interpretações da história por meio do *télos* a ele revelado; daí a justificativa de sua posição como funcionário desse *télos*; daí a incapacidade de encontrar o ponto arquimédico, que ele não conseguia encontrar por si, na filosofia alheia; daí a aparente desumanidade da humilhação de seus predecessores; e daí – também creio – a natureza constantemente preparatória de sua obra.

Apesar disso tudo, eu não vou minimamente – espero não ter de dizer isso de modo mais detalhado – contestar os brilhantes talentos filosóficos de Husserl. Ele certamente, e com grande sucesso, fez tudo o que um pensador pode fazer dentro do contexto de uma problemática historicamente fixada, sem chegar, de maneira originária, ao nível do problema fundamental do filosofar.

Cheguei ao fim. Como disse no começo, temo que você dificilmente vá ter tempo de entrar em detalhes sobre essas questões. Mesmo que você não tenha, essa crítica pode servir de base para uma conversa quando nos reencontrarmos – e, nesse ínterim, este foi para mim um exercício catártico.

Com muitos agradecimentos por todo o amor que você e sua esposa nos demonstraram, e com as saudações mais sinceras,

Atensiosamente,
Eric Voegelin
(Concluída em 20 de setembro de 1943)

. . . .

CARTA 11

Social Research
66 West 12 Street
Nova York
11 de outubro de 1943

Dr. Eric Voegelin,
Louisiana State University
Baton Rouge, Louisiana

Caro Dr. Voegelin:

Muito obrigado por sua carta de 26 de setembro. Espero receber sua resenha do livro de Farber por volta do Natal. Tenho certeza de que será uma resenha muito interessante e que valerá a leitura.

Seguindo seu conselho, pedi ao Dr. Schütz sua crítica de Husserl. Trata-se, é claro, de um texto muito interessante; admiro a rapidez e a energia de sua reação. O senhor tem amplo sucesso ao mostrar a inadequação de certos aspectos ou perspectivas que deformam a superfície da tese de Husserl. Creio, porém, que o senhor não faz jus à intenção fundamental de Husserl e ao fio mais importante de seu raciocínio. O senhor certamente superestima a importância do "epistemológico" e "*geschichtlich--philosophischen*" *Eirschalen* em razão da situação de que Husserl partiu.[30] O ponto decisivo em Husserl é a crítica da ciência moderna à luz da verdadeira ciência, isto é, da [ciência] platônico-aristotélica. Sua obra só pode ser entendida à luz das enormes dificuldades em que a ciência platônico-aristotélica culminou, [isto é,] o problema do *noûs*. Considerando as enormes dificuldades de entender *De Anima III*, 5 ss., a fundamentação egológica de Husserl das ontologias é ao menos desculpável. Aliás, creio ser impossível chamar de averroístico o procedimento de Husserl; não há em Averróis um "ego" de importância fundamental. E eu poderia listar diversas outras coisas. Discordo de sua interpretação do sentido das demonstrações da existência de Deus, que na minha opinião tiveram um sentido muito mais sério e crucial do que

---

[30] Essa carta foi escrita em inglês. O que Strauss quer dizer é que Voegelin superestimou a importância do dúbio ponto de partida historico-filosófico de Husserl. *Eierschalen* significa cascas de ovos, como na expressão "pisar em ovos"; em outras palavras, seria possível dizer que na opinião de Voegelin Husserl começou com cautela demais, mas na opinião de Strauss não era necessária tanta cautela.

o senhor parece atribuir-lhes. Mas devemos deixar uma discussão adequada dessas graves questões para um encontro pessoal.

No que diz respeito a meus estudos medievais, posso mencionar: *Philosophie und Gesetz*, Berlim, 1935; "Quelques Remarques sur la Science Politique de Maimonide et de Farabi", *Revue des Études Juives*, 1936; "The Literary Character of the Guide of the Perplexed", *Maimonides Memorial Volume*, Columbia, 1941; "The Law of Reason in the *Kuzari*" (a ser publicado esse ano – enviarei uma cópia)[31] – Minha esposa e eu enviamos ao senhor e à senhora Voegelin nossos melhores votos.

Muito sinceramente,
Leo Strauss

. . . .

CARTA 12

7 de junho de 1944

Caro Sr. Strauss,

Perdoe-me por apenas hoje lhe agradecer por seu excelente ensaio sobre "The Law of Reason in the *Kuzari*" ["A Lei da Razão nos *Kuzari*"]. Um colega ficou doente e minha carga de aulas dobrou; somente agora ao fim do semestre tenho tempo para respirar.

Não posso fazer nenhuma observação crítica sobre o seu ensaio. Ele diz respeito a algo que para mim é um mundo estranho, e só posso aprender. Mas o que há para aprender me interessa muito. Sobretudo a forma do discurso religioso. Infelizmente conheço muito pouco da literatura oriental, mas vêm-me à mente discursos religiosos que foram relatados por Rubrouck[32] (na corte dos Khans mongóis). Será que o senhor sabe mais a respeito, ou se essa forma ocorre com maior frequência? Tenho a impressão de que esse tipo de discurso, que realmente existiu, bem como aqueles que eram ficcionais, na interseção de islamismo, judaísmo e cristianismo, etc., é o protótipo

---

[31] "The Literary Character of the *The Guide for the Perplexed*", S. W. Baron (ed.) *Essays on Maimonides*, Nova York, Columbia University Press, 1941; "The Law of Reason in the *Kuzari*", *Proceedings of the American Academy for Jewish Research*, vol. 13, 1943, p. 47-96. Ambos os textos foram reproduzidos em *Persecution and the Art of Writing*.

[32] William of Rubruquis or Rubrouck foi um enviado papal à corte mongol no século XIII.

dos discursos ocidentais posteriores sobre a tolerância – também é sociologicamente muito interessante a posição de Johnson, que diz que a ordem social só é possível graças à religião[33] – e eu fico especialmente grato pelo fato de que o seu ensaio não me vem recordar mais uma vez da afirmação de Goethe de que a crença e a descrença são o principal tema da história mundial. Toda a parte sobre Israel no deserto – nas notas ao *Divan* – constitui um belo espécime.

Em cerca de duas semanas vou passar por Nova York a caminho de Cambridge; talvez possamos encontrar-nos nessa ocasião. De todo modo, vou telefonar.

Enquanto isso, calorosas saudações nossas ao senhor e à sua querida esposa.

Sinceramente,
Eric Voegelin

. . . .

Carta 13

3202 Oxford Ave.
Nova York 63, NY
21 de abril de 1945

Meu caro Sr. Voegelin,

Apenas uma palavra escrita às pressas para agradecer-lhe por sua gentil missiva. O senhor me deixou ainda mais feliz, já que eu acreditava que, especialmente no que diz respeito aos clássicos, havia entre nós uma radical oposição de opiniões.

Seria excelente se pudéssemos discutir isso e outras coisas em junho. Agora moramos imediatamente ao lado de Hula – talvez dessa vez o senhor consiga tempo para me visitar.

Com nossos melhores votos,

Sinceramente,
Leo Strauss

. . . .

---

[33] Alvin Johnson, da *New School for Social Research*.

Carta 14

16 de outubro de 1946

Meu caro Sr. Voegelin,

Calorosos agradecimentos por sua carta do dia 11 do corrente mês. Fiquei muito feliz com sua reação à minha crítica de Wild.[34] É preciso continuar a fazer essas críticas severas em público de vez em quando. Talvez aqui e ali elas tenham sua utilidade.

Imediatamente tentei olhar sua crítica de Schuman.[35] Infelizmente, não a temos (isto é, a revista) em nossa biblioteca, e não posso usar outras bibliotecas. O senhor poderia me emprestar uma cópia por 24 horas? Eu a mandaria de volta imediatamente.

Caso eu o encontre, gostaria muito de conversar com o senhor sobre uma pequena investigação que completei há mais de um ano, mas não consegui colocar aqui. Trata-se da primeira tentativa de interpretar o diálogo de Xenofonte sobre os tiranos (o *Hiero*).[36] Ela leva a resultados que não são muito interessantes para o homem comum, mas a respeito dos quais eu mesmo não sou tão indiferente: a teoria política da Antiguidade surge sob uma nova luz. Tive a impressão por um momento de que *Traditio* publicaria o trabalho (130 páginas datilografadas); os editores recusaram-no, mas sem dar razões muito convincentes. E não conheço ninguém nas editoras exclusivamente americanas. Será que o senhor poderia ajudar? A questão não é tão urgente: escrevo a respeito apenas porque, talvez por acaso, o senhor esteja sabendo de alguma coisa.

Calorosas saudações,

Sinceramente,
Leo Strauss

. . . .

---

[34] Leo Strauss, "On a New Interpretation of Plato's Political Philosophy", *Social Research*, vol. 13, 1946, p. 326-67.
[35] Eric Voegelin, resenha de Fred L. Schuman, "Soviet Politics, at Home and Abroad", *Journal of Politics*, vol. 8, 1946, p. 212-20.
[36] Leo Strauss, *On Tyranny: An Interpretation of Xenophon's "Hiero"*, prefácio de Alvin Johnson, Nova York, Political Science Classics, 1948.

Carta 15

Corpo Docente de Pós-Graduação em
Ciência Social e Política
66 West 12th Street
Nova York 11
Gramercy 7-8464
11 de novembro de 1947

Professor Eric Voegelin
741 Canal Street
Baton Rouge, Louisiana

Caro Dr. Voegelin,

Fiquei imensamente grato por seu artigo,[37] que li imediatamente e achei muito interessante. Estou completamente de acordo com a tese desenvolvida pelo senhor à página 311. Por outro lado, tenho dificuldades em acompanhá-lo naquilo que o senhor sugere na última parte do artigo. Pretendo enviar-lhe minhas críticas detalhadíssimas em algum momento da primavera, quando eu voltar a estudar a *República*. Permita-me por ora algumas observações gerais e não muito fundamentadas. Creio que a disputa entre filosofia e poesia pode ser entendida nos termos de Platão, com a filosofia significando *a* busca *da* verdade (uma busca que, para todos os que compreendem o que isso significa, é erótica), e a poesia significando outra coisa, isto é, na melhor das hipóteses, a busca por um tipo particular de verdade. Imagino, se é possível dizer, como diz o senhor, que *Rep.* 607B "dificilmente pode significar algo que não seja uma referência aos ataques de Heráclito e de Xenófanes a Homero e a Hesíodo". Igualmente importante, no mínimo, é o ataque de Aristófanes a Sócrates; de fato, pode-se dizer que o tema central de Aristófanes, não apenas em *As Nuvens*, é a questão da superioridade da filosofia ou da poesia. Também o que o senhor diz à página 318, embaixo, "como o mito egípcio é invenção de Platão, Sólon é o próprio Platão", parece um *non sequitur*.[38]

---

[37] Eric Voegelin, "Plato's Egyptian Myth", *Journal of Politics*, vol. 9, 1947, p. 307-24.
[38] Comparar com Voegelin, *Order and History*, vol. 3, *Plato and Aristotle*, Baton Rouge, Louisiana State University Press, 1957, p. 179-80.

Meu calendário está tão ocupado que nem sequer posso tocar nas questões de princípios envolvidas em minhas escassas observações.

Repetindo meus agradecimentos por seu estimulante estudo,

Sinceramente,
Leo Strauss

LS:ES

· · · · · · · · · · · · · · · · ·

Carta 16

18 de março de 1948

Caro Sr. Strauss,

Muito obrigado por seu artigo sobre "The Intention of Rousseau"[39] ["A Intenção de Rousseau"]. Imediatamente reli o *Primeiro Discurso*, e creio que o senhor efetivamente formulou o problema de maneira absolutamente correta. Parece-me particularmente valiosa a cuidadosa distinção entre bondade e virtude, e a divisão subsequente da bondade entre a do homem primitivo e a do filósofo. Quanto àquilo que o senhor mesmo indica, não tenho praticamente nenhuma crítica a fazer; só posso concordar. Ao reler o *Discurso*, certas relações me vêm à mente, as quais antes não me eram tão claras, e que talvez possam ser aceitáveis como suplementos. Refiro-me ao claro paralelo entre a crítica da civilização de Rousseau e a de Vico. Há pouca chance de alguma influência literária. Para mim, é muito interessante o aparente paralelo entre a apreciação de Rousseau da ciência e o "Barbarismo da Reflexão" de Vico, bem como o paralelo entre a virtude de Rousseau e a continuidade ininterrupta do "mito" de Vico. Os esforços de Rousseau por uma religião civil parecem-me substancialmente uma exposição a respeito do problema do mito (no sentido de Vico) e sua decomposição por meio da reflexão. Mas os detalhes desse paralelo iriam estender-se demais para uma carta.

Como escrevo-lhe, não quero perder a oportunidade, mais uma vez, de enviar-lhe um manuscrito para que o senhor avalie se ele é adequado para publicação na *Social*

---

[39] Leo Strauss, "On the Intention of Rousseau", *Social Research*, vol. 14, 1947, p. 455-87.

Research.⁴⁰ Não fosse por essa carta, eu não o teria mandado; assim, não considere tão seriamente a submissão; se ele não lhe parecer apropriado (especialmente por ser talvez longo demais), pode enviá-lo de volta sem desculpas ou cerimônias. Trata-se de um trecho de uma obra grande, mas é completo em si mesmo. Se ele parecer utilizável de modo geral, eu faria as seguintes mudanças:

1) As duas primeiras páginas atuais seriam trocadas por uma introdução, que deixaria o artigo autossuficiente.

2) Todas as referências a outras partes do manuscrito maior seriam simplesmente trocadas por notas de rodapé.

Com muitos agradecimentos e as mais calorosas saudações,
Eric Voegelin

· · · · · · · · · · · · · · · · · ·

Carta 17

Social Research
Revista Trimestral da Ciência Política e Social
66 West 12 Street 11
Nova York
27 de maio de 1948

Caro Dr. Voegelin,

Lamento que o Conselho Editorial tenha demorado tanto a chegar a uma decisão a respeito de seu artigo "The Origins of Scientism" ["As Origens do Cientificismo"].

O Conselho estaria disposto a publicá-lo, desde que ele fique inteiramente compreensível em si mesmo, e seja um pouco abreviado (normalmente, o tamanho máximo de nossos artigos é de 25 páginas datilografadas).

Um número razoável de membros do Conselho julgou que seu raciocínio se baseia em pressupostos que não são esclarecidos nesse capítulo de sua obra. Isso se aplicaria particularmente à sua distinção entre "o domínio dos fenômenos" e o

---

⁴⁰ Eric Voegelin, "The Origins of Scientism", *Social Research*, vol. 15, 1948, p. 462-94.

"domínio da substância", que, se é sugestivo, parece um tanto vago. Pessoalmente creio que essa crítica, que se refere apenas a esse capítulo, tem fundamento.

Ouso anexar uma cópia das sugestões feitas por um dos cavalheiros que leram seu trabalho. Naturalmente, o senhor tem total liberdade quanto ao que fazer com essas observações. É concebível que um ou outro ponto vá ser de seu interesse.

Claro está que o principal argumento que o senhor propõe é da máxima importância, mas não estou tão certo de que ele baste para explicar aquilo que o senhor chama de "cientificismo". Porém esse assunto é longo demais para se discutir numa carta oficial.

Com as mais gentis saudações,

Sinceramente,
Leo Strauss
Editor Associado

ls/dgs
Dr. Eric Voegelin
Lousiana State University
Baton Rouge, LA

Comentários a "The Origins of Scientism", de Voegelin[41]

O autor deveria explicar logo no princípio, em termos inequívocos, o que ele considera a pretensão injustificada do cientificismo. A melhor maneira de fazer isso talvez seja contrastar problemas e métodos científicos com problemas e métodos filosóficos. Nesse contexto, deveria ficar inequivocamente claro se a palavra "cientificismo" pretende referir todas as doutrinas que são "positivistas" (que se recusam a admitir que existem problemas metafísicos verdadeiros), ou apenas aquelas doutrinas positivistas que postulam a unidade das ciências naturais, das humanidades e das ciências sociais sob a hegemonia da física. (F.A. Hayek, em seus trabalhos sobre o cientificismo em *Economica*, usa o termo no sentido mais restrito;[42] Voegelin parece usá-lo no mais amplo.) A diferença entre abordagens filosóficas e científicas poderia então ser exemplificada por uma análise da natureza do espaço, com Berkeley e Leibniz representando a abordagem filosófica.

---

[41] Anexo à *Carta 17*.

[42] Os artigos foram publicados originalmente em *Economica* entre 1942 e 1944 e reproduzidos em Hayek, *The Counter-Revolution of Science*, Glencoe, Illinois, The Free Press, 1955.

A grande influência do pensamento antigo (e particularmente do tratamento do problema do espaço na *Física* de Aristóteles) no relevante pensamento setecentista poderia ser enfatizada. A afirmação de Voegelin de que o problema do espaço absoluto e relativo começa com Copérnico é inviável.

Deve-se salientar que a tese do espaço absoluto supostamente teria grande apoio na visão geralmente aceita de que os axiomas da geometria euclidiana descrevem a estrutura do espaço físico e não são afetados pelas constelações de coisas materiais no espaço.

A extensão do trabalho poderia ser substancialmente reduzida pelo corte de diversas observações que não são necessárias para a apresentação do argumento, como a discussão do julgamento de Galileu e da influência de Henry More sobre Newton.

Algumas notas para o guiamento dos leitores da *SR* deveriam ser acrescentadas. Não se deve esperar que todos sejam familiares, por exemplo, com o significado da falácia da concretude deslocada de Whitehead.

· · · · · · · · · · · · · · · · · · ·

Carta 18

12 de junho de 1948

Caro Dr. Strauss,

Lamento que só hoje eu possa tomar conhecimento de sua carta de 27 de maio e também do retorno do manuscrito.

Fico bastante feliz por o senhor, de modo geral, parecer considerar que o problema tem alguma importância. E vou diminuir o artigo e ajustá-lo para que possa ser publicado como obra independente.

Em relação ao tamanho, devo dizer de antemão que posso cortar sete páginas, o que o deixa com cerca de trinta páginas. Se poderei cortar mais cinco páginas para chegar às 25, não sei, mas vou tentar. Tenho dúvidas quanto a isso porque a devida atenção aos conselhos que o senhor anexou à sua carta tornarão algumas relativizações e explicações necessárias, e elas tomarão algum espaço.

O senhor percebeu com muita justeza que a distinção entre substância e fenômenos pressupõe análises que não estão incluídas nesse manuscrito. No livro há, de fato, um extenso capítulo sobre o fenomenalismo.[43] Menciono isso porque não quero criar a impressão de que o manuscrito em questão pretende ser um tratamento vagamente exaustivo do problema do cientificismo. As principais seções que, no livro, tratam desse problema são os capítulos sobre os enciclopedistas, sobre Condorcet e sobre Comte.[44]

Partiremos amanhã para Cambdige. E reescreverei e enviarei o manuscrito assim que nos acomodarmos lá.

Com as mais calorosas saudações,

Muito sinceramente,
Eric Voegelin

P.S.: Fiquei agradavelmente surpreso porque a interpretação política em si parece aceitável para o senhor e para seus amigos. Eu tinha esperado alguma resistência às seções sobre o eunuquismo espiritual.

. . . .

Carta 19

11 de outubro de 1948

Caro Dr. Strauss,

Finalmente encontrei o tempo necessário para ajustar o artigo "The Origins of Scientism".

Segui suas sugestões e fiz alguns cortes. No total, foram removidas sete páginas e meia. Eu não conseguiria cortar mais sem prejudicar a coerência do raciocínio.

Com gentis saudações,

Sinceramente,
Eric Voegelin

. . . .

---

[43] Esse capítulo aparece em *History of Political Ideas*.
[44] Publicado em *From Enlightenment to Revolution*.

Carta 20

14 de janeiro de 1949

Caro Dr. Strauss,

Seu editor enviou-me uma cópia de seu novo livro, *Da Tirania*.[45] Imagino que seja um presente seu e agradeço calorosamente por tê-lo enviado. Imediatamente li o livro e achei-o excelente. Trata-se de um modelo de cuidadosa análise das relações internas de uma obra; e o problema sistemático que o senhor deslinda é da maior importância. Só posso parabenizá-lo de coração por ter concluído esse livro.

Ao mesmo tempo em que seu livro chegou, Gurian[46] pediu-me que escrevesse uma resenha para a *Review of Politics*.[47] Fi-lo imediatamente, e anexei uma cópia dela. Ainda não sei se Gurian vai publicá-la nessa forma; talvez ele a considere longa demais. Mas pelo menos o senhor verá nela o que tenho a dizer em maior detalhe sobre o seu problema.

Todos os melhores votos para sua cátedra em Chicago.[48] E, novamente, muito obrigado pelo livro.

Com as mais calorosas saudações,
Eric Voegelin

Apêndice à Carta 20

Resenha de Voegelin de *Da Tirania*, de Strauss

O livro *Da Tirania*, do professor Strauss, tem em seu núcleo uma análise do diálogo *Hiero*, de Xenofonte; eis uma contribuição à história do pensamento político. Além disso, sobretudo no capítulo introdutório, ele contém diversas reflexões sobre o problema da tirania em tempos antigos e modernos, sobre as diferenças entre a ciência política antiga e moderna e sobre a relação entre *Hiero* e *O Príncipe* de Maquiavel enquanto

---

[45] Leo Strauss, *Da Tirania – Incluindo a Correspondência Strauss-Kojève*, São Paulo, É Realizações, 2016.
[46] Waldemar Gurian, professor de ciência política na Notre Dame University e editor da *Review of Politics*.
[47] Voegelin, resenha de *Da Tirania*, de Leo Strauss, *Review of Politics*, vol. 11, 1949, p. 241-44.
[48] Strauss mudou-se para Chicago em 1949; aposentou-se na cátedra Robert M. Hutchins Distinguished Service Professor de Ciência Política em 1967.

pontos de contato mais íntimo entre as abordagens antiga e moderna do problema da tirania – assim justificando o título mais geral que o autor escolheu para seu livro.

Uma interpretação do *Hiero* é um empreendimento muito valioso. O diálogo, ainda que seja a única obra da Antiguidade que trate especificamente do assunto da tirania, é muito negligenciado, compartilhando esse negligenciamento com outras obras de Xenofonte, à sombra de Platão, maior. Se a análise do professor Strauss dificilmente afetará a opinião de que Xenofonte não era um pensador profundo, ele certamente obrigará a uma revisão dessa opinião no que diz respeito à sua sutileza psicológica e sua habilidade artística de composição. O *Hiero* é uma conversa entre o tirano Hiero e o poeta Simônides sobre os méritos relativos da vida tirânica e da vida privada. Numa distinção da distribuição de papéis que acontece nos diálogos platônicos, o tirano é acusado de tirania, ao passo que o sábio conforta o infeliz tirano e sugere meios para tornar sua tirania um governo beneficente, e sua pessoa, amada pelos súditos. O professor Strauss é perfeito em sua exposição das qualidades dramáticas da conversa. A interpretação em si, baseada em erudição impecável, é um modelo de análise cuidadosa.

Quanto às reflexões de natureza sistemática do professor Strauss, elas variam muito, mas são formuladas de maneira tão brusca, às vezes esotérica, que o risco de uma equivocação é grande. Com todas as desculpas por erros que possam surgir dessa fonte, devo dizer que o problema de maior interesse para o autor era o da liberdade de crítica intelectual sob um governo tirânico. Vivemos numa época de tirania, portanto, aquilo que os antigos tinham a dizer sobre esse assunto é importante, mas talvez ainda mais importante seja como eles conseguiram dizê-lo de modo tão frequente, sem ser mortos nesse processo. O *Hiero* está repleto de detalhes instrutivos e o professor Strauss não deixa de salientar suas lições. A tirania é considerada, no círculo socrático, uma forma defeituosa de governo; no *Hiero*, o sábio oferece conselhos sobre o aprimoramento prático desse formato; ele "colabora" com a tirania. Em sua exploração cuidadosa e interessante do problema, o professor Strauss lança luz sobre a relação entre o sábio e a liberdade cívica e também sobre o conflito potencial entre a liberdade e a virtude no governo.

Contudo, na exposição ficamos sem saber qual o devido valor desse ponto, porque para Xenofonte, e também para Platão, o problema da tirania já se tinha tornado algo de necessidade histórica, e não meramente de discussão teórica. O círculo socrático poderia perfeitamente definir a tirania como uma forma defeituosa de governo; isso, porém, não mudou o fato de que a democracia da *pólis* tinha degenerado a tal ponto que a "tirania" se tinha tornado a alternativa inevitável à democracia, que tinha deixado de funcionar a contento. Muitos dos enigmas do *Hiero* podem derivar do fato de que uma nova situação política é discutida nos termos de "tirania" porque um vocabulário mais adequado para os novos problemas ainda não havia sido desenvolvido. O professor Strauss observa que, na segunda parte do *Hiero*, a terminologia sorrateiramente muda. Simônides não fala mais em tirano, e sim no "governante". Essa mudança de terminologia não parece um simples problema de prudência persuasiva; ela parece indicar a genuína necessidade de abandonar um termo inadequado.

O professor Strauss opõe a *Ciropédia* como espelho do rei perfeito ao *Hiero* como espelho do tirano que influenciou o *Príncipe* maquiavélico. A oposição não me parece esgotar o problema. Sob outro aspecto, tanto a *Ciropédia* quanto o *Hiero* estão do mesmo lado; afinal, a motivação mesma da *Ciropédia* é a busca por um governo estável que vá acabar com a temível derrubada de democracias e de tiranias na *pólis* helênica; e o que faz as muitas tribos e nações obedecerem a Ciro não é a doçura e a razão, mas o "medo e o terror" que ele inspira. As duas obras enfrentam fundamentalmente o mesmo problema histórico de um novo governo; e talvez seja, mais uma vez, somente a falta de um vocabulário adequado que faz as duas soluções do rei perfeito e do tirano melhorado parecerem mais contrárias uma à outra do que realmente são.

Essa sugestão se torna mais plausível ao olharmos mais de perto o paralelo com o problema de Maquiavel, enfatizado pelo professor Strauss. Se o compreendo corretamente, ele enxerga o *tertium comparationis* entre *Hiero* e *O Príncipe* uma vez que as duas obras tendem a apagar a distinção entre rei e tirano. Nessa inclinação do *Príncipe*, ele reconhece seu caráter especificamente "moderno", e até mesmo uma das "mais profundas raízes do pensamento político moderno"; precisamente graças ao entendimento desse aspecto do pensamento político moderno, ele considera que uma certa atenção ao *Hiero* é "muito útil, para não dizer indispensável". A comparação é decisiva para o entendimento tanto de Xenofonte quanto de Maquiavel, mas ainda vai demandar algumas reformulações detalhadas. Parece insuficiente dizer que no *Hiero* e no *Príncipe* temos um ponto do mais íntimo contato entre os pensamentos políticos "antigo" e "moderno". O contato certamente está presente, mas ele se deve ao fato de que tanto Xenofonte quanto Maquiavel estão na posição de "modernos" em suas respectivas civilizações; o paralelo entre os dois pensadores deve-se ao paralelo entre suas situações históricas. A distinção entre rei e tirano é apagada no *Príncipe*, porque Maquiavel, como Xenofonte, deparava-se com o problema de estabilizar e regenerar o governo após o colapso das formas constitucionais da cidade-estado; ela é apagada porque Maquiavel também buscava um tipo de governante além da distinção entre rei e tirano, que é politicamente significante somente *antes* do colapso final da ordem constitucional republicana.

Maquiavel, porém, teve mais sorte do que Xenofonte, e conseguiu encontrar um nome para o novo tipo de governante que concebeu. Chamou-o de *profeta armato*, o profeta em armas; e afirmou ser seu pai (além de Rômulo, de Moisés e de Teseu) precisamente o Ciro de Xenofonte que, como rei perfeito, o professor Strauss preferiria contrapor a Hiero. A figura do tirano siciliano teria sido fraca demais para suportar o fardo do príncipe salvador que Maquiavel gostaria de colocar sobre seus ombros; a figura composta do *profeta armato* recorda antes o governante real de Platão no *Político* do que qualquer um dos tipos de Xenofonte. O apagamento das velhas distinções, devemos dizer, deve-se na verdade à tentativa de criar um novo tipo. Dentro desse novo tipo, porém, Maquiavel deixa as variantes do rei bom e do tirano mau reaparecerem, porque ele distingue entre os "príncipes" cujas ações são inspiradas pela *virtù ordinata*, que tende para a necessária ordem pública, e para aqueles cujas *sceleratezze* são motivadas pela ganância pelo poder pessoal. Assim, Maquiavel efetivamente chegou à criação teórica de um conceito de governo na situação pós-constitucional e também chegou à distinção teórica entre rei e tirano na situação constitucional. Xenofonte, por outro lado, sob esse aspecto não conseguiu mais do que passar do termo *tyrannos* na primeira parte para o termo *árchōn* na segunda parte do *Hiero*.

Pode valer a pena recordar que a influência de Xenofonte no *Príncipe* de Maquiavel se faz sentir de um modo oblíquo, não mencionado pelo professor Strauss. A imagem de Maquiavel do príncipe não é tão original em sua época; ela deve ser vista contra o pano de fundo do novo gênero do "espelho do príncipe" que se desenvolveu na segunda metade do século XV em conexão com acontecimentos do Oriente Próximo, isto é, contra o pano de fundo da *Vita Tamerlani* tal como criada por Poggio Bracciolini e padronizada por Aeneas Silvio. A descrição completa de Maquiavel do príncipe salvador na *Vita di Castruccio Castracani* é praticamente inconcebível sem o modelo padronizado da *Life of Timur* [*Vida de Timur*]. Essa *Vita* da classe do Timur toma como padrão – além da juventude de Moisés e da juventude de Ciro tal como relatada por Heródoto – o Ciro de Xenofonte, particularmente o Ciro conquistador implacável de *Ciropédia* 1.4-5, que força a obediência por meio do medo e do terror. Essa linhagem de influência xenofôntica tem um peso particular no estudo feito pelo professor Strauss do problema da tirania; por meio da *Vita Tamerlani*, passou a fazer parte do conquistador clássico pós-constitucional a concepção não clássica do novo governante como vingador dos delitos de um povo corrupto, isto é, a ideia do governante como *ultor peccatorum*. Esse novo fator, que se amalgamou aos elementos xenofônticos, também pode ser encontrado em Maquiavel – no *Castruccio* e também nos aspectos apocalípticos do *profeta armato* do *Príncipe*, sobretudo no último capítulo. O aspecto espiritual e apocalíptico do novo governante, porém, não é nem "antigo" nem "moderno"; é ocidental-cristão, em vez de helênico-pagão. A "modernidade" do príncipe de Maquiavel adquire um tom específico pela absorção de antecedentes medievais-cristãos como o *dux* joquínico, o *veltro* de Dante e a realização dessas ideias no tribunado de salvação de Rienzo. A "tirania moderna" permanecerá ininteligível se não levarmos devidamente em conta o fato de que se trata de um fenômeno da sociedade ocidental e não helênica, e que, por conseguinte, ele está carregado da tradição que leva dos paracletos medievais e renascentistas até o secularizado super-homem do século XIX e depois. Não se encontra nenhum problema dessa espécie em Xenofonte, ou em qualquer lugar da sociedade helênica antes de Alexandre, exceto, mais uma vez, na figura do governante real do *Político* de Platão.

Mesmo assim, há um sinal de uma influência específica do *Hiero* em Maquiavel: o ponto do *contemptus vulgi*. Uma das melhores partes da análise do professor Strauss diz respeito à sutil graduação de categorias humanas no *Hiero*. O diálogo começa com a questão dos méritos relativos da vida do tirano e da vida do homem privado. Então, na conversa, surgem as nuances do "cavalheiro", do "homem justo", do "homem corajoso", do "homem verdadeiro" e do "sábio". Com a eliminação desses vários e de suas possíveis atitudes em relação ao governo do tirano, resta o tipo socialmente relevante que o tirano precisa enfrentar na massa – uma criatura um tanto indistinta e genérica. Essa criatura pode ser manejada por meio de diversos atiçamentos e temores, por prêmios pela boa conduta e pela persuasão. O desprezo do tirano pelo rebanho, como diz o professor Strauss, tem um forte paralelo no *Príncipe*; aqui também o homem-massa é considerado incapaz de autogovernar-se, fazendo do novo tipo de governante uma necessidade histórica.

O livro, enfim, é uma contribuição notável aos problemas sistemáticos da teoria política. Todo cientista político que tenta escapar da confusão contemporânea em torno dos problemas da tirania terá uma grande dívida para com esse livro e vai inevitavelmente usá-lo como ponto de partida.

O livro é precedido por um elegante prefácio de autoria de Alvin Johnson. O distinto estudioso e educador enfatiza as afinidades entre Xenofonte e os Estados Unidos. Como um norte-americano, Xenofonte "não viu as coisas que não estão presentes. E, de fato, como um rapaz bastante alerta, Xenofonte conseguiu chegar à presença de Sócrates, mas desses encontros pouco obteve que fosse socrático". Em vez disso, foi galante e engenhoso. Especulou sobre a verdadeira felicidade, "mas, como um americano, ele não quebrou a cabeça por causa disso. Ele queria respostas pragmáticas, não princípios nebulosos".

– Eric Voegelin

Resposta de Strauss à resenha de Voegelin

Reformulação sobre o *Hiero de Xenofonte**

Uma ciência social que não possa falar da tirania com a mesma confiança com que a medicina fala, por exemplo, do câncer não pode compreender os fenômenos sociais como aquilo que são. Não é científica, portanto. É essa a condição em que se encontra a ciência social contemporânea. Uma vez que tenhamos reaprendido com os clássicos o que é a tirania, estaremos capacitados e obrigados a diagnosticar como tiranias diversos regimes contemporâneos que assumem a aparência de ditaduras. Esse diagnóstico só pode ser o primeiro passo para uma análise exata da tirania atual, porque a tirania atual é fundamentalmente diferente da tirania analisada pelos clássicos.

Mas isso não é a mesma coisa que admitir que os clássicos desconheciam a tirania em sua forma contemporânea? Assim não se deve concluir que o conceito clássico de tirania é estreito demais, e, portanto, que o arcabouço clássico de referências deve ser radicalmente modificado, isto é, abandonado? Em outras palavras, não será utópica a tentativa de restaurar a ciência social clássica, já que ela implica que a orientação clássica não foi tornada obsoleta pelo triunfo da orientação bíblica?

Parece ser essa a principal objeção a que meu estudo do *Hiero* de Xenofonte está exposta. De todo modo, essas são as linhas gerais das únicas críticas de meu estudo com as quais é possível aprender alguma coisa. Essas críticas foram escritas de modo totalmente independente uma da outra, e seus autores, o professor Eric Voegelin e o senhor Alexandre Kojève, não têm, por assim dizer, nada em comum. Antes de discutir seus argumentos, devo reformular minha opinião.

O fato de que existe uma diferença fundamental entre a tirania clássica e a tirania contemporânea, ou que os clássicos sequer sonhavam com a tirania contemporânea, não é uma razão boa ou suficiente para abandonar o arcabouço clássico de referências. Esse fato é perfeitamente compatível com a possibilidade de que a tirania contemporânea encontre seu lugar dentro do arcabouço clássico, isto é, que ela só possa ser entendida adequadamente dentro do arcabouço clássico. A diferença entre a tirania contemporânea e a tirania clássica está enraizada na diferença entre a noção moderna de filosofia ou ciência e a noção clássica de filosofia ou ciência. A tirania contemporânea, em contradistinção com a tirania clássica, baseia-se no progresso ilimitado na

---

* Extraído de Leo Strauss, "Restatement on Xenophon's *Hiero*". Ver a nota 49, à *Carta 21*.

"conquista da natureza" possibilitada pela ciência moderna, e também na popularização ou difusão do conhecimento filosófico ou científico. Ambas as possibilidades – a possibilidade de uma ciência que apareça na conquista da natureza e a possibilidade da popularização da filosofia – eram conhecidas dos clássicos. (Comparar Xenofonte, *Memorabilia* 1.1.15, com Empédocles, fr. III; Platão, *Teeteto* 180 c7-d5.) Mas os clássicos rejeitavam-nas, considerando-as "antinaturais", isto é, destruidoras da humanidade. Eles não sonharam com a tirania contemporânea porque consideraram seus pressupostos básicos tão absurdos que voltaram suas imaginações para direções completamente diferentes.

Voegelin, um dos principais historiadores contemporâneos do pensamento político, parece afirmar (*The Review of Politics*, 1949, p. 241-44) que o conceito clássico de tirania é estreito demais porque não engloba o fenômeno chamado de cesarismo: ao chamar de tirânico algum regime, damos a entender que o governo "constitucional" é uma alternativa viável a ele; mas o cesarismo só aparece após o "colapso final da ordem constitucional republicana"; portanto, o cesarismo ou o governo "pós-constitucional" não pode ser entendido como subdivisão da tirania no sentido clássico de tirania. Não há razão para brigar com a visão de que o verdadeiro cesarismo não é tirania, mas isso não justifica a conclusão de que o cesarismo seja incompreensível com base na filosofia política clássica; o cesarismo ainda é uma subdivisão da monarquia absoluta como entendida pelos clássicos. Se, numa dada situação, "a ordem constitucional republicana" desabou completamente, e não há perspectiva razoável para sua restauração no futuro próximo, o estabelecido do governo absolutista permanente não pode, em si, ser culpado justamente; portanto, ele é fundamentalmente diferente do estabelecimento da tirania. Poder-se-ia lançar uma culpa justa apenas à maneira como esse governo absoluto permanente que é realmente necessário estabeleceu-se e é exercido; como Voegelin enfatiza, existem tanto Césares tiranos quanto reais. Basta ler a defesa de César feita por Coluccio Salutati contra a acusação de que ele era um tirano – defesa que, em todos os seus pontos essenciais, foi concebida no espírito dos clássicos – para ver que a distinção entre o cesarismo e a tirania cabe perfeitamente no arcabouço clássico.

Mas uma coisa é o fenômeno do cesarismo, e outra, é o conceito atual de cesarismo. O conceito atual de cesarismo certamente é incompatível com princípios clássicos. Surge então a questão de saber qual conceito é mais adequado, o atual ou o clássico. Mais particularmente, a questão diz respeito à validade das duas implicações do conceito atual, que Voegelin parece considerar indispensável, e que tem sua origem no historicismo do século XIX. Em primeiro lugar, ele parece crer que a diferença entre "a situação constitucional" e "a situação pós-constitucional" é mais fundamental do que a diferença entre, de um lado, o bom rei ou o bom César, e, de outro, o mau rei ou o mau César. Mas não será a diferença entre bom e mau a mais fundamental de todas as distinções práticas ou políticas? Em segundo lugar, Voegelin parece crer que o governo "pós-constitucional" não é por si inferior ao governo "constitucional". Mas não é o governo "pós-constitucional" justificado pela necessidade, ou, como diz Voegelin, pela "necessidade histórica"? E não é o necessário essencialmente inferior ao nobre ou àquilo que merece ser escolhido por si próprio? A necessidade desculpa: o que é justificado pela necessidade precisa de desculpa. O César, tal como Voegelin o concebe, é "o vingador dos delitos de um povo corrupto". O cesarismo está então essencialmente relacionado a um povo corrupto, a um nível baixo de vida política, a um declínio da sociedade. Ele pressupõe o declínio, se não a extinção, da virtude cívica ou do espírito público, e necessariamente perpetua essa condição. O lugar do cesarismo é a sociedade degradada, e ele floresce nessa degradação. O cesarismo é justo, ao passo que a tirania é injusta. Mas o cesarismo é justo no sentido em que uma punição merecida é justa. Escolhê-lo por si mesmo vale tão pouco quanto escolher uma punição merecida. Catão recusou-se a enxergar o que sua época demandava porque ele via demasiado claramente a natureza degradada daquilo que sua época demandava. É muito mais importante perceber o baixo nível do cesarismo (porque, repetindo, o cesarismo não pode ser divorciado da sociedade que merece o cesarismo) do que perceber que, sob certas condições, o cesarismo é necessário e, portanto, legítimo.

Se os clássicos eram perfeitamente capazes de fazer jus aos méritos do cesarismo, eles não estavam particularmente preocupados em elaborar uma doutrina do cesarismo. Como eles estavam primariamente interessados no melhor regime, eles davam menos atenção ao governo "pós-constitucional", ou à realeza tardia, do que ao governo "pré-constitucional", ou à realeza primitiva: a simplicidade rústica é um solo mais adequado para a boa vida do que a podridão sofisticada. Mas existe outra razão que induziu os clássicos a não dizerem praticamente nada a respeito do governo "pós-constitucional". Enfatizar o fato de que é justo trocar a ordem constitucional pela ordem absolutista, caso o bem comum demande essa mudança, significa lançar dúvidas sobre a santidade absoluta da ordem constitucional estabelecida. Significa incentivar homens perigosos a confundir a questão produzindo uma situação em que o bem comum demande o estabelecimento de seu governo absoluto. A verdadeira doutrina da legitimidade do cesarismo é uma doutrina perigosa. A verdadeira distinção entre o cesarismo e a tirania é sutil demais para o uso político comum. É melhor para o povo permanecer ignorante dessa distinção e olhar o César em potencial como tirano em potencial. Mal nenhum virá desse erro teórico, que se torna uma verdade prática se as pessoas tiverem a impetuosidade de agir com base nele. Mal nenhum pode vir da identificação política de cesarismo com tirania: os Césares podem cuidar de si próprios.

Os clássicos poderiam facilmente ter elaborado uma doutrina do cesarismo ou da realeza tardia se o tivessem desejado, mas não desejaram fazê-lo. Voegelin, porém, é da opinião de que eles foram forçados por sua situação histórica a tatear em busca de uma doutrina do cesarismo, e não conseguiram descobri-la. Ele tenta substanciar essa afirmação referindo-se a Platão e a Xenofonte. Quanto a Platão, Voegelin foi forçado, por considerações de espaço, a limitar-se a uma referência sumária ao regente real do *Político*. Quanto a Xenofonte, ele corretamente afirma que não basta opor "a *Ciropédia* como espelho do rei perfeito ao *Hiero* como espelho do tirano", já que Ciro, o rei perfeito, e o tirano melhorado descrito por Simônides "parecem muito mais contrários um ao outro do que realmente são". Ele explica isso sugerindo que "as duas obras enfrentam fundamentalmente o mesmo problema histórico de um novo governo [pós-constitucional]", e que não é possível resolver esse problema sem obliterar no primeiro estágio a distinção entre rei e tirano. A fim de justificar essa explicação, ele afirma que "a motivação mesma da *Ciropédia* é a busca por um governo estável que vá acabar com a temível derrubada de democracias e de tiranias na *pólis* helênica". Essa afirmação não tem fundamento naquilo que Xenofonte diz ou indica em relação à intenção da *Ciropédia*. Sua intenção explícita é tornar inteligível o sucesso impressionante de Ciro em resolver o problema de governar seres humanos. Xenofonte concebe esse problema como algo coetâneo ao homem. Como Platão no *Político*, ele não faz a menor referência ao problema "histórico" particular do governo estável na "situação pós-constitucional". Em particular, ele não se refere à "temível derrubada de democracias e de tiranias na *pólis* helênica": ele fala da derrubada frequente de democracias, de monarquias e de oligarquias e da instabilidade essencial das tiranias. Quanto à intenção implícita da *Ciropédia*, fica parcialmente revelado pela observação, perto do fim da obra, que, "após a morte de Ciro, seus filhos imediatamente brigaram, cidades e nações revoltaram-se imediatamente, e todas as coisas pioraram." Se Xenofonte não era um idiota, ele não queria apresentar o regime de Ciro como modelo. Ele sabia perfeitamente que a boa ordem da sociedade demanda estabilidade e continuidade. (Comparar a abertura da *Ciropédia* com o paralelo em *Agesilau* 1.4.) Ele na verdade usou o sucesso meteórico de Ciro e a maneira como ele aconteceu como exemplo para tornar inteligível a natureza das coisas políticas. A obra que descreve a vida inteira de Ciro se chama *A Educação de Ciro*: a educação de Ciro é a pista para sua vida inteira, para seu sucesso impressionante, e, portanto, para a intenção de Xenofonte. Aqui basta apresentá-la em linhas bastante gerais. O Ciro de Xenofonte era filho do rei da Pérsia, e até mais ou menos os 12 anos ele foi educado segundo as leis dos persas. As leis e a forma de governo dos persas de Xenofonte, porém, são uma versão melhorada das leis e da forma de governo dos espartanos. A Pérsia em que Ciro foi criado era uma aristocracia superior a Esparta. A atividade política de Ciro – seu sucesso extraordinário – consistiu em transformar uma aristocracia estável e saudável em um "despotismo oriental" instável, cuja podridão apareceu logo após a sua morte. O primeiro passo nessa transformação foi um discurso de Ciro aos nobres persas e no qual ele os convenceu de que eles deveriam abandonar o hábito de seus ancestrais de praticar a virtude pela virtude mesma e praticá-la por suas recompensas. A destruição da aristocracia começa, como era de se esperar, com a corrupção de seu princípio. (*Ciropédia* 1.5.5-14; comparar com Aristóteles, *Ética Eudemiana* 1248 b 38ss, em que a visão da virtude que o Ciro de Xenofonte instila nas mentes dos cavalheiros persas é descrita como a visão espartana.) O rápido sucesso da primeira ação de Ciro força o leitor a se perguntar se a aristocracia persa era uma verdadeira aristocracia, ou, mais precisamente, se o cavalheiro no sentido político ou social é um verdadeiro cavalheiro. Essa questão é idêntica à questão que Platão responde de maneira explicitamente negativa em sua história de Er. Sócrates diz diretamente que o homem que viveu em sua vida anterior num regime bem ordenado, participando da virtude pelo hábito e sem filosofia escolherá para sua próxima vida "a maior das tiranias", porque "na maioria dos casos, as pessoas fazem suas escolhas segundo os hábitos de sua antiga vida" (*República* 619 b 6-620 a 3). Não existe solução adequada para o problema da virtude ou da felicidade no plano político ou social. Porém, ainda que a aristocracia esteja sempre à beira de decair numa oligarquia ou em algo pior, ela é sempre a melhor solução política possível para o problema humano. Aqui deve ser suficiente notar que o segundo passo de Ciro é a democratização do exército, e que o fim do processo é um regime que pode parecer praticamente indistinguível da forma menos intolerável de tirania. Mas é preciso não negligenciar a diferença essencial entre o governo de Ciro e a tirania, uma distinção que nunca é apagada. Ciro é e continua sendo um governante legítimo. Ele nasceu herdeiro legítimo do rei no trono, jovem descendente de uma antiga casa real. Ele se torna rei de outras nações por meio da herança, do casamento e da conquista justa, porque ele amplia os limites da Pérsia à maneira romana: defendendo os aliados da Pérsia. A diferença entre Ciro e um Hiero educado por Simônides é comparável à diferença entre Guilherme III e Oliver Cromwell. Uma comparação superficial da história da Inglaterra com a história de outras nações europeias basta para mostrar que essa diferença não é irrelevante para o bem-estar das pessoas. Xenofonte nem sequer tentou apagar a distinção entre o melhor tirano e o rei, porque era demasiado apreciador dos encantos, ou melhor, das bênçãos, da legitimidade. Ele expressou essa apreciação aderindo à máxima (que precisa ser compreendida e aplicada razoavelmente) de que o justo e o legal são idênticos.

Voegelin poderia responder que aquilo que é decisivo não é a intenção consciente de Xenofonte, afirmada ou pressuposta, mas o sentido histórico de sua obra, o sentido histórico de uma obra sendo determinado pela situação histórica como algo distinto da intenção consciente do autor. Porém, opor o sentido histórico da obra de Xenofonte à sua intenção consciente, supõe que somos mais capazes de julgar a situação em que Xenofonte pensava, do que o próprio Xenofonte. Mas não podemos ser mais capazes de julgar aquela situação se não tivermos uma compreensão mais clara do que a dele dos princípios à luz dos quais as situações históricas revelam seus significados. Após a experiência de nossa geração, o ônus da prova pareceria caber àqueles que afirmam e não àqueles que negam que progredimos além dos clássicos. E mesmo se fosse verdade que poderíamos entender os clássicos melhor do que eles se entenderam a si mesmos, só teríamos certeza de nossa superioridade após compreendê-los exatamente como eles compreendiam a si mesmos. De outro modo, poderíamos confundir nossa superioridade à nossa ideia dos clássicos com a superioridade aos clássicos.

Segundo Voegelin, foi Maquiavel, diferenciando-se dos clássicos, quem "chegou à criação teórica de um conceito de governo na situação pós-constitucional", e chegou a ela graças à influência da tradição bíblica. Ele se refere especificamente à observação de Maquiavel sobre os "profetas armados" (*O Príncipe*, VI). A dificuldade a que o argumento de Voegelin se expõe é indicada pelos seguintes fatos: de um lado, ele fala dos "aspectos apocalípticos do 'profeta armado' do *Príncipe*", e, de outro, ele diz que Maquiavel "afirmou ser pai" do "profeta armado" "além de Rômulo, de Moisés e de Teseu, precisamente o Ciro de Xenofonte". Isso é a mesma coisa que admitir que certamente o próprio Maquiavel não estava ciente de nenhuma implicação neoclássica de sua concepção de "profetas armados". Não há nada de anticlássico em Rômulo, em Teseu e no Ciro de Xenofonte. É verdade que Maquiavel acrescenta Moisés, mas, após fazer essa mesura à interpretação bíblica de Moisés, ele fala de Moisés exatamente da mesma maneira que todo filósofo político clássico teria falado; Moisés foi um dos maiores legisladores ou fundadores (*fondatori: Discorsi* 1.9) que jamais viveram. Ao ler o que diz Voegelin sobre esse assunto, tem-se a impressão de que, ao falar de profetas armados, Maquiavel enfatizava que eram "profetas", distinguindo-os de governantes não proféticos como Ciro, por exemplo. Mas Maquiavel não enfatiza "profetas", e sim "armados". Ele contrapõe os profetas armados, entre os quais conta Ciro, Rômulo e Teseu, e também Moisés, aos profetas desarmados como Savonarola. Ele expõe a lição que pretende transmitir com uma sinceridade notável: "Todos os profetas armados têm sucesso e todos os profetas desarmados caem na ruína". É difícil acreditar que, ao escrever essa sentença, Maquiavel estivesse completamente alheio ao mais famoso de todos os profetas armados. Certamente não se pode entender a observação de Maquiavel sobre os "profetas desarmados" sem levar em consideração o que ele diz sobre o "paraíso desarmado" e a "efeminação do mundo" que, segundo ele, devem-se ao cristianismo (*Discorsi* II.2 e III.1). A tradição que Maquiaval continua, sem modificá-la radicalmente, não é, como sugere Voegelin, aquela representada por Joaquim de Fiore, por exemplo, mas aquela que ainda chamamos, com desculpável ignorância, a tradição averroística. Maquiavel declara que Savonarola, aquele profeta desarmado, estava certo ao dizer que a ruína da Itália fora causada pelos "nossos pecados", "mas nossos pecados não eram aqueles que ele achava que eram", ou seja, pecados religiosos, "mas todos aqueles que eu narrei", isto é, pecados políticos ou militares (*O Príncipe,* XII). Analogamente, Maimônides diz que a ruína do reino judeu foi causada pelos "pecados de nossos pais", isto é, por sua idolatria; mas a idolatria funcionou de maneira puramente natural: levou à astrologia e assim induziu o povo judeu a dedicar-se à astrologia e não à prática das artes da guerra e à conquista de países. Mas, tirando tudo isso, Voegelin não dá qualquer indicação de o que os profetas armados têm a ver com "a situação pós-constitucional". Certamente Rômulo, Teseu e Moisés foram governantes "pré-constitucionais". Voegelin também se refere à "descrição completa de Maquiavel do príncipe salvador na *Vita di Castruccio Castracani*", que, segundo ele, "é praticamente inconcebível sem o modelo padronizado da *Life of Timur* [Vida de Timur]". Tirando o fato de que Voegelin não mostrou qualquer relação entre o *Castruccio* e *Life of Timur* e entre *Life of Timur* e a tradição bíblica, o *Castruccio* é talvez o mais impressionante documento do anseio de Maquiavel pela *virtù* clássica como algo distinto e contrário à justeza bíblica. Castruccio, aquele *condottiere* idealizado que tão obstinadamente preferia a vida do soldado à vida do sacerdote, é comparado pelo próprio Maquiavel a Filipe da Macedônia e a Cipião de Roma.

 O anseio de Maquiavel pela *virtù* clássica é apenas o outro lado de sua rejeição da filosofia política clássica. Ele rejeita a filosofia política clássica porque ela se orienta pela perfeição da natureza do homem. O abandono do ideal contemplativo leva a uma mudança radical na natureza da sabedoria: a sabedoria maquiavélica não tem necessariamente conexão com a moderação. Maquiavel separa a sabedoria da moderação. Em última instância, a razão pela qual o *Hiero* se aproxima tanto de *O Príncipe* é que no *Hiero* Xenofonte experimenta um tipo de sabedoria que chega relativamente perto de uma sabedoria divorciada da moderação: Simônides parece ter um desejo desordenado pelos prazeres da mesa. É impossível dizer o quanto a mudança definidora de uma época realizada por Maquiavel deve à influência indireta da tradição bíblica antes que essa mudança seja plenamente compreendida em si mesma.

O caráter peculiar do *Hiero* não se revela numa leitura distraída. Ele não se revelará na décima leitura, por mais exaustiva, se a leitura não produzir uma mudança de orientação. Essa mudança era muito mais fácil para o leitor setecentista do que para o leitor no século XX, acostumado à leitura brutal e sentimental das últimas cinco gerações. Precisamos de uma segunda educação para acostumar nossos olhos à nobre reserva e à quieta grandeza dos clássicos. Xenofonte como que se limitava a cultivar exclusivamente aquele caráter do texto clássico que é inteiramente alheio ao leitor moderno. Não admira que ele hoje seja desprezado e ignorado. Um crítico antigo desconhecido, que deve ter sido um homem de discernimento incomum, considerava-o pudicíssimo. Particularmente aqueles leitores modernos que têm a felicidade de ter uma preferência natural por Jane Austen e não por Dostoiévski terão um acesso mais fácil a Xenofonte do que outros; para compreender Xenofonte, eles precisam apenas combinar o amor pela filosofia com sua preferência natural. Nas palavras de Xenofonte, "é simultaneamente nobre e justo, e piedoso e mais agradável recordar antes as coisas boas do que as más". No *Hiero*, Xenofonte fez um experimento com o prazer que vem de lembrar de coisas ruins, com um prazer que notoriamente é de moralidade e piedade dúbias.

· · · · · · · · · · · · · · · · ·

Carta 21

3202 Oxford Ave.,
Nova York 63
21 de janeiro de 1949

Caro Sr. Voegelin,

Recebi sua carta, tão afável, como sua simpática resenha, exatamente enquanto levantava acampamento e partia. Gostaria de oferecer-lhe minha sincera gratidão. A essa altura, fico interessado apenas se ao menos uma pessoa conhece essas ideias a partir de uma leitura da publicação e não por afirmações de ouvir dizer, e que traz, contra essas ideias, compreensão e uma certa simpatia. Eu já estava bastante preparado para ser silenciado ou denunciado por não ser "progressista". Em resposta à sua pertinente crítica, nada posso dizer sem maiores considerações, o que no momento é impossível.

Sua crítica poderia ser interpretada como um suplemento à minha publicação. Não nego, mas antes presumo, que há uma diferença fundamental entre Maquiavel e Xenofonte. O senhor delineia como essa diferença deve ser entendida *in concreto*. Mas o senhor tem razão: meus pensamentos inexplicados sobre esse assunto vão numa direção diferente da dos seus. Talvez eu deva discutir isso com o senhor publicamente.[49]

. . . .

Carta 22

12 de março de 1949

Caro Sr. Strauss,

Muito obrigado por seu artigo "Political Philosophy and History"[50] ["Filosofia Política e História"]. Trata-se de uma obra excelente, finíssima; tenho a impressão de que há muito mais concordância na direção do nosso trabalho do que supus inicialmente. Sua tese principal – baseada em Hegel – de que a reflexão histórica é uma exigência particular da filosofia me parece completamente certa; e vejo esse motivo também como a *raison d'être* de meus próprios estudos históricos. Como apenas lidei com essas questões em inglês, permita-me formular o problema em inglês: restaurar as experiências que levaram à criação de certos conceitos e de certos símbolos; ou: os símbolos tornaram-se opacos, e precisam ser novamente iluminados penetrando-se

---

[49] Em 1954 foi publicada uma versão francesa de *Da Tirania*, *De la Tyrannie* (Paris, Gallimard, 1954), que continha uma longa resenha de Alexandre Kojève, "Tyrannie et sagesse", publicada pela primeira vez como "L'Action politique des philosophes", *Critique*, vol. 41-42, 1950, p. 46-55, 138-55; Strauss acrescentou uma "*mise au point*" que respondia brevemente a Voegelin e, mais longamente, a Kojève. A resposta em francês de Strauss foi publicada em inglês como "Restatement on Xenophon's *Hiero*" em *What is Political Philosophy? And Other Studies*, Glencoe, Illinois, The Free Press, 1959, p. 95-133. O debate Strauss-Kojève foi recentemente reeditado por Victor Gourevitch e Michael S. Roth, *On Tyranny*, Nova York, The Free Press, 1991.

[50] Leo Strauss, "Political Philosophy and History", *Journal of the History of Ideas*, vol. 10, 1949, p. 30-50.

até as experiências que eles expressam. – Também é finíssima a sua crítica da atitude que pretende compreender o pensador melhor do que ele compreenderia a si mesmo; e sua insistência de que o propósito da análise histórica é a produção de sentido, como intencionado pelo autor.

Presumo que esse artigo seja aquela espécie de anúncio de trabalho, em que o problema é enunciado; e já estou curioso para ver os estudos mais aprofundados.

         Com as mais calorosas saudações,
         Eric Voegelin

CARTA 23

17 de março de 1949

Meu caro Sr. Voegelin,

Gostaria de agradecer calorosamente pelas linhas amigáveis e encorajadoras. É excelente que o senhor preserve os costumes que vieram de outro mundo, o Velho Mundo. Ainda mais agradável para mim é a concordância em nossas intenções expressada pelo senhor, de que, enquanto tivermos de combater a idiotice ora reinante, [esse objetivo comum] é mais importante do que as diferenças, as quais eu também não gostaria de negar. À medida que alguém que escreve tão lentamente quanto eu poderia assumir uma tarefa como a seguinte, planejo dizer algo a respeito de sua obra em três volumes após sua publicação, obra sobre a qual já ouvi falar muito: caso isso aconteça, especificarei em detalhe meu ponto de vista no que tem de contrário ao seu.

Sua suposição a respeito do meu artigo "Political Philosophy and History" está correta: o artigo deve ser considerado um dos capítulos introdutórios de uma publicação sobre os princípios clássicos da política. Mas só Deus sabe se darei conta dessa publicação: não há estudos preliminares das questões decisivas, de modo que seria preciso primeiro lançar as bases por meio de uma série de investigações especializadas. Neste momento estou estudando Lucrécio.[51] Desejo escrever de maneira livre e franca sobre o sentido de seu poema, isto é, sem notas de rodapé, presumindo que exista al-

---

[51] Strauss publicou posteriormente "A Note on Lucretius" em *Natur und Geschichte: Karl Löwith zum 70. Geburstag*, Stuttgart: Kohlhammer, 1967, p. 322-32, e uma versão ampliada, "Notes on Lucretius", *Liberalism Ancient and Modern*, Nova York, Basic Books, 1968, p. 76-139.

guma perspectiva de publicar um ensaio desse gênero. No que diz respeito a Lucrécio, os filólogos clássicos são, mais uma vez, notavelmente cegos.

Com meus melhores votos,

Sinceramente,
Leo Strauss

. . . .

Carta 24

22 de março de 1949

Caro Sr. Strauss,

O modo como o senhor despeja suas produções [é] um fato que contradiz a afirmação em suas amigáveis linhas de que o senhor escreve lentamente. Gratíssimo pelo estudo de Espinosa.[52] Ele veio bem na hora certa – como, aparentemente, tudo o que vem do senhor – porque com grande frequência considero o esotérico em Espinosa e a questão do que ele poderia realmente querer dizer. E diversas vezes um comentário fortuito foi-me muito esclarecedor: de algumas de suas citações emerge a intuição de que Espinosa via o cristianismo precisamente como veria um luterano-calvinista. É bastante evidente que ele compreende o problema da justificação no sentido do princípio de *sola fide* e que, por outro lado, o problema tomista da *amicitia* na fé é para ele evidentemente desconhecido. Agora também compreendo melhor como Espinosa chega a sua própria atitude religiosa de *acquiescentia*, uma atitude a que se pode chegar a partir do luteranismo, mas dificilmente a partir do catolicismo clássico. Isso me parece significativo para a compreensão de Espinosa.

O que o senhor escreve a respeito do plano para Lucrécio me deixa cheio de sentimentos contraditórios. Se o senhor tão somente planeja escrever a respeito de Lucrécio, isso seria absolutamente bem-vindo; se, porém, esse plano puder tornar-se um pré--estudo a um texto sistemático sobre política e, precisamente por essa razão, atrasar-se, isso seria uma vergonha. Lucrécio está ótimo, mas prefiro um estudo sistemático seu de política. Meus encontros com Lucrécio infelizmente foram apenas ocasionais.

---

[52] Leo Strauss, "How to Study Spinoza's *Theologico-Political Treatise*", *Proceedings of the American Academy for Jewish Research*, vol. 17, 1948, p. 69-131. Reproduzido em Strauss, *Persecution and the Art of Writing*, Glencoe, Illinois, The Free Press, 1952.

Eu nunca o estudei de verdade, antes sempre farejando em torno de sua obra, particularmente em relação a Santayana e a Valéry; esse pouco, porém, já basta para que eu lamente não saber mais. Com Santayana e com Valéry tenho a impressão de que seu lucrecianismo vem daquilo que eu chamaria de fadiga espiritual. A inclinação para deixar-se resvalar numa natureza despersonalizada vem de uma fraqueza pseudoestética do espírito, em particular no comovente *Cemitério Marinho* de Valéry. Nunca tive muita certeza de se o materialismo de Lucrécio poderia ele mesmo ter uma causa semelhante na personalidade do autor. Estou ansioso para ler algo seu a esse respeito.

Com calorosas saudações,
Eric Voegelin

. . . .

CARTA 25

15 de abril de 1949

Meu caro senhor Voegelin,

Sua carta de 22 de março permaneceu tanto tempo sem resposta porque nesse ínterim começou o meu primeiro trimestre em Chicago e fiquei deveras preocupado com ele. Ontem recebi uma cópia da *Review of Politics* com sua resenha da minha obra.[53] Fiquei muito feliz ao ver que afinal ela foi publicada *in toto*. Sua resenha, com uma única exceção, será e permanecerá a única que contribui para a discussão. A exceção é uma resenha prometida por Alexandre Kojève (autor de *Introduction à l'étude de Hegel*, obra excepcional [Gallimard, 1947][54] na revista *Critique*.[55] Kojève descreve-se como stalinista, mas seria imediatamente fuzilado na URSS. Assim que a resenha de Kojève for publicada, pretendo escrever uma crítica de ambas as suas críticas. Gurian, que me visitou há dois dias, vai me dar espaço na *Review of Politics*.[56] Como pretendo fazer isso, guardarei minha munição. Estou fazendo isso também porque gostaria de repensar as suas objeções.

---

[53] Ver *Carta 20*.
[54] Kojève, *Introduction à la Lecture de Hegel*, R. Queneau (ed.), Paris, Gallimard, 1947; Ed. A. Bloom, *Introduction to the Reading of Hegel*, James H. Nichols, Nova York: Basic Books, 1969.
[55] Ver nota à *Carta 21*.
[56] A resposta de Strauss não foi publicada na *Review of Politics*; ver a nota à *Carta 21*.

Quanto a Espinosa, tentei, em minha obra em alemão sobre Espinosa (1930), definir mais exatamente a relação com o calvinismo (com Lutero, em minha opinião, não há relação nenhuma).[57] Agora creio que à época caí demais na armadilha das acomodações de Espinosa. Suas preferências interteológicas são essencialmente de natureza tática, excetuando a geral, que é sua preferência pelo racionalismo teológico *qua* racionalismo a qualquer fideísmo. Para mim, pessoalmente, a coisa mais importante do ensaio que o senhor leu é que consegui interpretar "*ad captum vulgi*" autenticamente. "Em algum momento" mostrarei a coerência da filosofia moral de Espinosa; ela é talvez o exemplo mais interessante de uma ética baseada na ciência natural moderna (no sentido de uma modernidade "mais avançada") do que a hobbesiana.

Infelizmente, como o semestre começou, tive de deixar Lucrécio de lado para voltar-me para o texto de Rousseau que se baseia em Lucrécio, o *Discours sur l'Origine d'Inégalité*. Espero que dessa vez eu me arranje com esse texto político de J.J. e consiga no outono submeter um ensaio a respeito dele (uma continuação do ensaio na *Social Research*).[58] Essa obra contém em germe tudo que vem depois (por exemplo Kant, Marx…). Ainda não sei se será possível para mim expor tudo que há nela.

Hoje só quero dizer isto a respeito de Lucrécio: seu poema é a expressão mais pura e gloriosa da atitude que tira consolo da verdade completamente desesperada, a partir do fato de que ela é apenas a verdade – não há ideia de qual o uso da verdade desesperada e ímpia para algum propósito social, como é quase sempre o caso com outras modas e tendências; nem há qualquer estetismo ou sentimentalismo. Não creio que pessoas como Santayana ou Valéry possam entender Lucrécio. A melhor aproximação em nosso mundo é o aspecto cientificamente enviesado de Nietzsche. – Quanto à "personalidade" de Lucrécio? Não creio que ela seja importante. Nem importa sua romanidade: seu poema tenta precisamente *libertar-se da* "romanidade" (entre outras coisas): *primum Graius homo* – isso significa *não* os romanos.

Espero ter notícias suas em breve. Com meus melhores votos,

Sinceramente,

Leo Strauss

. . . .

---

[57] Leo Strauss, *Die Religionskritik Spinozas als Grundlage seiner Bibelwissenchaft: Untersuchungen zu Spinozas theologisch-Politischem Traktat*, Berlim, Akadame Verlag, 1930; E. M. Sinclair, trad., *Spinoza's Critique of Religion*, Nova York, Schocken, 1965.
[58] Ver *Carta 16*.

CARTA 26

17 de dezembro de 1949

Meu caro Sr. Voegelin,

Calorosos agradecimentos por sua análise do *Górgias*, que li com grande interesse.[59] Sua posição ficou significativamente mais clara para mim, bem como o ponto a respeito do qual eu não o entendia muito bem. Estamos bastante de acordo que nos diálogos *nostra res agitur*, [e] que, portanto, é possível dizer, em particular, que a crítica de Platão aos sofistas é uma crítica aos "intelectuais". A questão é só se antes de tudo o senhor interpreta *nostra res* da maneira óbvia e, portanto, [crê] que a razão para a repreensibilidade dos intelectuais é idêntica à platônica. O uso da expressão "existencial" revela a dificuldade. "Existencial" contrasta com "objetivo", "teórico", e assim trai sua origem antiplatônica. O homem que ponderou mais claramente o problema da "existência" – Heidegger – tornou, portanto, Platão particularmente responsável pelo atual "abandono". A resistência de Kierkegaard a Sócrates – o apelo a Sócrates contra Hegel é afinal apenas provisório – expressa a mesma ideia. Em sua crítica a Platão, Heidegger tenta encontrar seu caminho rejeitando a filosofia e a metafísica *enquanto tais*. *Se* alguém quiser usar a expressão kierkegaardiana, tem de dizer que, para Sócrates-Platão, "existencial" e "teórico" são a mesma coisa; à medida que sou sério e que existem questões, procuro *a* verdade "objetiva". O sofista é um homem para quem a verdade não importa – mas nesse sentido todos os homens, à exceção do *gnēsios philosophounte,* são sofistas, especialmente a *pólis* enquanto *pólis* (e não apenas aquelas decadentes). A paixão pelo *conhecimento* que move o diálogo platônico, essa *mania* excelsa, não pode ser compreendida dentro do conceito de Kierkegaard de "existência", e [a tentativa de fazê-lo] deve ser descartada como uma ilusão radical. Essa *mania*, da qual o próprio Fausto se afasta, [está] em oposição à criatura no paraíso, nas Ilhas dos Bem-Aventurados, ou às próprias diligentes buscas do próprio Goethe.

A questão de Platão *ou* existencialismo é hoje a questão ontológica – sobre os "intelectuais", nós (o senhor e eu) não precisamos desperdiçar palavras, a menos que fosse para falar de como eles finalmente devem ser interpretados, isto é, se

---

[59] Eric Voegelin, "The Philosophy of Existence: Plato's *Gorgias*", *The Review of Politics*, vol. 11, 1949, p. 477-98.

dentro da filosofia platônica ou existencialista; por essa razão, permito-me essas breves observações.

Com as mais calorosas saudações,

Sinceramente,
Leo Strauss

. . . .

Carta 27

2 de janeiro de 1950

Caro Sr. Strauss,

Muito obrigado por sua carta de 17 de dezembro. Creio que lhe devo algumas linhas de explicação.

O senhor, é claro, está completamente certo em indignar-se com a filosofia existencialista e em perguntar o que foi que deu em mim. Permita-me então assegurá-lo de que o enganoso título do artigo não veio de mim. Meu título era simplesmente "Plato's Gorgias" ["O Górgias de Platão"]. Gurian acrescentou "Philosophy of Existence" ["Filosofia da Existência"] sem me perguntar nada; fiquei embaraçosamente surpreso quando vi a revista. Felizmente há apenas alguns leitores, como o senhor, que notarão o escândalo; e por isso deixei passar. Juro que não estou me desviando por caminhos existencialistas; estamos de acordo também quanto à questão da ontologia.

Devo explicar por que uso o termo "existencial" no texto do artigo, e em que sentido o uso. Terminologicamente, o caso é simples: não conheço expressão melhor; se encontrar alguma, estaria de bom grado disposto a usá-la; e se o senhor puder me dar ideias eu ficaria muito grato. Isso tem a ver com o problema mesmo. Uso o termo "existencial" num sentido que é muito similar ao usado por Maritain em seu *Court Traité de l'Existence*, que acabo de comprar em Nova York e que li parcialmente na viagem.[60] A verdade da ontologia (incluindo em particular a antropologia filosófica) não é um dado que possa ser reconhecido por qualquer pessoa em qualquer tempo. O conhecimento ontológico emerge no processo da história, e biograficamente no pro-

---

[60] Jacques Maritain, *Court Traité de l'Existence et de l'Existant*, Trad. L. Galantière e G. B. Phélan, *Existence and the Existent*, nova edição, Nova York, Pantheon, 1964.

cesso da vida pessoal de cada indivíduo sob certas condições de educação, de contexto social, de inclinação pessoal e de condicionamento espiritual. *Epistēmē* não é apenas uma função do entendimento, é também, no sentido aristotélico, uma *aretē* dianoética. É para esse aspecto *não* cognitivo da *epistēmē* que eu uso o termo "existencial".

Numa história das ideias, preciso usar esse termo com bastante frequência. Uma história das ideias não deveria ser um relato doxográfico, ou uma história dos dogmas em sentido clássico, e sim uma história de transformações existenciais em que a "verdade" aparece, é obscurecida, é perdida, e é novamente resgatada. Uma história das ideias políticas, em particular, deveria investigar o processo em que a "verdade" se torna eficaz socialmente ou tem sua eficácia impedida. Como o senhor pode ver, não se trata de uma negação, nem de uma relativização da ontologia, e sim de uma correlação entre a percepção no sentido cognitivo e existencial; essa correlação é para mim o tema da "história". Temas existenciais especiais seriam: a teogonia, a história do mito e da revelação; a destruição do conhecimento da verdade pela *pleonexia* dos intelectuais; a eficácia da autoridade por meio da prontidão existencial para reproduzir a verdade conhecida imaginativamente; a destruição da autoridade pela paixão isolante da autoafirmação, etc.

Essas sugestões são breves; mas elas mostram o que está em jogo. Como disse, não encontro termo melhor do que "existencial", mas estou sempre pronto para alterar a terminologia, se encontro algo melhor.

Com todos os melhores votos para o ano novo,
Eric Voegelin

. . . .

CARTA 28

14 de março de 1950

Meu Caro Sr. Voegelin,

Por favor desculpe meu longo silêncio, mas é que desde que recebi sua carta de 2 de janeiro, estive num verdadeiro turbilhão.

Estamos discutindo se, caso se rejeite a filosofia existencialista, pode-se usar a expressão "existencial" sem criar confusão. O senhor admite a dificuldade, mas não enxerga alternativa. Qual o problema? Existem verdades, diz o senhor, que não podem ser vistas por todos o tempo todo, verdades cujo reconhecimento está ligado, portanto, a certos pressupostos extrateóricos, e que são, desse modo, condicionados "existencialmente". Eis aí a ambivalência: mesmo Aristóteles teria admitido que a sua concepção do todo não era factualmente possível o tempo todo – ela demandava lazer, isto é, comunidades livres nas quais havia a possibilidade do desenvolvimento de uma humanidade superior, e demandava especialmente a continuidade de uma série de pensadores dedicada à busca da verdade do todo. Mas aqui a "história" não é mais do que uma *condição* para o reconhecimento da verdade – a "história" não é a fonte da verdade. Diz o senhor: a história das ideias é "uma história de transformações existenciais em que a 'verdade' aparece, é obscurecida, é perdida, e é novamente recuperada". Por que o senhor coloca "verdade" entre aspas? Será essa verdade apenas uma suposta verdade à ilusão do período respectivo? Ou, se existe *a* verdade, a qual, em circunstâncias desfavoráveis, ou deliberadamente, é efetivamente obscurecida e depois não recuperada de volta, essa verdade é em si e, principalmente, não condicionada "existencialmente".

O conceito "existencial" demanda uma crítica radical da *vita contemplativa*, de modo que, com base nessa crítica, possa-se apenas rejeitar Platão, mas não compreendê-lo. Para mim, não bastará identificar a crítica de Platão da sofística como um tópico com a crítica existencialista de *theoria*: os sofistas (= intelectuais) muito claramente não eram personagens teóricos. De fato, a *vita contemplativa* demanda um revolver da alma inteira, mas isso não significa que seja possível entender a *vita contemplativa* adequadamente no que tange seus efeitos sobre a (se o senhor me perdoar a expressão) parte não teorética da alma.

O equivalente clássico mais próximo de "existencial" é "'prático", à medida que se entende "prático" em contradistinção com "teórico". A filosofia existencialista, talvez em algum momento do futuro, vá surgir como o esforço paradoxal de levar o pensamento da práxis do prático até, na minha opinião, suas últimas e absurdas consequências. Nessas condições, a práxis de fato deixa de ser efetivamente práxis e se transforma em "existência". Se eu não estiver completamente equivocado, a raiz de toda treva moderna desde o século XVII é o obscurecimento da diferença entre teoria e práxis, um obscurecimento que primeiro leva a uma redução da práxis à teoria (é esse o sentido do dito racionalismo) e depois, em retaliação, à rejeição da teoria em nome de uma práxis que não é mais inteligível como práxis.

Em suma, não creio que seja possível ter sucesso com a terminologia hoje à disposição (uma vez que a terminologia clássica é completamente ininteligível no presente). Nem preciso dizer-lhe que esse problema não é meramente "semântico".

Faço-lhe calorosamente os mesmos votos para o ano novo – por favor aceite-os, apesar do terrível atraso.

Cordialmente,
Leo Strauss

· · · · · · · · · · · · · · · ·

CARTA 29

10 de abril de 1950

Meu caro Sr. Voegelin,

Não conseguindo decifrar minha abjeta caligrafia, o senhor não entendeu o que eu queria dizer.[61] Falei não de pressuposto "extra-humano", mas "extrateórico". A questão é se existe uma pura apreensão da verdade como *possibilidade humana essencial*, de modo deveras independente de quais sejam as condições e a *atualização* dessa possibilidade, ou se essa apreensão *não* existe como possibilidade essencial. Quando o senhor diz "somente em tal ou qual época surgiu a ordem da alma", o senhor deixa aberta a questão de se essa ordem da alma é o *télos* natural do homem ou uma "coincidência"; se ela também *poderia não* ter surgido, isso não a priva da condição de *télos*? Como quer que seja, parece-me, mesmo assim, que estamos mais fundamentalmente de acordo do que eu imaginava.

Permita-me que eu peça que o senhor diga em algum momento o que pensa do Sr. Popper.[62] Ele deu uma palestra aqui a respeito da tarefa da filosofia social, que foi abaixo de desprezível; foi o positivismo mais aguado e sem vida tentando parecer valentão, associado a uma total incapacidade de pensar "racionalmente", ainda que se tentasse passar por "racionalismo" – foi muito ruim. Não consigo imaginar que esse homem jamais tenha escrito qualquer coisa que valha a pena ler, e ainda assim parece que temos o dever profissional de familiarizar-nos com suas produções. Será que o senhor poderia dizer-me algo a respeito – se quiser, guardarei suas palavras para mim.

As mais calorosas saudações,
Leo Strauss

· · · · · · · · · · · · · · · ·

[61] Carta perdida (de Voegelin para Strauss).
[62] Karl Popper, autor de *A Sociedade Aberta e Seus Inimigos* (1945) e de diversas outras obras de natureza analítica.

Carta 30

18 de abril de 1950

Caro Sr. Strauss,

A oportunidade de dizer algumas palavras de coração a respeito de Karl Popper a um espírito afim é preciosa demais para uma longa espera. Esse Popper há anos é não exatamente uma pedra de tropeço, mas uma pedrinha que eu preciso o tempo todo ficar chutando para fora do caminho, no sentido de que ele me é constantemente empurrado por pessoas que insistem que sua obra sobre "a sociedade aberta e seus inimigos" é uma das grandes obras da ciência social da nossa época. Essa insistência me persuadiu a ler o livro, porque sem ela eu nem teria encostado nele. O senhor tem toda razão de dizer é um dever de ofício familiarizar-nos com as ideias de uma obra como essa quando elas fazem parte do nosso campo; a esse dever de ofício eu contraporia um outro, o de não escrever nem publicar uma obra dessas. Como Popper violou esse dever de ofício elementar e roubou diversas horas da minha vida, que dediquei ao cumprimento do meu dever de ofício, eu me sinto absolutamente tranquilo em dizer sem reservas que esse livro não passa de um lixo diletante e descarado. Cada uma de suas frases é um escândalo, mas ainda assim é possível destacar alguns incômodos principais.

1. As expressões "[sociedade] fechada" e "sociedade aberta" foram tiradas de *Deux Sources*, de Bergson.[63] Sem explicar as dificuldades que levaram Bergson a criar esses conceitos, Popper usa os termos porque lhe soam bem; [ele] comenta de passagem que em Bergson eles tinham um sentido "religioso", mas que ele vai usar o conceito de sociedade aberta de modo mais próximo ao da "grande sociedade" de Graham Wallas, ou da de Walter Lippmann. Talvez eu seja sensível demais a essas coisas, mas não creio que filósofos respeitáveis como Bergson desenvolvam seus conceitos só para que a ralé da cantina possa ter alguma coisa para estragar. Daí vem também o problema relevante: se a teoria de Bergson da sociedade aberta é filosófica e teoricamente viável (em que eu efetivamente acredito), então a ideia de Popper da sociedade aberta é uma bobagem ideológica. Só por essa razão ele deveria ter discutido o problema com todo o cuidado possível.

---

[63] Henri Bergson, *Les Deux Sources de la Morale et de la Religion*, Trad. Ashley Audra e Cloudesley Bereton, *The Two Sources of Morality and Religion*, Garden City, NY, Doubleday, 1935.

2. O desprezo impertinente pelas realizações em sua área de investigação particular, que se torna evidente no que diz respeito a Bergson, permeia a obra inteira. Ao ler as deliberações sobre Platão ou sobre Hegel, tem-se a impressão de que Popper desconhece amplamente a literatura relacionada – ainda que ele cite algum autor aqui e ali. Em alguns casos, como por exemplo Hegel, creio que ele jamais viu uma obra como *Hegel and the State*, de Rosenzweig.[64] Em outros, em que ele cita obras sem aparentemente compreender seus conteúdos, acrescenta-se outro fator:

3. Popper é filosoficamente tão inculto, um brigão ideológico tão absolutamente primitivo, que não é nem sequer aproximadamente capaz de reproduzir corretamente os conteúdos de uma página de Platão. A leitura de nada lhe serve; falta-lhe conhecimento demais para entender o que diz o autor. Disso emergem coisas terríveis, como quando ele traduz o "mundo germânico" de Hegel como "mundo alemão" e tira desse erro de tradução conclusões a respeito da propaganda nacionalista alemã de Hegel.

4. Popper não realiza qualquer análise textual que permita ver a intenção do autor; em vez disso, ele despeja os clichês ideológicos modernos diretamente no texto, presumindo que o texto produzirá resultados de acordo com o sentido dos clichês. Será para o senhor um prazer especial ouvir que, por exemplo, Platão passou por uma evolução – de um período inicial "humanitário" ainda perceptível no *Górgias*, até alguma outra coisa (já não consigo me lembrar se "reacionário" ou "autoritário") na *República*.

Em suma, em poucas palavras, o livro de Popper é um escândalo sem atenuantes; em sua atitude intelectual, trata-se do típico produto de um intelectual fracassado; espiritualmente, seria necessário usar expressões como patife, impertinente e palhaço; em termos de competência técnica, como obra de história do pensamento, trata-se de algo diletante e, portanto, sem qualquer valor.

Não seria adequado mostrar essa carta a quem não tiver qualificações. No que diz respeito a seus conteúdos factuais, considero uma violação do dever de ofício identificado pelo senhor dar apoio a esse escândalo por meio do silêncio.

Eric Voegelin

. . . .

---

[64] Rosenzweig, *Hegel und der Staat*, Berlin, Oldenburg, 1920.

Carta 31

8 de agosto de 1950

Meu caro Sr. Voegelin,

Nunca lhe agradeci por sua interessante carta datada de 18 de abril. Em confiança, gostaria de dizer que mostrei sua carta a meu amigo Kurt Riezler,[65] que por ela foi incentivado a usar sua nada desprezível influência contra a provável nomeação de Popper para ensinar aqui. Com a carta, o senhor ajudou a prevenir um escândalo.

Hoje escrevo pela seguinte razão. No começo de 1951, por encomenda da Gallimard, uma tradução francesa do meu livro sobre o *Hiero* será publicada na seguinte forma:[66] 1) Tradução francesa do *Hiero*; 2) meu texto, com a omissão de quase todas as notas; 3) uma crítica de sessenta páginas de meu texto intitulada "La Tyrannie et la Sagesse" ["A Tirania e a Sabedoria"], de Alexandre Kojève, autor de *Introduction à la Lecture de Hegel*,[67] que é, sob todos os aspectos, uma interpretação formidável da *Fenomenologia do Espírito*; 4) uma "Reformulação" minha, que ora escrevo. Parece-me importante começar a discussão com uma resposta à sua resenha. Como a crítica das suas perspectivas forma parte integral da "Reformulação" como um todo, não estou sendo estritamente fiel àquilo que o senhor disse diretamente: preciso assimilar as suas premissas não formuladas, as quais em parte conheço de suas outras publicações, e que em parte presumo. Ocorreu-me que o senhor poderia desejar uma tréplica. Infelizmente isso não será possível na publicação francesa. Mas talvez se possa convencer Gurian a publicar o original em inglês de meu posfácio junto à sua tréplica na *Review of Politics*, após a publicação da edição francesa. Por favor, diga-me o que o senhor acha dessa ideia.[68]

As mais calorosas saudações,

Sinceramente,
Leo Strauss

. . . .

---

[65] Ver Leo Strauss, op. cit., 1959, cap. X.
[66] Ver *Cartas 21* e *25*.
[67] Ver *Carta 25*.
[68] Gurian não fez o que Strauss propôs.

CARTA 32

21 de agosto de 1950

Caro Sr. Strauss,

Muito obrigado por sua carta de 8 de agosto. Só voltei ontem de uma longa viagem – o que explica por que só respondo hoje às suas questões.

Permita-me dizer antes de tudo que fico felicíssimo que seu *Hiero* tenha encontrado interesse na França – uma das poucas coisas boas que foram escritas hoje em dia não se perdeu. Se compreendi bem sua carta (ainda tenho, às vezes, alguma dificuldade em decifrar a sua caligrafia – mas isso vai melhorando a cada carta sua que recebo) – se o entendi bem, então, o senhor vai acrescentar uma "Reformulação" à edição francesa, na qual eu finalmente ficarei sabendo quais são os pressupostos não-formulados da minha obra. Por favor, não entenda ironicamente essa frase – estou nesse momento muito preocupado com maiores explicações exatamente desses pressupostos, e realmente espero que sua resposta seja de alguma ajuda. Até o momento, então, fico muito satisfeito com sua proposta. Quanto à possibilidade de publicar sua "Reformulação" em inglês, acompanhada de algumas de minhas observações na *Review of Politics*, fico inteiramente disposto, e com o maior prazer – desde que Gurian tenha interesse.

Como a edição francesa será publicada no começo de 1951, e como a publicação inglesa só acontecerá depois, teremos a oportunidade de discutir longamente essas e outras coisas quando eu for a Chicago no fim de janeiro (para a série Walgreen de palestras).[69] Já anseio pela oportunidade de demorados encontros.

Em anexo há um estudo de Marx;[70] um ou outro ponto pode interessar-lhe.

Sinceramente,
Eric Voegelin

. . . .

---

[69] Publicada por Voegelin como *The New Science of Politics*, Chicago, University of Chicago Press, 1952.
[70] Eric Voegelin, "The Formation of the Marxian Revolutionary Idea", *Review of Politics*, vol. 12, 1950, p. 275-302.

Carta 33

25 de agosto de 1950

Meu caro Sr. Voegelin,

Calorosos agradecimentos por seu ensaio sobre Marx, que li com o maior interesse e com o qual concordei de coração. Em especial, concordo totalmente com o que o senhor diz a respeito de "Interpretar o mundo ou mudá-lo": eis aí, de fato, a raiz de todo mal.[71] O senhor também está completamente certo quando observa a necessidade da imagem *positiva* do homem do futuro – esse pastiche como *homo universalis*, cada pateta um PhD. Só tenho dúvidas quanto à referência à p. 386: "Marx estava perfeitamente ciente da conexão entre seu próprio pensamento e o protestantismo de Genebra". Ele acreditava nessa conexão, como o próprio Hegel acreditava. Mas será que isso não é, como o senhor mesmo parece sugerir depois, uma ilusão? Será que o protestantismo *liberal* não é um pseudoprotestantismo, cuja verdadeira base não é o protestantismo, e sim uma secularização racional? Uma pequena questão – começo da p. 282, em referência à nota 18 – compare com Rousseau, *Discours sur les Sciences et les Arts*, parte 1, 5º parágrafo.

Minha terrível caligrafia deve ter produzido um equívoco terrível. Como pôde o senhor acreditar que escrevi dizendo que o senhor finalmente entenderia claramente a partir de minha "Reformulação" quais são as premissas não formuladas da sua obra? Dessa resposta o senhor tão somente verá que considero o ensinamento clássico sobre a tirania em princípio completamente suficiente. A seção maior, que busca uma reconciliação com "La Tyrannie et la Sagesse", de Kojève, trata, é verdade, de questões gerais, e tornará, creio, minhas premissas mais claras para o senhor. Elas são muito simples: *philosophari necesse est*, e a filosofia é radicalmente independente da fé – a raiz da *nossa* discordância provavelmente está na segunda tese.

Fico *muito* feliz pela oportunidade de vê-lo aqui em janeiro. Aqui a atomização é tanta que foi só graças à sua carta que fiquei sabendo que o senhor dará a série Walgreen de palestras no período de inverno.

Quanto à publicação do original inglês de meu epílogo, agora surgiu um novo problema, porque o epílogo promete dar quarenta páginas impressas. Gurian provavelmente não vai aceitá-lo, e preciso tentar convencer Alvin Johnson de que

---

[71] A referência remete à décima-primeira das "Teses sobre Feuerbach", de Marx.

ele também pode às vezes publicar algum pronunciamento implacável e reacionário. Darei notícias.

Com os melhores votos,

Sinceramente,
Leo Strauss

. . . .

CARTA 34

4 de dezembro de 1950

Caro Sr. Strauss,

Ainda não respondi à sua amigável carta de 25 de agosto, e agora chegou sua separata de "Natural Right".[72]

Permita-me primeiro agradecer pela separata. Trata-se mesmo de uma ótima análise do historicismo, com a qual concordo plenamente, e estou nada menos do que ansioso para ler o que se seguirá. Vejo que é parte das suas palestras Walgreen do ano passado – por que o livro ainda não foi publicado?[73] Ou será que não fiquei sabendo? O senhor sugere que em futuros desenvolvimentos o senhor dará um fundamento para a teoria do direito natural a partir da filosofia política clássica. E eu também gostaria de saber o que disse o público de Chicago sobre esse esforço; há discussões após as palestras? Agora passo a um ponto em seu estudo que no momento muito me preocupa. O senhor diz, na p. 425: "No estado atual de nosso conhecimento, é difícil dizer em que ponto do desenvolvimento moderno ocorreu o rompimento decisivo com a abordagem 'não histórica' que prevalecia na filosofia anterior". Devo admitir ao senhor que o "estado atual do conhecimento" não é o melhor, mas gostaria de acreditar que é possível dizer alguma coisa a respeito da origem do movimento de ideias que culmina no historicismo. Parece que sua origem está no gnosticismo da Idade Média e na tentativa de dar um "sentido" ao curso imanente da história, como nas obras de Joaquim de Fiore. Quando se faz essa tentativa, primeiro apenas em princípio, de imanentizar o *eschaton* transcendente (no sentido cristão do termo), então tudo se segue da lógica dessa abordagem, até o fato histórico como resposta para o sentido da

---

[72] Leo Strauss, "Natural Right and the Historical Approach", Ibidem, p. 422-42.
[73] Publicado por Strauss como *Natural Right and History*, Chicago, University of Chicago Press, 1953.

existência autointerpretante. Da abordagem da Idade Média parece seguir-se a inclinação moderna de ver algo a mais na história, além da história política profana. Desse ponto de vista, eu me permitiria uma correção à sua formulação de que "*toda* a filosofia anterior" era não histórica. A filosofia [deformada no] sistema, de Descartes a Hegel, parece-me formar uma unidade, à medida que prevalece a ideia de um "sistema" filosófico fechado. Porém a ideia do "sistema", da possível penetração exaustiva do mistério do cosmos e de sua existência pelo intelecto é em si um fenômeno gnóstico, como se a eternidade fosse puxada para o tempo do pensador individual. Assim, eu restringiria seu comentário sobre a filosofia em sentido platônico-aristotélico (Aristóteles, até onde sei, não tinha nenhum conceito de sistema; a sistematização de Aristóteles vem dos comentadores.) – Isso me traz ao comentário em sua carta que fala da derivação de Marx do protestantismo liberal. O senhor quer dizer que o protestantismo liberal já não deveria ser chamado de protestantismo, mas sim ser visto como resultado da secularização. Eu concordaria com isso, à medida que a secularização no sentido de uma imanentização radical deve ser distinguida da imanentização pela metade da Idade Média e da Reforma. Se seguirmos a lógica do problema (isso é, a imanentização) até seu começo, então eu veria já no protestantismo ortodoxo o começo da imanentização. Calvino flerta com o problema nas *Institutas*, em que sua preocupação com a *certitudo salutis* por meio do "chamado" inequívoco é muito claramente uma tentativa gnóstica de obter certeza da salvação, que é um pouco mais certa do que a *cognitio fidei* ortodoxa. Lutero hesita, mas seu ódio da *fides caritate formata*, seus imensos esforços para tirar o amor da fé e para fazer do conhecimento deliberado sua substância, parecem-me levar na mesma direção. Talvez fosse preciso dizer que havia substância católica suficiente no protestantismo "ortodoxo" para impedir maiores desenvolvimentos, cuja lógica interior força passagem no protestantismo liberal.

Quanto à "segunda tese" da sua carta, de que a filosofia é radicalmente independente da fé, vamos discuti-la em Chicago. No momento, não vejo como contornar o fato histórico do começo da filosofia na atitude de fé de Xenófanes, de Heráclito e de Parmênides.

A razão do meu silêncio um tanto longo é meu trabalho nas palestras Walgreen. Naturalmente, elas se tornaram algo diferente do que eu havia previsto. O título será "Verdade e Representação"; e o problema do gnosticismo moderno ocupará grande parte delas.

Sinceramente,
Eric Voegelin

. . . .

CARTA 35

10 de dezembro de 1950

Meu caro Sr. Voegelin,

Acabo de chegar de uma viagem à costa leste, e encontro sua carta do dia 4 deste mês. Tenho apenas pouco tempo, mas infelizmente não tenho papel bom. Perdoe-me.

Minhas palestras Walgreen ainda não foram publicadas porque ainda não estão prontas para publicação. Minha consciência está pesada, mas sinto que ela estaria ainda mais pesada se eu já as tivesse publicado. A obra é de todo modo um risco, ainda que eu não faça nada além de apresentar o *problema* do direito natural como um problema ainda não resolvido. Quanto à reação do público aqui em Chicago, ela foi, creio, favorável, especialmente entre os mais jovens, que inicialmente enxergam apenas uma alternativa entre o positivismo-relativismo-pragmatismo e o neotomismo, e que mal conseguem imaginar que é possível tirar da própria ignorância a consequência de que é preciso lutar pelo conhecimento, e que enxergam isso imediatamente quando alguém lhos demonstra. Não há discussão *nenhuma* após as palestras Walgreen.

Quanto a suas objeções à passagem na página 425 do meu artigo, eu diria que claro que conheço a ideia de remontar o voltar-se para a história a Joaquim de Fiore e similares (só nos últimos dois anos apareceram os livros de Taubes e de Löwith, que fazem exatamente isso),[74] mas isso também não me convence. Não vou levantar a objeção de que seria preciso voltar de Joaquim até o xiismo islâmico,[75] que por sua vez tem uma conexão com o *Político* de Platão, e assim as claras linhas e a claridade do contexto desaparecem. Mesmo que existam as linhas de Joaquim a Hegel, elas não trariam a virada para a filosofia "deste mundo", isto é, a virada do eterno para um processo deste mundo: é preciso trazer também a virada dentro da filosofia. Nisso é preciso, acima de tudo, presumir que "*toda* a filosofia anterior" era "a-histórica". "A-histórica" não é a mesma coisa que "sistemática". A filosofia clássica não era "sistemática", mas ao mesmo tempo era "a-histórica". "Sistema" significa a derivação da soma total das realidades do *prōton physei* – o "sistema" presume que podemos começar com o *prōton physei*, que o

---

[74] Jacob Taubes, *Abendländische Eschatologie*, Berna, Franke, 1947, e Karl Löwith, *Meaning in History*, Chicago, University of Chicago Press, 1949.

[75] O xiismo é, dos dois principais ramos do islã, o menor; o outro é a suna. Começou como um movimento essencialmente político no islã primitivo, depois, tornando-se um movimento religioso. Os xiitas e os sunitas discordam principalmente a respeito de interpretações do Corão e da natureza dos imames, a liderança religiosa xiita.

pensador está situado no começo. A filosofia clássica entende a si própria como a ascensão interminável do *proteron pros hēmas* até o *proteron physei*. Dito de outro modo: o "sistema" exige que a *hylē* seja decomposta em relações inteligíveis ou algo assim, o que é negado pela filosofia clássica. A filosofia clássica é "a-histórica" à medida que é uma busca pelo *aie ōn*, no qual toda a história acontece ou pode acontecer, porque o *aie ōn* de modo algum se abre pela "história": para a filosofia clássica, a história é infinitamente desimportante, à medida que as questões decisivas necessariamente estão relacionadas ao *aie ōn*. As questões fundamentais – (1) a questão da *archē* ou das *archai*, (2) a questão da vida correta ou da *aristē politeia*. A "história" em sentido estrito pertence à dimensão prática, à dimensão que está subordinada ao teórico. Historicizar significa esquecer a eternidade. Esse esquecimento deve ser entendido como a rejeição do conceito clássico de filosofia. *"En brûlant les étapes"*,[76] poder-se-ia dizer que o historicismo é uma reação a uma filosofia-sistema, uma reação que não se libertou dos pressupostos últimos da filosofia-sistema – o obscurecimento da diferença radical entre teoria e práxis que está na base de ambas as formas do pensamento moderno. Digo que o historicismo é uma reação à filosofia-sistema: o sistema proto-hegeliano de início não é "histórico", exceto de maneira embrionária, como creio ter dito em caráter provisório no capítulo 6 do meu livro sobre Hobbes.[77]

Quanto à minha observação sobre o liberalismo protestante, isto é, que ele não pode ser compreendido apenas a partir da tradição religiosa, penso em primeiro lugar na avassaladora influência que a ciência moderna (a crítica da possibilidade, ou melhor, da possibilidade de reconhecimento, dos milagres; a negação da simples realidade de céu, inferno, etc.) teve no pensamento moderno *como um todo*. Também é preciso pensar na influência de descobertas já do século XVI que, por sua estrutura, contribuem para a influência da ciência moderna. (O senhor conhece os meus livros *Spinoza's Critique of Religion* [1930] e *Philosophy and Law* [1935], em que tento estabelecer essa conexão de maneira um pouco mais compreensiva do que de hábito?) Tudo que eu poderia escrever em resposta à sua questão não seria mais do que um enganoso resumo dessas explicações. Infelizmente, não tenho mais cópias desse livro aqui.

Quanto à sua questão, "Filosofia e Fé", nego que "o fato histórico do começo da filosofia consiste na atitude de fé de Xenófanes, de Heráclito e de Parmênides" que o senhor presume. O que quer que *noein* signifique, certamente não é *pistis* em sentido

---

[76] *Brûler une étape* significa passar direto por um lugar onde se deveria parar; assim, Strauss passou direto "ao ponto" em relação ao historicismo e à filosofia sistemática.
[77] Strauss, *The Political Philosophy of Hobbes: Its Basis and Genesis*, Trad. Elsa M. Sinclair, Chicago, University of Chicago Press, [1936] 1952.

nenhum. Sobre esse ponto, Heidegger, em seu *Holzwege* (que por outro lado diz muitos *adunatotata*) está simplesmente certo.

Anseio grandemente por nossa reunião em janeiro. Não vamos "concordar" – mas para mim é sempre um grande benefício, e uma rara alegria, falar com um homem que escolhe o caminho difícil.

Com meus melhores votos,

Sinceramente,
Leo Strauss

P.S.: Mais uma vez, desculpe-me pelo papel em que escrevi hoje.

· · · · · · · · · · · · · · · · ·

Carta 36

21 de fevereiro de 1951

Caro Sr. Strauss,

Acabamos de iniciar o semestre, mas agora o efeito do primeiro golpe acaba de passar; e corro para calorosamente agradecer ao senhor e à sua querida esposa por sua hospitalidade.

Gostaria em particular de agradecer-lhe pela oportunidade de ler seu *Philosophy and Law*. Após lê-lo, sua posição atual é para mim na verdade mais difícil de entender do que antes. Tenho a impressão de que o senhor passou de um entendimento da fundação profética (religiosa) da filosofia (com a qual eu concordaria plenamente) a uma teoria da *epistēmē* associada à experiência, da qual ela emerge. Não entendo por que o senhor faz isso. E como pode essa posição funcionar, quando se trata do tratamento de um problema concreto (por exemplo, de uma interpretação de um mito platônico) eu não consigo prever – para tanto eu primeiro teria de ver da sua parte uma implementação concreta.

Com meus melhores votos,

Muito cordialmente,
Eric Voegelin

· · · · · · · · · · · · · · · · ·

Carta 37

25 de fevereiro de 1951

Meu caro Sr. Voegelin,

Agora tenho algum tempo, mas não tenho papel bom. Temo que, quando eu tiver o papel certo, não terei tempo livre. Assim, tomo a ousadia de escrever-lhe em papel ruim.

Os mais calorosos agradecimentos por sua carta. Seus próprios agradecimentos são deveras desnecessários: lamentamos muito não vê-lo com mais frequência – mas essas gripes horrendas, para nem falar nada das demandas dos deveres do magistério. Não pude nem assistir a todas as suas palestras. Assim, também hesito em dizer algo além de que elas foram interessantíssimas. Existe, como o senhor bem sabe, um ponto em que nossos caminhos se separam. Não quero nem tentar descrevê-lo mais exatamente antes de ter lido com mais atenção as suas palestras. Tenho a intenção de discuti-las detalhadamente em alguma publicação.

Com relação a *Philosophy and Law*, creio que basicamente ainda mantenho a mesma posição. Espero, é claro, ter aprofundado meus conhecimentos nos últimos quinze anos, e por isso eu expressaria muitas coisas de maneira diferente.

Quando insisti, naquela época, em que a lei tem primazia, isso era – deixando razões objetivas de lado – condicionado pelo fato de que eu estava falando da Idade Média. Mas o senhor também não negaria que há uma distinção essencial entre o pensamento da Idade Média, que se baseava na revelação, e o pensamento da Antiguidade Clássica, que não se baseava na revelação. Há uma razão dupla para não obscurecer de jeito nenhum essa diferença essencial. Primeiro, isso é do interesse da revelação, que não é sob nenhum aspecto um conhecimento meramente natural. Em segundo lugar, em prol do conhecimento humano, *epistēmē*. O senhor mesmo disse que a ciência lhe é muito importante. Para mim, é muito importante entendê-la como ela é. Seus clássicos são os gregos e não a Bíblia. Os clássicos demonstraram que a vida verdadeiramente humana é a vida dedicada à ciência, ao conhecimento, e à sua busca. O *hen anagkaion* vindo da Bíblia é algo totalmente distinto. Não se serve a nenhum propósito justificável ao obscurecer essa contradição, postulando o *tertium* a partir daí [isso é, dos clássicos e da Bíblia].[78] Toda síntese é na verdade uma opção ou por Jerusalém ou por Atenas.

Bem, o senhor fala da fundação religiosa da filosofia clássica. Eu não falaria simplesmente pela razão de que não existe em grego uma palavra para "religião". Seria

---

[78] A caligrafia de Strauss está muito difícil de ler nesse trecho.

preciso falar em deuses ou em Deus ou no divino, e seria preciso elucidar mais quais *experiências* do divino os filósofos reconheciam como genuínas. Platão e Aristóteles, afinal, obtiveram a *prova* da existência dos deuses não da experiência e dos costumes, mas da análise do movimento.

Creio ainda hoje que os *theioi nomoi* são a base comum da Bíblia e da filosofia – humanamente falando. Mas eu especificaria que, de todo modo, é o problema da diversidade de *theioi nomoi* que leva às soluções diametralmente opostas da Bíblia, de um lado, e da filosofia, de outro.

O senhor parece estar bastante certo de que os mitos platônicos só são inteligíveis se postularmos uma experiência "religiosa" subjacente a eles. Não tenho tanta certeza disso. Confesso minha ignorância. Parece-me impossível realmente resolver o problema do mito platônico antes de ter resolvido o problema do diálogo platônico, isto é, do cosmos dos diálogos, já que essa obra inteira é um mito. Além disso, aqueles trechos que costumam ser referidos como *os* mitos de Platão são sempre elementos de um diálogo. Mas, até onde sei, ninguém foi capaz de dizer claramente qual o sentido do diálogo. Isso não me surpreende. Porque sem um entendimento completo de todo o *corpus* platônico, é inevitável que fique uma última dúvida. Não conheço ninguém que possa dizer que possui esse entendimento. Isso, creio, aparece ao longo de toda a obra de Platão: que ele estava menos interessado em fazer os melhores leitores crerem do que induzi-los a pensar. E para isso de fato não há melhor meio do que a qualidade enigmática de sua obra em geral, e dos mitos em particular.

Não creio que o problema dos diálogos seja irresolúvel. Só me parece que ainda estamos muito longe de resolvê-lo. Desde quando o problema tem sido efetivamente notado? Dificilmente antes de Schleiermacher, cuja solução se pode demonstrar que é falsa. Depois P. Friedländer recomeçou – fundamentalmente [sua interpretação era] só estética. Aqui e ali vejo boas observações, mas em lugar nenhum uma exposição clara que vá até o fundo das coisas. Quase toda a pesquisa se baseia na teoria hipotética do "desenvolvimento", que elimina todos os problemas de interpretação referindo-os a diversos períodos de origem.

Não sei se agora o senhor compreende melhor a minha posição. Por favor, não hesite em me pedir explicações.

Com as mais calorosas saudações,

Sinceramente,
Leo Strauss

. . . .

Carta 38

22 de abril de 1951

Caro Sr. Strauss,

Devo agradecer-lhe por diversas coisas – por sua carta de 25 de fevereiro, pelas separatas sobre Hobbes e Max Weber[79] e pelo artigo mimeografado sobre Husik.[80] Obrigado por tudo e em particular pelo texto sobre Weber. Chegou bem quando eu estava trabalhando na "Introdução" às palestras Walgreen; ali também escrevi algumas páginas sobre a ciência desprovida de valor de Weber e concordamos num grau considerável em nossas análises.

Ao mencionar as palestras também dei a razão por que deixei sua carta sem resposta por dois meses. Minha preocupação com a "Introdução" não me deixou ficar tranquilo para "resolver" nem o problema da revelação, nem o do diálogo platônico, que o senhor muito adequadamente identificou em sua carta com os pontos cardeais de discórdia entre nossas perspectivas. O senhor muito gentilmente me convida a solicitar-lhe que explique esses pontos. Certamente isso não foi feito a sério. Nessas questões, não se pode fazer nada além de reconhecer as limitações dos próprios conhecimento e entendimento. Permita-me, nesse sentido, confessar [minhas limitações] a respeito da questão da relação entre o conhecimento [humano] e a salvação.

Antes de começar a discutir o problema da salvação, é preciso delimitá-lo. Como "revelação", como "palavra de Deus", pode-se identificar em primeiro lugar os conteúdos de certos documentos literários, que foram canonizados como "escrituras". Ao fazê-lo, levanta-se imediatamente um problema histórico da revelação, à medida que o cânone foi estabelecido pelos homens (e não por Deus) em debates longos e frequentemente muito acalorados. Nesse ponto seria possível parar e empurrar a "revelação" para debaixo do tapete como se fosse a opinião de certas pessoas históricas a respeito dessas obras literárias canonizadas. Caso se permaneça nesse ponto, então seria preciso interpretar (ao menos não vejo outro jeito) o fenômeno da fé na revelação psicologicamente (talvez até psicopatologicamente). Essa psicologização só me parece possível sob a condição de que não apenas o conteúdo da revelação é psicologizado,

---

[79] Leo Strauss, "On the Spirit of Hobbes' Political Philosophy", *Revue Internationale de Philosophie*, vol. 4, 1950, p. 405-31, e "The Social Science of Max Weber", *Measure* 2 (1951): 204-30.
[80] Idem, "On Husik's Work in Medieval Jewish Philosophy", *I. Husik's Philosophical Essays: Ancient, Medieval and Modern*, Oxford, Blackwell, 1952, p. i-xli.

como também sua fonte presumida, isto é, Deus, é negado. E isso leva a complicações metafísicas, nas quais não me preciso alongar.

Se nos permitirmos ir além desse ponto e entrar numa discussão, então diversas consequências se seguiriam. As pessoas que brigam por causa da inclusão ou da exclusão de obras literárias no cânone obviamente têm critérios para aquilo que é ou que não é revelação. O problema da revelação assim parece inseparável do problema de reconhecer a revelação enquanto tal; além disso, ele também parece inseparável do problema da interpretação. A verdade revelada só existe à medida que é recebida pelas pessoas e é comunicável.

Assim, o contraste entre o conhecimento humano e o conhecimento revelado não pode ser traçado sem ressalvas. Todo conhecimento, incluindo o conhecimento revelado, é humano à medida que é o conhecimento de homens concretos. Mas alguns conhecimentos são compreendidos pelos homens que os recebem como vindos de uma fonte divina. Essa formulação não se pretende pseudopsicológica, porque não contesta que a fonte tenha sido corretamente diagnosticada.

Essas formulações parecem necessárias para entender apropriadamente certos fatos históricos, como, por exemplo, o problema de níveis de clareza da revelação, que é sugerido pela série paulina de natureza, lei e espírito. O conhecimento pode ser conhecimento revelado mesmo quando não é visto desse modo, como por exemplo a lei "natural". A esse tipo de conhecimento também pertence a ideia de Clemente de Alexandria de que a filosofia grega é o "velho testamento" dos pagãos, ou a teoria patrística da *anima naturaliter christiana*. E acima de tudo o *factum* da *doctrina christiana*, entendida como um desenvolvimento de 2 mil anos da revelação, pertence a ele. A "palavra" de Deus não é uma palavra que possa ser pronunciada, e sim um sentido que pode ser articulado numa interpretação bastante "livre" que legitima a si mesma pela presença do espírito na comunidade histórica.

A revelação, então, é humanamente discutível porque, como todo conhecimento, ela é conhecimento humano. O conhecimento revelado é, além disso, não simplesmente tudo que qualquer pessoa presuma que lhe foi revelado; antes, seus conteúdos podem ser socio-historicamente determinados. Ele pode ser interpretado e racionalmente esclarecido por homens que seguem critérios (os *Critérios de Interpretação* de Clemente,[81] o cânone vicentino, a *sapientia* agostiniana). Ele se distingue do "mero" conhecimento humano no sentido de que a experiência dos conteúdos do conhecimento revelado é de que "Deus se dirige"a quem o recebe. E por meio dessa

---

[81] Provavelmente a referência é a Clemente de Alexandria, "O Critério Segundo o Qual Se Distingue a Verdade da Heresia".

experiência de "Deus estar se dirigindo" são dados os conteúdos essenciais do conhecimento revelado: (1) um homem que se vê em sua "mera" humanidade em contraste com um ser transcendental; (2) um Ser transcendente ao mundo que é experienciado como a mais alta realidade, em contraste com todo o ser mundano; (3) um Ser que "se dirige" e que, portanto, é uma pessoa, isto é, Deus; (4) um homem a quem esse Ser pode se dirigir e que, portanto, está numa relação de abertura para Ele. Nesse sentido, eu ousaria a seguinte formulação: o fato da revelação é seu conteúdo.[82]

Quando a revelação é entendida assim, alguns problemas muito interessantes para a história do pensamento se apresentam. A revelação no sentido judeu e cristão só parece possível quando o homem desenvolveu historicamente uma consciência de ser humano, o que claramente o separa da transcendência. Essa consciência, por exemplo, ainda não aparece no politeísmo de Homero ou em Hesíodo. O divino e o humano ainda estão interconectados. Na minha opinião, esse fato é velado pela infeliz teoria do "antropomorfismo" nas culturas politeístas. No que diz respeito aos deuses gregos, não há representação antropomórfica do divino, e sim uma simbolização teomórfica de conteúdos da alma humana. O desenvolvimento da alma (como foi muito bem estudado por Jaeger e por Snell, contrapondo-se a Rohde)[83] parece-me o processo em que o homem se desdivinizou e percebeu a humanidade de sua vida espiritual. Somente com essa concentração espiritual será possível que uma pessoa tenha a experiência de que um Deus transcendente ao mundo se dirige a ela. A revelação me parece ter uma "curva" histórica peculiar. Numa cultura politeísta, os deuses "se revelam" frequentemente por meio de aparições, de sinais e de falas. Com a diferenciação e a concentração da alma, essa revelação difusa desaparece. Em Platão, e ainda mais claramente em Aristóteles, a máxima oclusão da alma parece ter sido atingida, na qual a alma maximamente concentrada chega a um entendimento do Ser transcendente, e orienta-se "eroticamente" para esse Ser, mas sem encontrar uma resposta. No cristianismo, o entendimento da alma a que os gregos chegaram parece ter sido absorvido e enriquecido pela restauração da relação recíproca com o Ser divino, agora conhecida como revelação. (Em decidido contraste com a *philia* aristotélica, excluída entre Deus e o homem, está a *amicitia* tomística entre Deus e o homem; novamente, é interessante

---

[82] Ver Voegelin, *The New Science of Politics: An Introduction*, Chicago, University of Chicago Press, 1952, p. 78 e referência.
[83] Werner Jaeger, *The Theology of the Early Greek Philosophers*, Oxford, Oxford University Press, 1947; Bruno Snell, *The Discovery of the Mind: The Greek Origins of European Thought*. Trad. T. G. Rosenmeyer, Cambridge, Mass., Harvard University Press, [1948], 1953; Erwin Rohde, *Psyche*, Tübingen, Mohr, 1921.

a exclusão da *amicitia* por Lutero, e a confiança na *fides* como ato unilateral de verdade numa revelação historicamente passada, e espiritualmente não presente).

No que diz respeito à relação entre a ciência (e especialmente da metafísica) e a revelação, Agostinho a mim parece ter em princípio mostrado o caminho. O conhecimento revelado é, no edifício do conhecimento humano, aquele conhecimento dos pré-dados da percepção (*sapientia*, intimamente relacionada ao *noûs* aristotélico enquanto algo distinto de *epistēmē*). Entre esses pré-dados está a experiência do homem enquanto *esse*, *nosse*, *velle*, a experiência primordial inseparável: eu sou enquanto ser que conhece e quer; eu me conheço enquanto ser e querente; eu me quero enquanto ser e enquanto humano cognoscente. (Para Agostinho, na esfera humana, o símbolo da trindade: o Pai – Ser; o Filho – a ordem reconhecível; o Espírito – o processo do ser na história). Entre esses pré-dados também está o ser de Deus além do tempo (nas dimensões ora caracterizadas de criação, ordem e dinâmica) e no conhecimento humano desse ser por meio da "revelação". Dentro desse conhecimento pré-dado pela *sapientia* se move a *epistēmē* filosófica.

Devo confessar que esses pré-dados me parecem deveras aceitáveis. A distinção entre *scientia* e *sapientia* tira do filosofar um conjunto de problemas que, na minha opinião, não são verdadeiros problemas de percepção. Considere por exemplo um esforço filosófico moderno como o de Husserl, que deseja construir o mundo a partir do fluxo de consciência e da noética do fluxo. E pense nas tormentosas construções a que esse projeto levou na construção do "Tu" nas *Meditações Cartesianas*. Husserl poderia ter-se poupado muito tempo e trabalho desnecessário se tivesse admitido que o ser humano não é uma consciência, que nem o "Eu" nem o "Tu" podem ser "constituídos" para fora da consciência, que não se pode construir a autoconsciência como ato de percepção segundo o modelo de uma percepção

sensível, etc., que, antes, o que está em jogo aqui são os pré-dados da percepção.

Ou, para tomar um exemplo clássico, pense nas complicações a que se chega quando se constrói a ordem reconhecível "metafisicamente" como imposição de forma à matéria; assim, seguindo um modelo de artesão, chega-se ao demiurgo mítico do *Timeu*. Por outro lado, o materialismo e o idealismo desaparecem como problemas filosóficos quando a ordem do ser e seu reconhecimento fazem parte dos pré-dados. Nesse caso, lida-se com a ordem mesma e com os métodos e os limites de seu reconhecimento.

Problemas do tipo indicado parecem equivocações filosóficas porque os verdadeiros problemas do conhecimento humano não podem ser separados da área da *sapientia*. Agostinho os classifica como *fantastica fornicatio* perpetradas pela injeção de fantasias humanas nas áreas do conhecimento, que são esclarecidas pela "revelação".

(Eu estaria disposto a distinguir a metafísica clássica da cristã, a aceitar num grau considerável a posição de Gilson, seu *Esprit de la Philosophie Médiévale*.) O valor filosófico da revelação parece estar na eliminação de pseudoproblemas.

E agora passemos ao segundo probleminha – o diálogo platônico. O senhor tem toda razão ao dizer que não há nada decente disponível a respeito dessa questão e que o estado do conhecimento é deveras insatisfatório. Isso também me ocorreu durante meu trabalho sobre Platão, e fiquei perplexo porque me parecia que a dificuldade de entendimento estaria antes no *embarras de richesses* [excesso de riquezas] dos motivos do que na impossibilidade de encontrá-los. Permita-me enumerar alguns deles:

1. Platão é fortemente influenciado por Ésquilo, especialmente em relação ao problema do *peithō*, a imposição convincente da ordem correta sobre a *daimonia* do desejo. Eu não conseguiria entender *Prometeu Acorrentado*, por exemplo, como prometeico no sentido romântico (de revolta humana contra um destino tirânico), mas sim como drama da alma, em que todas as pessoas representam forças da alma, que lutam pela ordem da *Dike* na alma – com a "solução" de uma libertação por meio dos sofrimentos representativos de Hércules, sugeridos ao final. Esse drama da alma também é a substância do processo histórico (*Oresteia*) e o procedimento constitucional (*As Suplicantes*). O senso de Ésquilo da tragédia como culto político me parece ser (tanto individual quanto socialmente) a liturgia da *Dike* política. Esse culto perde seu significado parentético quando a plateia é corrupta; o sintoma decisivo de corrupção surge quando Sócrates, o representante da *Dike*, é morto. A tensão não resolvida da tragédia de Ésquilo torna-se a tensão não resolvida entre Sócrates e Atenas. Agora só há um enredo para a tragédia, a tragédia de Sócrates. À medida que o diálogo platônico é conduzido pela tensão Sócrates-Atenas, ele me parece uma continuação da tragédia esquiliana em novas circunstâncias histórico-políticas.

2. Mas por que a tragédia, e por que ela está relacionada ao diálogo platônico? A resposta me parece estar na compreensão esquiliana e platônica da sociedade como ordem da alma e na alma como reflexo da sociedade. Tirando o princípio básico e explícito da *pólis* como homem ampliado, *República* VIII-IX me parece importante por causa da esplêndida análise da decomposição da alma – por exemplo, dos oligarcas pelos vícios da sociedade, que são percebidos como forças da alma; e, ao final, a magnífica análise da tirania como forma social da fantasia onírica radicalmente antissocial do indivíduo tirânico (aqui, talvez, também, haja tons heraclitianos: os mundos particulares dos sonâmbulos). À medida que a ordem da alma é uma conversa social que funciona adequadamente, os diálogos platônicos parecem ser a forma exigida de expressão para o problema da alma.

3. Mas para qual público se dirigem esses diálogos, se Atenas, o público decisivo, não escuta? Platão dá *uma* resposta a essa questão na digressão do *Teeteto*. Mesmo o rijo pragmatista, que não vai dar ouvidos em público aos filósofos, ficará inquieto na conversa privada, *in camera caritatis*. Nunca se sabe: a conversa não pode parar. E o diálogo não é mais um culto político como a tragédia esquiliana, tornando-se na verdade uma obra exotérica de literatura destinada a cada pessoa privada que deseje ouvir.

4. Mas a conversa só pode continuar quando é realmente uma conversa. Aqui são decisivas as cenas do *Protágoras* e do *Górgias* em que Sócrates ameaça parar a conversa se o parceiro não responde aos argumentos e em vez disso faz "discursos". Nessa perspectiva, o diálogo é a arma para a restauração da ordem pública, que foi perturbada em privado pelo instrumento pseudopúblico da retórica.

5. Essas armas podem, porém, não funcionam no caso individual. O oponente se enrijece e não se deixa comover pelo *peithō* dialógico. Será que o diálogo é, então, no fim das contas, um empreendimento sem sentido? A resposta de Platão é o mito do julgamento dos mortos no *Górgias* e na *República*. O diálogo continua, e o líder de fora deste mundo do diálogo é um juiz que tem sanções curativas e punitivas a seu dispor. Não se pode fugir da conversa. (Isso não é uma explicação de todos os mitos platônicos de julgamento, mas *só* dos mitos do *Górgias* e da *República*.)

6. Além disso, a relação entre mito e diálogo é reversível. Não apenas o mito é a continuação do diálogo, como o diálogo mesmo é um tribunal mítico. Essa é a ideia da *Apologia*. Na *Apologia* a ação acontece em dois níveis. No nível político, Sócrates é julgado por Atenas; no nível mítico, o tribunal dos deuses (representado por Sócrates) julga Atenas. E o Sócrates da *Apologia* não deixa seus juízes em dúvida quanto às questões que eles não queriam aceitar; no futuro, elas serão apresentadas como ele as apresentou, ao povo de Atenas. Nesse sentido, o diálogo é a continuação do julgamento de Sócrates. O diálogo é um procedimento judicial.

7. Quando a conversa é conduzida com sucesso – no círculo socrático-platônico – então um novo motivo vem à luz: a formação da comunidade por meio de eros. Foi esse o ponto que os membros do Círculo Stefan George perceberam claramente. Ver a imagem do homem belo e bom (o *kalos k'agathos*) [ou cavalheiro] no outro, despertá-la e trazê-la à tona (o que é complicado pelo mistério de que a imagem no outro é a própria imagem), só é possível por meio do erotismo da conversa. No que diz respeito a isso, deve-se olhar primariamente o *Banquete* e o *Fedro*, mais uma vez com suas extrapolações míticas específicas. A esse contexto parece pertencer o famoso problema dos vivos e da palavra escrita. Platão não poderia dizê-lo de maneira mais clara (sobretudo quando se acrescenta o episódio com Dionísio) do que quando fala

que o que está em jogo em seu filosofar não é uma "doutrina" e sim um despertar dialógico por meio da palavra viva. (Para a explicação esotérica desse despertar, seria preciso ir ao pouco conhecido *Teages*. Quando esse processo é estendido pela comunidade da palavra escrita, então a forma literária do diálogo (em particular do diálogo sem resultado factual) volta a parecer apropriada.

8. Outro problema me parece surgir da relação entre os diálogos, especialmente da grande trilogia *República–Timeu–Crítias*. Na *República* mesma, o diálogo é usado (a) como tribunal para a Atenas sofística e (mediado pelo típico silenciamento de Trasímaco) (b) como conversa erótica com o claro objetivo de levar à *periagōgē* do *Agathon*. Todo o diálogo com os "jovens" é narrado por Sócrates aos "velhos" (como se segue do *Timeu*). Trata-se, portanto, de um constituinte da conversa dos "velhos", que é continuado pelo *Timeu* e pelo *Crítias* – e obviamente Platão tencionava que assim fosse desde a época de composição da *República*. Com essa consideração surge um novo aspecto do mito. Adicionando-se à relação entre o mito e o julgamento (*República*, *Górgias*) o mito à comunidade erótica, agora há a relação entre o mito e a história primordial. Do mito de Atlântida deriva o conhecimento socrático da ordem, do qual deriva o valor autoritativo da conversa com os "jovens" na *República*. O conhecimento socrático da ordem é, portanto, a implicação definitiva do diálogo mítico que se estende pela história espiritual do cosmos até os deuses.

9. Na minha opinião, a íntima relação entre diálogo e mito atinge seu cume nas *Leis*. Ali o diálogo mesmo se tornou um mito. Mas essa história é complicada e só pode ser mostrada numa análise detalhada. (Caso lhe interesse, meu estudo deveras extensivo das *Leis* está à sua disposição.) Só para dar uma ideia do princípio: a organização do diálogo em episódios, bem como o conteúdo dos episódios, segue uma analogia cósmica que, na explicação dos institutos da *pólis*, torna-se o conteúdo do diálogo.

10. Para concluir: eu diria que o problema do mito e do diálogo platônico tem uma íntima relação com a questão da revelação. Platão não propõe nenhuma verdade que lhe tenha sido revelada; ele não parece ter tido a experiência de Deus ter-se dirigido a ele profeticamente. Portanto, não há anúncio direto. O mito de Platão parece ser uma forma intermediária – não se trata mais do mito politeísta que, por causa da concentração de sua alma, tornou-se impossível; mas não se trata ainda do livre diagnóstico da origem divina do conhecimento da ordem. Deus não fala sem mediação, mas apenas mediado por Sócrates-Platão. À medida que o lugar de Deus como falante é tomado por Sócrates-Platão, como o falante no diálogo, a expressão mais plena do politeísmo "teomórfico" parece ser a razão final para a forma dialógica; o divino e o humano ainda não estão completamente separados. (Aliás, por essa razão, todos os

esforços literários do Renascimento que tentam imitar a forma do diálogo platônico estão condenados ao fracasso.) Platão parecia estar ciente desse problema de sua divindade no sentido politeísta. Como prova disso, eu apresentaria as estranhas figuras dos deuses nas *Leis* (titereiros e jogadores de tabuleiro); e, muito particularmente, o mito do *Político*, em que a era pós-Satúrnica, o ciclo de Zeus, é compreendida como o ciclo do *basileus* platônico.

Esta carta ficou longa. Mas tecnicamente o senhor me provocou com a reclamação de que a questão de por que Platão escreveu diálogos não foi esclarecida. Essa questão certamente pode ser esclarecida se houver dedicação. Fico muito curioso para saber o que o senhor dirá dessa tentativa.

Sinceramente,
Eric Voegelin

. . . .

CARTA 39

4 de junho de 1951

Meu caro Sr. Voegelin,

Mais uma vez me deparo com a alternativa de escrever em papel ruim ou simplesmente não escrever. Decido fazer como sempre. Me desculpe!

Calorosos agradecimentos por sua carta detalhada e esclarecedora de 22 de abril, que só posso responder agora, no fim do semestre. Felicito-o pelo fim das palestras Walgreen, que espero ansiosamente poder estudar. Somente a partir dessas palestras será para mim verdadeiramente possível discutir com o senhor.

O senhor se equivoca a meu respeito quando crê que não falei a sério quando disse que o senhor poderia me pedir explicações. Sem *logon dounai te kai dexasthai* [sem dar nem receber explicações] eu, ao menos, não consigo viver.

O senhor está completamente certo quando presume que uma interpretação "psicologizante", isto é, ateia, da revelação leva à confusão. Basta lembrar o exemplo de Heidegger, cuja interpretação da consciência termina no "chamado" ser apreendido como *Dasein* chamando-se a si mesmo – aqui perdem sentido culpa, consciência e ação. É preciso presumir que algo que vem de Deus acontece ao homem. Mas esse acontecimento não deve *necessariamente* ser entendido como chamado ou fala; essa é uma interpretação *possível*; a aceitação dessa interpretação, *portanto*, depende da fé e não do conhecimento. Vou além: há uma diferença fundamental entre o chamado do próprio Deus e a formulação humana desse chamado; o que vemos historicamente é a formulação (caso não se aceite a inspiração verbal, que se pode aceitar, mas não se *necessita* aceitar). *Ou* a formulação humana é radicalmente problemática, e então se vai parar no deserto do subjetivismo kierkegaardiano, a que conduz à ideia de que se pode crer *somente* no próprio Deus e em nenhum intermediário humano – um subjetivismo, do qual Kierkegaard só consegue se salvar tornando o *conteúdo* da fé (o mistério da Encarnação) *inteligível* de algum modo, como ninguém antes tinha tentado.

Ou a formulação humana *não* é radicalmente problemática – isto é, existem *critérios* que permitem uma distinção *entre* formulações ilegítimas (heréticas) e legítimas. Se o entendo corretamente, esta última perspectiva é a sua. Com base nela, o senhor aceita o dogma cristão. Não sei, porém, se o senhor o aceita em sentido católico. Caso o senhor tenha feito isso, facilmente chegaríamos a um entendimento. Porque minha distinção entre a revelação e o conhecimento humano, contra a qual o senhor objeta, está em harmonia com o ensinamento católico. Aqui uma dificuldade considerável poderia resultar, caso o senhor jogasse fora o princípio da tradição (como algo distinto do princípio da escritura), e o catolicismo é coerentíssimo nesse aspecto.

É com alguma relutância que eu, como não cristão, me aventuro nesse problema intracristão. Mas posso fazê-lo precisamente porque posso deixar claro para mim mesmo que o problema e toda a área do problema são exatamente cristãos, e, por meio da devida extensão, também judaico; e assim, precisamente, não algo "universal-humano". Isso significa que ele pressupõe uma fé *específica*, que a filosofia enquanto filosofia não pode ter. Aqui e somente aqui parece que está a divergência entre nós – e também no meramente histórico.[84]

Não tenho qualquer objeção à sua afirmação de que aquilo que você refere como pressuposto é, como o senhor diz, "aceitável". A única questão é se ele é necessário.

Para demonstrar essa necessidade, não é de modo algum suficiente mostrar a insuficiência de, por exemplo, Husserl – todas as suas objeções a Husserl não afetam de jeito nenhum Platão e Aristóteles: como eles não eram "ideólogos", não existe para eles um "problema do conhecimento". Quanto aos antigos, eles eram *philosophoi*, portanto, sabiam que havia dificuldades com toda a *sophia* humana: seu entendimento em nenhum aspecto fracassa se fracassa alguma das respostas que arriscaram.

---

[84] Ver *Carta 35*.

Os problemas com que o senhor se ocupou não se tornarão pseudoproblemas porque a partir da fé, enquanto algo distinto do conhecimento, eles podem perder sua seriedade; para o conhecimento, eles preservam sua seriedade. Recordo apenas o papel desempenhado no cristianismo pelo problema da imortalidade da alma e *de jure* ainda desempenha. Certamente o rebaixamento do problema platônico-aristotélico por Agostinho, por exemplo, não veio ao custo de seu ensinamento sobre o cosmos, que ainda se pretendia histórico, e que, humanamente falando, não é menos fantástico do que o ensinamento do *Timeu* mencionado pelo senhor. Agora, será que não há problema em sua silenciosa substituição desse ensinamento sobre o cosmos por uma visão moderna da história (ascensão do politeísmo ao monoteísmo, etc.)?

Li sua exposição inteira mais uma vez. O senhor admite, é claro, a distinção entre um conhecimento humano inspirado pela revelação e o conhecimento "meramente humano". Para mim não parece contribuir para uma maior clareza se, nessa distinção, não se recorre à distinção sancionada pela tradição entre fé e conhecimento.

Achei suas explicações a respeito do diálogo platônico interessantes e relevantes no mais alto grau. Posso apenas aludir a minhas reservas.

O senhor diz que a ordem da alma é uma comunidade conversacional que funciona adequadamente. Devo presumir que o senhor diz que a *devida* ordem da alma é uma comunidade conversacional que funciona adequadamente. Mas a devida ordem da alma corresponde à devida ordem da *pólis*. Será que se pode chamar a devida ordem dessa *pólis* (nas *Leis* de Platão) uma *conversa*? Aqui há domínio pelo comando e pela lenda, mas não há precisamente uma conversa, que, enquanto conversa, baseia-se na ficção ou na realidade da *igualdade*. Em sentido platônico, não existe diálogo socrático. O senhor mesmo diz que o diálogo é um meio de combate para a restauração da ordem pública; uma vez que ela seja restaurada, o meio do combate perde sentido. Então: o diálogo pertence à "ordem" imprópria ou à alma ou sociedade "doente"?

Dito de outro modo: o senhor fala de tragédia e nada diz sobre a comédia, ainda que o diálogo ora mencionado seja uma "síntese" da tragédia e da comédia. A partir das afirmações conhecidas de Platão pode-se dizer que a tragédia e a *pólis* andam juntas – analogamente, a comédia e a dúvida a respeito da *pólis* andam juntas. Do ponto de vista dos filósofos, a decadência da *pólis* não é simplesmente o pior que pode acontecer. A *pólis* como um todo, que crê em sua eternidade, inclina-se a esconder o verdadeiramente eterno, o *ontōs ōn*.

O diálogo platônico não pode simplesmente ser compreendido desde dentro da *pólis*, e sim apenas pela filosofia. Disso se seguiria que não se pode falar em "*a* conversa": tudo depende de *com quem* Sócrates está falando. O filósofo está na verdade falando e não "fazendo" – *nesse* sentido a conversa pode nunca parar. Mas a conversa que não está em última instância orientada para a filosofia não é uma conversa.

O senhor tem toda razão: [Stefan] George entendeu Platão melhor do que Wilamowitz, Jaeger e a turma toda. Mas será que isso não era consequência de ele não pensar em termos bíblicos ou bíblicos-secularizados? Ele tem razão até quando duvida de que existe um ensinamento platônico no sentido de que existe um ensinamento leibniziano. Mas não se deve chegar ao ponto de achar que a substância dos diálogos consiste num despertar para a "existência" filosófica, para um filósofo quase sem objeto. Sócrates sabia que nada sabia – eis, se o senhor quiser, o ensinamento platônico. Mas não se pode saber *que* nada se sabe se não se sabe [também] o que não se sabe – isto é, se não se sabe quais são efetivamente as questões e qual sua ordem de prioridade. E Sócrates sabia que o *hen anagkaion* é *deloun* ou *skopein*. Isso certamente é muito menos do que um sistema, mas também é consideravelmente mais do que "manutenção da existência" e "fé divina".

Em uma frase – creio que a filosofia em sentido platônico é possível e necessária – o senhor acredita que a filosofia entendida nesse sentido foi tornada obsoleta pela revelação. Deus sabe quem está certo. Mas: no que diz respeito à interpretação de Platão, parece que se deve, antes de criticá-lo, entendê-lo no sentido em que *ele* gostaria [de ser entendido]. E isso foi, do começo ao fim, filosofia. Somente aqui é possível encontrar a chave do diálogo.

Naturalmente, não estou dizendo que alguém que pensa em termos bíblicos não pode entender Platão. Digo apenas que não se pode entender Platão se, ao empreender estudos platônicos, pensar-se em termos bíblicos. Nesse sentido a questão bíblica deve ser separada da filosófica.

Agrada-me ver que o senhor tem melhor opinião do "Trasímaco"[85] que os *hoi polloi*. Não vejo razão para julgar espúria essa obra-prima.

Creio que o silêncio de Trasímaco tem uma intenção mais cômica do que aquela que o senhor lhe atribui. Não esqueça que ele volta outras duas vezes.

Eu leria com alegria sua interpretação das *Leis*. Mas infelizmente preciso trabalhar nas minhas palestras Walgreen. Elas já passaram muito do prazo e o fim nem se aproxima.

Espero ter notícias suas em breve. Com cordiais saudações,
Sinceramente,
Leo Strauss

. . . .

---

[85] *República*, Livro 1.

Carta 40

5 de agosto de 1952

Caro Sr. Strauss,

Muito obrigado por aquilo que o senhor enviou. Os dois primeiros capítulos de seu livro *Persecution*[86] expõe soberbamente o problema, o problema que, como creio ter observado, vem preocupando-o há muitos anos. O confronto de uma série de julgamentos novos e antigos a respeito de vários filósofos e períodos da história das ideias é muito instrutivo. E de todo modo o livro atenderá à necessidade de mostrar aos "jovens" o que é que lhes deve chamar a atenção.

Obrigado também pelo estudo sobre Collingwood.[87] Ele foi bastante conveniente. Agora mesmo trabalho num estudo sobre os "filósofos políticos de Oxford"[88] – uma encomenda da *Philosophical Quarterly* de St. Andrew's – uma referência ao seu artigo será usada no lugar da crítica planejada que é similar à sua.

Em anexo, um artigo em alemão – o primeiro desde 1938.[89]

Com as mais calorosas saudações,
Eric Voegelin

. . . .

Carta 41

20 de abril de 1953

Caro Sr. Strauss,

Muito obrigado por suas separatas de "Walker's Machiavelli" e "Locke's Doctrine of Natural Right".[90]

A tradução de Walker dos *Discourses* de fato não parece uma realização notável: as citações que o senhor faz da introdução são um tanto ingênuas; e sua técnica, para contrastá-las com suas cuidadosas referências individuais, é muito habilidosa.

---

[86] Leo Strauss, *Persecution and the Art of Writing*, Glencoe, Illinois, The Free Press, 1952.
[87] Idem, "On Collingwood's Philosophy of History", *Review of Metaphysics*, vol. 5, 1952, p. 559-86.
[88] Voegelin, "The Oxford Political Philosophers", *Philosophical Quarterly*, vol. 3, 1943, p. 97-114.
[89] Idem, "Gnostische Politik", *Merkur*, vol. 4, 1952, p. 307-17.
[90] Strauss, "Walker's Machiavelli", *Review of Metaphysics*, vol. 6, 1953, p. 437-46, e "On Locke's Doctrine of Natural Right", *Philosophical Review*, vol. 61, 1952, p. 475-502.

O artigo sobre Locke me interessou enormemente. (Quando o livro *Natural Right and History* [*Direito Natural e História*] será finalmente publicado?) Quanto à tese geral – de que Locke não volta a Hooker, e sim desenvolve Hobbes ainda mais – posso, a partir de minhas próprias análises, concordar plenamente com ela. Os famosos conflitos em Locke na verdade não existem. O *Segundo Tratado de Governo* não baseia a teoria da ordem constitucional correta em alguma forma de direito natural, mas numa psicologia do desejo; e o caminho de sua psicologia política, passando por Vauvenargues e Condillac e chegando a Helvétius, me parece clara.

Porque concordo no todo e no detalhe, sinto um pequeno desconforto diante de seu tratamento de Locke como representante da lei natural – um desconforto que talvez termine quando as partes obviamente abreviadas sejam apresentadas em sua forma completa no livro final. A teoria do direito natural é, como o senhor demonstra soberbamente, uma camuflagem para algo deveras diferente. Mas, pergunto-me, será que, à luz dessa situação, Locke ainda pode ser tratado como filósofo do direito natural? E mais ainda: será que Locke chega a ser um filósofo?

Creio tê-lo entendido bem e por isso digo que, no caso de Locke, o senhor deseja enriquecer suas observações a respeito do ocultamento da teoria efetivamente tencionada pelo filósofo atrás de teorias aparentemente inofensivas. Mas não será afinal esse caso diferente daquele em seus excelentes estudos, por exemplo, dos filósofos árabes? Num caso, que eu consideraria o legítimo, o filósofo tenta esconder sua filosofia para que não seja perturbada pelos desqualificados; no outro, o caso de Locke, um não filósofo, um ideólogo político, tenta ocultar seus truques sujos da atenção dos qualificados. Não será isso, que pode aparecer como camuflagem de um filósofo, a consciência pesada do homem "moderno", que não chega a ousar dizer diretamente o que pretende fazer, e, portanto, esconde seu niilismo, não só dos outros mas também de si mesmo, por meio do elaborado uso de um rico vocabulário.

Obviamente esse não é um argumento contra a sua excelente análise. Apenas surge a questão de se o entendimento histórico, o ordenamento num contexto histórico, ainda pode permitir que a política de Locke seja abordada a partir do direito natural, ou se o resultado da análise, a defesa ideológica do estado de coisas político, deveria ficar no centro como ponto essencial.

Sinceramente,
Eric Voegelin

. . . .

CARTA 42

15 de abril de 1953

Caro Sr. Strauss,[91]

Muito obrigado por sua separata de "Walker's Machiavelli" e de "Locke's Doctrine of Natural Right".

A tradução de Walker dos *Discourses* de fato não parece uma realização notável. As citações que o senhor faz da introdução são um tanto ingênuas; e sua técnica, para contrastá-las com suas cuidadosas referências individuais, é muito habilidosa.

O artigo sobre Locke me interessou enormemente. (Quando o livro *Natural Right and History* [*Direito Natural e História*] será finalmente publicado?) Quanto à tese geral – de que Locke não volta a Hooker, e sim desenvolve Hobbes ainda mais – posso, a partir de minhas próprias análises, concordar plenamente com ela. Os famosos conflitos em Locke na verdade não existem. O *Segundo Tratado de Governo* não baseia a teoria da ordem constitucional correta em alguma forma de direito natural, mas numa psicologia do desejo; e não me parece haver dúvidas quanto ao caminho de sua psicologia política, passando por Vauvenargues e Condillac e chegando a Helvétius. A aparição do conflito surge por meio do vocabulário convencional de natureza, razão, direito e lei. Precisamente à luz dessa concordância, porém, tenho algumas questões sobre detalhes. Elas nascem de um ponto de vista filológico, o que me inquieta. À p. 479 o senhor escreve:

> Segundo a visão tradicional, essas sanções são providas pelo julgamento de Deus. Locke rejeita essa visão. Segundo ele, o julgamento da consciência está tão longe de ser o julgamento de Deus que a consciência "não é nada além de nossa opinião ou julgamento da retitude moral ou da depravação de nossas ações".

Meus pensamentos provavelmente nascem da ignorância – de todo modo, qual é a "visão tradicional" que aqui se opõe à de Locke? Consultei o índice da minha edição Regensburger da *Suma Teológica* e encontrei nove referências a *conscientia*. *Conscientia* é definido como *actus synderesis, spiritus corrector, paedogogus animae, dictamen rationis* – tudo menos "julgamento de Deus". Gilson, em *O Espírito da Filosofia Medieval*, com muitas

---

[91] Não é certo que essa carta tenha sido enviada; ela está no Arquivo Voegelin, na Hoover Institution. A *Carta 41*, que tem com ela grande semelhança, está na Coleção Strauss, na Biblioteca da Universidade de Chicago.

notas de rodapé, também tem apenas o ato de examinar nossas próprias ações à luz da *ratio*. A fórmula de Locke no lugar citado acima poderia ser do próprio Santo Tomás de Aquino.

É claro que a diferença de sentido a que o senhor almeja está presente ali. A questão é, tão somente: como ela surge apesar da intimíssima relação das fórmulas linguísticas? Na minha opinião, ela se baseia na mudança de sentido de *ratio*. A *ratio* de Locke é de fato opinião, e não mais participação na *ratio divina*. Com isso surge a questão, essencialmente para toda a Idade da Razão, de se uma *ratio* que, ao contrário da clássica e da cristã, não deriva sua autoridade de sua participação no ser divino é ainda de algum modo uma *ratio*. Para Locke, está claro que não, graças à virtude de seu excelente estudo. Na realização concreta, ele tem de parar com a trapaça da *ratio* e, em última instância, referir-se ao desejo.

A destruição deliberada da substância espiritual ocorre ao longo da obra política de Locke. Em três lugares ela se torna decisivamente visível. O senhor tratou de dois deles. O primeiro ato de destruição diz respeito à *ratio*. O terceiro, ao homem enquanto *imago Dei* (em sua nota à p. 380). Dessa segunda destruição, a ideia especificamente lockiana do homem como "proprietário de sua própria pessoa" deveria seguir-se, na qual se baseia a teoria da propriedade por meio da incorporação do trabalho à matéria natural. Essa definição da essência do homem como propriedade de si mesmo sempre me pareceu uma das atrocidades mais terríveis da dita história da filosofia – e talvez uma atrocidade que não senha sido suficientemente notada. O terceiro ato de destruição vem na *Carta sobre a Tolerância*, sobre a ocasião de uma *separação* de uma comunidade eclesiástica. Locke se pergunta se, numa tal ocasião, poderiam surgir conflitos sobre a propriedade que tornariam necessária a intervenção do Estado. Ele responde negativamente, pelas seguintes razões: a única questão de propriedade poderia vir de contribuições para as provisões que são consumidas durante o sacramento da comunhão. As contribuições são insignificantes demais para levar a um processo civil. Essa concepção da comunhão como consumo de alimentos que custam dinheiro sempre me fascinou tanto quanto a concepção da propriedade de si mesmo. Além desses três pontos principais, creio, pode-se demonstrar que a destruição sistemática dos símbolos é um traço recorrente de Locke.

Essa destruição leva inevitavelmente ao conflito entre a linguagem do símbolo, que ainda é utilizada, e os novos sentidos que a substituem. Não se trata de um conflito na teoria de Locke (nisso o senhor tem toda razão; ele é coerente) e sim na construção verbal. No *Segundo Tratado de Governo*, o conflito é expressado no fato de que Locke precisa tentar três vezes até finalmente estabelecer uma ordem política que ele deseje ter como a correta. As três tentativas são (1) o estado natural de ocupantes pioneiros com igualdade econômica aproximada ("no começo o mundo inteiro era a América"), (2) o consentimento à desigualdade (por meio do dinheiro) no contexto da organização estatal. O estágio definitivo será então protegido pela nova definição de consentimento pelo fato da residência e pela exclusão de uma política social dirigida pelo Estado. Essa proteção final poderia referir-se, num sentido histórico concreto, às tentativas dos Stuart (Stafford e Laud) de proteger os fazendeiros da Nova Inglaterra e os escravos de Bermuda da exploração extrema de proprietários de terras e de mercadores, tentativas que foram o motivo material da revolta das classes superiores contra Carlos I. Apoiar a posição da classe dominante inglesa, a que Locke pertencia graças a suas relações sociais, é uma construção ideológica brutal. A construção é coerente, à medida que a *concupiscentia* é mantida desde o começo como motivação motriz; é incoerente, à medida que a introdução do vocabulário de direito natural força uma repetida redefinição do conceito de natureza.

E isso agora leva ao problema em que o senhor trabalhou por tantos anos: a camuflagem do filósofo que deseja proteger as teorias incômodas contra os protestos convencionais. Se entendo o senhor corretamente, o senhor também enxerga em Locke um esforço semelhante de camuflagem – e creio que o senhor está certo. Mas só quando o senhor estende consideravelmente o problema da camuflagem filosófica.

Quero dizer o seguinte: o senhor segue um problema inteiramente legítimo quando diz que os filósofos (penso, por exemplo, em seus estudos árabes) tomam medidas de precaução para proteger sua filosofia das perturbações dos desqualificados. *Mas*: será que um construtor ideológico que destrói brutalmente toda área de problema filosófica a fim de justificar o estado de coisas político é um filósofo? Será que isso não é precisamente o contrário de um destruidor niilista, que pretende proteger sua obra de destruição da atenção dos qualificados? Que diferença, pergunto-me, efetivamente existe entre Locke e aquela série de tipos de que trata Camus em *O Homem Revoltado*? Será que aquilo que ainda poderia aparecer como a camuflagem de um filósofo já não é a consciência pesada do homem "moderno", que não chega a ter coragem de declarar a vilania que na verdade pretende realizar; e assim ele a esconde não apenas dos outros, mas também de si mesmo, fazendo amplo uso de um vocabulário convencional? Essa possibilidade recorda as palavras de Karl Kraus: uma pessoa assim já sabe o que quer, só que subconscientemente. O que é essa filosofia política de Locke senão a patifaria de que zomba Anatole France em *Île des Pengouins* [*Ilha dos Pinguins*]: a majestade da lei que proíbe igualmente o rico e o pobre de roubarem. Por fim, quando se considera o desenvolvimento de Locke a Marx, o que é essa imagem lockiana ideal da ordem política se não a imagem da sociedade burguesa que Marx julgava ter de produzir por meio de laboriosas pesquisas e que tinha de desmascarar. Se a Inglaterra não tivesse sido efetivamente melhor do que Locke, e não tivesse se erguido de novo por meio da reforma de Wesley, essa sórdida caricatura da ordem humana teria produzido algumas revoluções interessantes.

Desculpe-me pela extensão desta carta. Mas, quando se trata de Locke, o sangue me sobe à cabeça. Para mim, ele é uma das aparições mais repugnantes, imundas e moralmente corruptas da história da humanidade. Mas, voltando a nosso problema técnico: parece-me questionável que, ao menos no que diz respeito à obra política de Locke, ela ainda esteja dentro de alguma área do filosofar; e, como consequência disso, parece-me questionável se a substância da obra política de Locke se torna acessível ao enfrentar a questão da camuflagem filosófica. Talvez o que esteja em jogo seja um fenômeno de ordem completamente diversa; Locke foi um dos primeiros grandes casos de patologia espiritual, cujo tratamento adequado demandaria um aparato conceitual totalmente diferente.

Permita-me mais uma vez agradecer-lhe cordialmente,
Eric Voegelin

. . . .

Carta 43

29 de abril de 1953

Meu caro Sr. Voegelin,

Muito obrigado por suas amigáveis linhas. Fico feliz porque o senhor concorda com o argumento central de minha apresentação de Locke, que provavelmente não atenderá a todas as expectativas anglo-saxônicas. Sei que aqui no Departamento de Filosofia ensinam a concordância essencial entre Locke e Aristóteles.

Creio que não erro quando digo que Locke e Hobbes são teóricos do direito natural. No capítulo anterior sobre Hobbes (na *Revue de Philosophie*),[92] observei a diferença radical entre o direito natural moderno e o pré-moderno. O ensinamento de Locke é o direito natural moderno, que pode ser distinguido de utilitarismo e similares *somente* pelo reconhecimento do direito natural. Eu também considero o direito natural moderno estreito e inviável, ou tosco. Mas há que se conceder que ele *diz respeito* ao direito natural; sem isso, não é possível entender a conexão com Rousseau, Kant e Hegel. Em outras palavras: o idealismo alemão é um retorno ao pré-

---

[92] Leo Strauss, "On the Spirit of Hobbes' Political Philosophy", *Revue Internationale de Philosophie*, vol. 4, 1950, p. 405-31.

-moderno numa base "inglesa", portanto, insuficiente. Não posso desenvolver mais isso aqui. O senhor encontrará maiores explicações, mas de modo algum suficientes, em meu livrinho sobre direito natural e história, que será publicado no outono e que lhe será enviado logo após sua publicação. Outra pista, talvez: o conceito idealista alemão de liberdade é uma síntese do conceito pré-moderno de virtude com o conceito hobbesiano-lockiano do direito subjetivo como fato moralmente fundamental.

O senhor fez muito bem em observar que eu gostaria de enriquecer minhas observações sobre o elemento esotérico com minhas observações a respeito de Locke. A razão disso é que há uma distinção fundamental entre a técnica da verdadeira filosofia e a da filosofia moderna. Quanto ao último ponto, creio que expliquei as coisas mais urgentes no ensaio "Persecution and the Art of Writing" ["A Perseguição e a Arte da Escrita"] (reproduzido no livro de mesmo título).

Aliás, o senhor conhece *Quarrel with God*, de Lawrence Thompson? Creio que seria de seu interesse.

Começo *lentissime* a escrever um livrinho sobre Maquiavel.[93] Não consigo deixar de amá-lo – apesar de seus erros.

Cordialmente,
Leo Strauss

· · · · · · · · · · · · · · · ·

Carta 44

22 de maio de 1953

Meu caro Sr. Voegelin,

Os mais calorosos agradecimentos por seu livro sobre os filósofos de Oxford.[94] Não preciso dizer-lhe que concordo integralmente com seu principal argumento: a crítica da não filosofia da "consciência", ou o uso de "métodos empíricos" (ou dispositivos de prudência, como diz o senhor) em vez de princípios autênticos. Acima de tudo, fico feliz por ver que o senhor rompe de modo ainda mais decisivo com o historicismo. "Externamente" nossos esforços estão de acordo num grau surpreendente. Tenho dúvidas mesmo a respeito de apenas dois pontos. A distinção (103, parágrafo

---

[93] Idem, *Thoughts on Machiavelli*, Glencoe, Illinois, The Free Press, 1958.
[94] Voegelin, "The Oxford Political Philosophers", *Philosophical Quarterly*, vol. 3, 1953, p. 97-114.

3)[95] entre princípios e medidas de prudência, como o senhor as entende, inviabilizaria o conceito platônico-aristotélico de *aristē politeia* como modelo necessário para a melhor vida.[96] Ou será que compreendo o senhor equivocadamente? Quando o senhor diz, à p. 109, que no presente temos pouca utilidade para *poleis gregas*,[97] o sentido de *pólis* como a forma perfeita da comunidade humana, como afirmaram Platão e Aristóteles, também não parece relevante. No que diz respeito a p. 111, n. 15[98], tenho

---

[95] Nas páginas 103-4, Voegelin escreveu:
O uso anacrônico de termos prejudica o valor teórico do juízo, ainda assim tem um propósito inteligível. O Sr. D'Entrèves pressupõe que haja três tipos de princípios políticos: o totalitário medieval, o totalitário moderno, e entre eles o tipo moderno preferencial caracterizado pela livre busca da verdade, pela liberdade religiosa segundo a consciência, e pelas liberdades civis. Se fizermos a distinção proposta entre a antropologia filosófica (como ciência de princípios) e medidas de prudência que, em certas condições históricas, criarão o melhor ambiente possível para a obtenção do sumo bem, a questão relacionada ao status das liberdades mencionadas não pode ser evitada. Serão essas liberdades realmente princípios fundamentais ou serão talvez apenas recursos de prudência? Se forem recursos de prudência, o halo que as circunda certamente empalideceria; seria necessário levantar a questão indelicada, que nunca poderia ser dirigida a um princípio: se funcionam ou se fracassaram, talvez tão retumbantemente quanto o recurso medieval à perseguição. Se, porém, não se faz essa distinção, pode-se evitar o problema e aquelas liberdades podem ser tão inalienáveis, eternas e definitivas quanto todos querem que sejam. O culto das instituições políticas como encarnações de princípios depende da suspensão do entusiasmo teórico.

[96] A caligrafia de Strauss é particularmente difícil de ler aqui. Ver a observação de Voegelin na carta seguinte.

[97] Na página 109, Voegelin escreveu:
Aristóteles não criou "Estados ideais" (a própria palavra "ideal" não tem equivalente em grego), mas desenvolveu paradigmas imaginários, modelos da melhor pólis. O que é "melhor", vale repetir, não tem nada a ver com "ideias", sendo antes decidido pela adequação pragmática do modelo ao oferecimento de um ambiente para a "melhor vida" ou a "vida mais feliz"; e o critério da vida melhor ou mais feliz por sua vez será estabelecido pela ciência da antropologia filosófica. A melhor vida, segundo formulações diversas, é a vida que leva ao desenvolvimento das virtudes dianoéticas, à existência da pessoa enquanto filósofo, ao *bios theōrētikos*, ou ao cultivo do ser noético. Os modelos, assim, baseiam-se numa teoria da natureza do homem, que afirma ser uma ciência. Ninguém, é claro, vai hoje concordar integralmente com os resultados da análise platônico-aristotélica da natureza humana; afinal, isso significaria ignorar os progressos da antropologia filosófica que devemos aos padres da Igreja e aos escolásticos, e também a pensadores contemporâneos como Bergson, Gilson, Jaspers, Lubac e Balthasar; e, no que diz respeito aos modelos clássicos, nosso interesse pragmático por eles será restrito, já que hoje temos pouca utilidade para as *poleis gregas*. Essas restrições, porém, não afetam o princípio estabelecido pelos filósofos clássicos de que uma filosofia da política deve basear-se em uma teoria da natureza do homem, e que a antropologia filosófica é uma ciência – não uma ocasião para birras idealistas.

[98] À página 111, nota 15, Voegelin escreveu:
Incluí os trechos sobre guerra preventiva no texto porque eles indicam uma tendência em Collingwood que remonta a antes de Hobbes. A guerra preventiva contra povos inferiores foi

certeza de que o conceito de Thomas More de guerra civilizatória remonta à tradição clássica: aí não há na verdade nenhuma *innovatio*.

Cordialmente,
Leo Strauss

n. Passo por cima de nossa perpétua diferença de opinião
a respeito da gnose.

. . . .

Carta 45

10 de junho de 1953

Caro Sr. Strauss,

Devo agradecer-lhe por duas cartas – a de março e a de 22 de maio. Perdoe a longa demora. Estive muito doente e fiz diversas operações (um problema intestinal) e só agora estou me recuperando. A pressão do trabalho foi aumentada pela hospitalização.

O que o senhor diz sobre Locke é muito valioso – mas preciso esperar por seu estudo do direito natural para ver o problema no contexto que o senhor sugere (o direito natural alemão).

Aconteceu-me um infortúnio relacionado à sua carta de 22 de maio: apesar dos mais ardentes esforços paleográficos, não consegui decifrar a sentença decisiva na qual o senhor formula suas dúvidas a respeito da distinção entre princípios e dispositivos de prudência em conexão com Aristóteles-Platão. (Eu costumo conseguir ler seu grego.) – Felizmente, consegui ler sua frase sobre More. Eis um ponto interessante. O senhor com certeza tem razão quando diz que a tradição clássica desempenha um papel na ideia de More de guerra das culturas. Mas será que isso não tem a ver, afinal, com uma *innovatio*, à medida que a guerra das culturas numa cultura pré-cristã tem um status espiritual completamente diferente do que tem numa cultura cristã (ou pós-cristã, talvez)? Até 1900 o título do

---

exigida e justificada, pela primeira vez, no pensamento político inglês, por Thomas More em *Utopia*. Em *Utopia*, a origem do argumento na *hybris* humanística está ainda mais clara do que na obra de Collingwood.

ministério das relações exteriores da China era de supervisor dos povos bárbaros da fronteira; mas isso é algo diferente da diferenciação de civilizações de More ou de Vitoria, que significa algo como a secularização das Cruzadas.

Nas últimas semanas lamentei muito não termos oportunidade de falar ocasionalmente. Estou trabalhado no capítulo israelita de minha *History* – da perspectiva de que Israel articulou a história como uma forma simbólica da mesma ordem dos mitos cosmológicos mesopotâmicos e egípcios, e da filosofia helênica. Trata-se de um trabalho muito delicado, especialmente no que tange a meu conhecimento absolutamente insuficiente de hebraico.

Em dois dias partimos de carro para a Califórnia, para um curso de verão; no fim de julho estaremos de volta.

As mais calorosas saudações,

Sinceramente,
Eric Voegelin

. . . .

CARTA 46

Universidade da Califórnia
Departamento de Ciência Política
Berkeley 4, Califórnia
23 de junho de 1953

Professor Eric Voegelin,
741 Canal Street
Baton Rouge 2, Louisiana

Caro Sr. Voegelin,

Muito obrigado por sua carta. O senhor não é o primeiro a reclamar da minha caligrafia. Isso explica por que estou ditando a presente carta.

Lamento que o senhor tenha estado doente. Desejo-lhe uma recuperação rápida e completa.

Não me lembro no momento o que foi que eu disse a respeito da distinção entre princípios e dispositivos de prudência em relação a Platão e Aristóteles. Creio que minha objeção tinha alguma coisa a ver com o fato de que a distinção tal como entendida pelo senhor não abria espaço suficiente para o conceito clássico da melhor ordem política ou social. Tratei desse assunto de maneira um tanto extensiva no quarto capítulo de meu livro sobre direito natural, que logo será publicado. Talvez possamos retomar a discussão depois que o senhor tiver tido a oportunidade de ler esse capítulo. O livro deve sair em algum momento de setembro.

No que diz respeito ao problema da história no Velho Testamento, considero esse um dos problemas mais complexos da história intelectual. Creio que o plano utópico seria dedicar cerca de dez anos à solução desse problema.

Como o senhor pode ver pelo cabeçalho, estou dando um curso de verão em Berkeley. Pretendo estar de volta a Chicago no começo de setembro.

Muito sinceramente,
Leo Strauss
Professor de Filosofia Política

LS:pv

· · · · · · · · · · · · · · · · ·

CARTA 47

3 de junho de 1956

Caro Sr. Strauss,

Há poucos dias soube por Walter Berns[99] que o senhor teve um pequeno ataque do coração, mas que já saiu do hospital e está em casa. E ao mesmo tempo saiu a resenha de Riezler, assinada pessoalmente pelo senhor.[100] Espero que isso signifique que não foi nada sério. E agora acabo de receber uma carta de Stokes[101] [dizendo] que o senhor teve de recusar o convite para a palestra em Buck Hills Falls e que, afinal, o senhor necessita de alguns meses de absoluta convalescência.

---

[99] Walter Berns foi aluno de Strauss e era colega de Voegelin na Louisiana State University.
[100] Leo Strauss, "Kurt Riezler, 1882-1955", *Social Research*, vol. 23, 1956, p. 3-34. Reproduzido em *What Is Political Philosophy?*, cap. X.
[101] Harold W. Stokes era decano da Graduate School of Arts and Sciences da New York University, que todo ano realizava as palestras Buck Hills Falls.

Não preciso explicar o quanto sua doença me afetou. E nisso vai misturada uma preocupação egoísta, de que eu não vá vê-lo novamente. Tanto eu tinha ansiado pela oportunidade de uma conversa mais prolongada, e acima de tudo, por finalmente vê-lo em ação.

Os melhores votos de nós dois para o senhor e para a sua família, na esperança de que o senhor logo se recupere.

Muito calorosamente,

Sinceramente,
Eric Voegelin

. . . .

Carta 48

24 de janeiro de 1958

Caro Sr. Strauss,

Seu estudo de Farabi finalmente chegou.[102] Vejo que o senhor continua sua investigação da ocultação por meio de métodos diversos. Cada uma dessas investigações traz materiais novos e fascinantes – como esse sobre Farabi. Muito obrigado.

Amanhã vou partir. No meio de fevereiro espero estar instalado em Munique.[103] Espero que nós vejamos por lá algumas vezes.

As mais calorosas saudações,

Eric Voegelin

. . . .

Carta 49

Universidade de Chicago

---

[102] Leo Strauss, "How Farabi Read Plato's *Laws*", *Mélanges Louis Massignon*, Damasco, Institut Français de Damas, vol. 3, 1957, p. 319-44.

[103] Em 1958, Voegelin foi para Munique a fim de criar e dirigir o Geschwister-Scholl Institut der Universität München.

Departamento de Ciência Política
1126 East 59th Street
Chicago 37, Illinois
11 de fevereiro de 1960

Professor Eric Voegelin
Munique 2
Theresienstr. 3–5/IV

Caro Sr. Voegelin,

Escrevo apenas para agradecer por enviar-me suas palavras sobre "Democracy in the New Europe" ["A Democracia na Nova Europa"].[104] Estou muito impressionado com a clareza, a sobriedade e o zelo dessas palavras, com as quais concordo integralmente. Acabo de escrever a Hallowell pedindo-lhe que publique uma tradução em seu *Journal*.[105] Não preciso dizer por que seria tão bom se ele fosse tornado acessível aos cientistas políticos americanos.

Espero que o senhor esteja feliz em Munique.

Com os melhores votos,

Sinceramente,
Leo Strauss

. . . .

CARTA 50

15 de fevereiro de 1960

Professor Leo Strauss
Departamento de Ciência Política
Universidade de Chicago
1126 East 59th Street
Chicago 37, Illinois

---

[104] Eric Voegelin, "Demokratie um neuen Europa", *Gesellschaft Staat-Erzeihung*, vol. 4, 1959, p. 293-300.
[105] John Hallowell, professor de Ciência Política na Duke University, era editor do *Journal of Politics* e editou *From Enlightenment to Revolution*, de Voegelin.

Caro Sr. Strauss,

   Obrigado por sua nota de 11 de fevereiro.

   Fico feliz porque o senhor apreciou minhas palavras à academia.

   A Universidade de Notre Dame me convidou para ser professor visitante no semestre de inverno de 1960/61, e aceitei. Isso nos dará alguma ocasião para um encontro – uma possibilidade pela qual muito anseio.

   Com todos os melhores votos,

Sinceramente,
Eric Voegelin

....

Carta 51

Universidade de Chicago
Departamento de Ciência Política
1126 East 59th Street
Chicago 37, Illinois
22 de fevereiro de 1960

Professor Eric Voegelin
Theresienstr. 3–5/IV
Munique 2, Alemanha Ocidental

Caro Voegelin,

   Felicito-o por seu convite para a Notre Dame. Lamento muito por não estar em Chicago naquela época, mas em algum lugar da Califórnia. Fico realmente triste porque não poderemos nos encontrar.

Cordialmente,
Leo Strauss

....

CARTA 52

7 de setembro de 1964
455

Professor Leo Strauss
Departamento de Ciência Política
Universidade de Chicago
1126 East 59th Street
Chicago 37, Illinois
EUA

Caro Strauss,

No começo do último período letivo recebi do editor uma cópia de *City and Man*.[106]

Permita-me agradecer-lhe pelo presente. No mínimo, consegui lê-lo com o máximo cuidado e devo dizer que admiro grandemente sua análise. O senhor não ficará surpreso se eu disser que fiquei impressionadíssimo com o capítulo sobre Tucídides. A análise da forma literária nesse caso me parece felicíssima.

Na primavera, isto é, a partir de 1 de fevereiro, estarei novamente em Notre Dame, e espero muito que seja possível encontrá-lo em Chicago nesse período.

Com todos os melhores votos,

Sinceramente,
Eric Voegelin

---

[106] Leo Strauss, *The City and Man*, Chicago, Rand McNally, 1964.

ENSAIOS

2

ENSAIOS

Jerusalém e Atenas: Algumas Reflexões Preliminares

Leo Strauss

I. O começo da Bíblia e suas contrapartidas gregas

Todas as esperanças que mantemos em meio às confusões e perigos do presente se fundamentam, positiva ou negativamente, direta ou indiretamente, nas experiências do passado. Dessas experiências, a mais ampla e mais profunda, no que diz respeito aos homens ocidentais, estão indicadas pelos nomes das duas cidades de Jerusalém e de Atenas. O homem ocidental tornou-se aquilo que é, e é aquilo que é, por meio da reunião da fé bíblica e do pensamento grego. A fim de compreender-nos e para iluminar nosso caminho não demarcado para o futuro, temos de entender Jerusalém e Atenas. Não é preciso dizer que essa tarefa excede em muito a minha capacidade, para nem falar dos limites ainda mais estreitos de duas palestras públicas. Mas não podemos definir nossas tarefas por nossas capacidades, porque só conhecemos nossas capacidades ao realizar nossas tarefas; é melhor fracassar de modo nobre do que ter sucesso de modo vil. Além disso, tendo sido escolhido para inaugurar a série de palestras em memória de Frank Cohen no City College da Universidade Municipal de Nova York, tenho de pensar em toda a série de palestras que será dada por outros homens – esperemos que por homens melhores e mais capazes – nos anos e décadas vindouros.

Os objetos que referimos ao falar em Jerusalém e Atenas hoje são compreendidos pela ciência dedicada a esses objetos como culturas; falo "cultura" no sentido de um conceito científico. Segundo esse conceito, existe um número indefinidamente grande de culturas: *n* culturas. O cientista que as estuda as trata como objetos; como cientista, ele está de fora de todas elas; ele não tem preferência por nenhuma delas; a seus olhos todas elas são hierarquicamente iguais; ele não é apenas imparcial, como também objetivo; ele cuida para não distorcer nenhuma delas; ao falar delas, ele evita quaisquer conceitos culturalmente restritos, isto é, conceitos restritos a alguma cultura ou tipo de cultura em particular. Em muitos casos os objetos estudados pelo cientista da cultura não sabem ou não sabiam que são ou eram culturas. Isso não lhes traz qualquer dificuldade: os elétrons não sabem que são elétrons; nem os cachorros sabem que são cachorros. Pelo simples fato de referir seus objetos como culturas, o estudante de ciências acha natural que ele compreenda os povos que estuda melhor do que eles compreendiam ou compreendem a si mesmos.

Toda essa abordagem foi questionada por algum tempo, mas esse questionamento não parece ter tido qualquer efeito nos cientistas. Quem começou o questionamento foi Nietzsche. Dissemos que, de acordo com a visão predominante, existiam ou existem *n* culturas. Digamos que existem 1001 culturas, recordando as 1001 noites; as descrições das culturas, se forem bem feitas, darão uma série de histórias envolventes – tragédias, talvez. Analogamente, Nietzsche fala de nosso objetivo em um discurso de seu Zaratustra chamado "Os 1001 Fins". Os hebreus e os gregos aparecem nesse discurso como duas nações entre várias, não superiores às duas outras que são mencionadas, nem às 996 que não são mencionadas. A peculiaridade dos gregos é a dedicação completa do indivíduo à disputa pela excelência, pela distinção, pela supremacia. A peculiaridade dos hebreus é o honrar absolutamente pai e mãe. (Até hoje, em sua festa mais importante, os judeus leem o trecho da Torá que trata do primeiro pressuposto de honrar pai e mãe: a proibição absoluta contra o incesto entre filhos e pais.) Nietzsche tem uma reverência maior do que qualquer outro observador pelas tábuas sagradas dos hebreus, e também pelas das outras nações em questão. Porém, como ele é apenas um observador dessas tábuas, como aquilo que uma tábua exalta ou ordena é incompatível com aquilo que as outras ordenam, ele não está sujeito aos mandamentos de nenhuma delas. Isso também vale, e vale, particularmente, para as tábuas ou "valores" da cultura ocidental moderna. Mas, segundo ele, todos os conceitos científicos, portanto, o conceito de cultura em particular, são restritos a alguma cultura; o conceito de cultura é uma excrescência da cultura ocidental oitocentista; sua aplicação a "culturas" de outras eras e climas é um ato que nasce do imperialismo espiritual daquela cultura em particular. Assim, há uma claríssima contradição entre a suposta objetividade da ciência das culturas e a subjetividade radical dessa ciência. Dito de outro modo, não se pode observar, isto é, verdadeiramente compreender, nenhuma cultura a menos que se esteja firmemente enraizado na própria cultura ou que, como observador, pertença-se a alguma cultura. Mas se a universalidade da observação de todas as culturas deve ser preservada, a cultura a que pertence o observador de todas as culturas tem de ser a cultura universal, a cultura da humanidade, a cultura mundial; a universalidade do observar pressupõe, nem que seja por antecipação, a cultura universal que já não é uma cultura entre outras tantas. A variedade das culturas que até o momento tem aparecido contradiz a unicidade da verdade. A verdade não é uma mulher, no sentido de que cada homem pode ser sua própria verdade, bem como pode ter sua própria esposa. Nietzsche, portanto, buscava por uma cultura que não fosse particular e, consequentemente, em última instância, arbitrária. Ele concebe o único objetivo da humanidade como algo num certo sentido sobre-humano: ele fala do super-homem do futuro. O super-homem unirá em si Jerusalém e Atenas no nível máximo.

Por mais que a ciência de todas as culturas proteste sua inocência em relação a todas as preferências ou valorações, ela nutre uma postura moral específica. Como ela demanda a abertura a todas as culturas, ela nutre uma tolerância universal e a exaltação que vem da observação da diversidade; ela necessariamente afeta todas as culturas que ainda consegue afetar, contribuindo para sua transformação numa única e mesma direção; ela transfere, querendo ou não, a ênfase do particular para o universal: ao afirmar, ainda que só implicitamente, que o pluralismo é correto, ela afirma que o pluralismo é *o* caminho correto; ela afirma o monismo da tolerância universal e o respeito pela diversidade; afinal, por ser um -ismo, o pluralismo é um monismo.

Ficamos mais próximos da ciência da cultura tal como usualmente praticada ao limitarmo-nos a dizer que toda tentativa de compreender os fenômenos em questão dependem de um arcabouço conceitual que é alheio à maioria desses fenômenos e que, portanto, necessariamente os distorcem. Só é possível esperar "objetividade" quando se tenta compreender as diversas culturas ou povos exatamente como eles entendiam a si mesmos. Homens de eras e de climas diferentes dos nossos não compreendiam a si mesmos como culturas porque não pensavam em cultura no sentido que o termo tem hoje. Aquilo que hoje compreendemos como cultura é o resultado acidental de preocupações que não eram preocupações com cultura, mas com outras coisas e, acima de tudo, com a Verdade.

Porém nossa intenção de falar de Jerusalém e de Atenas parece compelir-nos a ultrapassar o autoentendimento de ambas. Ou será que existe uma noção, uma palavra, que refira ao mesmo tempo aquilo de mais elevado que tanto a Bíblia quanto as maiores obras gregas afirmam transmitir? Essa palavra existe: sabedoria. Não apenas os filósofos gregos, mas também os poetas eram considerados sábios, e a Torá diz que a Torá é "sua sabedoria aos olhos das nações". Devemos então tentar entender a diferença entre a sabedoria bíblica e a sabedoria grega. Vemos de imediato que cada qual afirma ser a verdadeira sabedoria, e desse modo nega a pretensão da outra de ser sabedoria em sentido estrito ou mais pleno. Segundo a Bíblia, a sabedoria começa com o temor de Deus; segundo os filósofos gregos, a sabedoria começa com o espanto. Dessa forma, somos compelidos, desde o começo, a fazer uma escolha, a assumir alguma posição. Assim, qual é a nossa posição? Deparamo-nos com as pretensões incompatíveis de Jerusalém e de Atenas à nossa fidelidade. Estamos abertos a ambas e dispostos a ouvir as duas. Nós mesmos não somos sábios, mas queremos nos tornar sábios. Somos buscadores da sabedoria, *philo-sophoi*. Ao dizer que desejamos primeiro ouvir e depois chegar a uma decisão, já decidimos em favor de Atenas e contra Jerusalém.

Isso parece necessário para todos nós que não podemos ser ortodoxos e que, portanto, temos de aceitar o princípio do estudo histórico-crítico da Bíblia. Tradicionalmente, compreendia-se que a Bíblia era o relato verdadeiro e autêntico dos atos de Deus e dos homens do princípio até a restauração após o exílio babilônico. Os atos de Deus incluem Sua lei e também Suas inspirações dos profetas, e os atos dos homens incluem seus louvores de Deus e suas preces a Ele e também suas admoestações divinamente inspiradas. A crítica bíblica parte da observação de que o relato bíblico é sob importantes aspectos não autêntico, mas derivado, consistindo não de "histórias", mas de "memórias de histórias antigas", para usar uma expressão de Maquiavel.[1] A crítica bíblica teve seu primeiro clímax no *Tratado Teológico-Político* de Espinosa, que é francamente antiteológico; Espinosa leu a Bíblia como leu o Talmud e o Corão. O resultado dessa crítica pode ser resumido da seguinte maneira: a Bíblia consiste amplamente de afirmações autocontraditórias, de resquícios de

---

[1] *Discorsi* I, 16.

antigos preconceitos ou superstições, e de manifestações de uma imaginação descontrolada; além disso, é mal organizada e mal preservada. Ele chegou a esse resultado por pressupor a impossibilidade de milagres. As diferenças consideráveis entre a crítica bíblica dos séculos XVIII e XIX e a de Espinosa encontram-se em última instância na diferença quanto à avaliação da imaginação: se para Espinosa a imaginação é simplesmente sub-racional, em épocas posteriores ela foi vista com muito maior dignidade; ela era entendida como o veículo da experiência religiosa ou espiritual, que necessariamente se expressa em símbolos e coisas semelhantes. O estudo histórico-crítico da Bíblia é a tentativa de entender as diversas camadas da Bíblia do modo como elas eram entendidas por seus destinatários imediatos, isto é, pelos contemporâneos dos autores das diversas camadas. A Bíblia fala de muitas coisas que para os próprios autores bíblicos fazem parte do passado remoto; basta citar a criação do mundo. Mas sem dúvida há na Bíblia muito de história, isto é, de relatos de acontecimentos escritos por contemporâneos ou quase contemporâneos. Assim se é levado a dizer que a Bíblia contém tanto "mito" quanto "história". Porém essa distinção é alheia à Bíblia; trata-se de uma forma particular da distinção entre *mythos* e *logos*; *mythos* e *historie* têm origem grega. Do ponto de vista da Bíblia, os "mitos" são tão verdadeiros quanto as "histórias": aquilo que Israel "de fato" fez ou sofreu só pode ser entendido à luz dos "fatos" da Criação e da Eleição. Aquilo que hoje é chamado de "histórico" são aqueles fatos e discursos que são igualmente acessíveis pelo crente e pelo descrente. Mas do ponto de vista da Bíblia o descrente é o tolo que disse em seu coração que "Deus não existe": a Bíblia narra tudo da maneira como é crível aos sábios no sentido bíblico da sabedoria. Os sinais e prodígios bíblicos convencem os homens de pouca fé ou que creem em outros deuses; eles não se dirigem aos "tolos que dizem em seus corações que 'Deus não existe'".[2]

É verdade que não podemos atribuir à Bíblia o conceito teológico de milagres, porque esse conceito pressupõe o conceito de natureza, e o conceito de natureza é alheio à Bíblia. Fica-se tentado a atribuir à Bíblia aquilo que se pode chamar de conceito poético de milagres, como ilustrado no Salmo 114:

> Quando Israel saiu do Egito, e a casa de Jacó do meio dum povo bárbaro, Deus consagrou ao seu serviço o povo de Judá, e estabeleceu em Israel o seu império.
> O mar o viu, e fugiu; o Jordão recuou para trás. Os montes saltaram de alegria

---

[2] Bacon, "Of Atheism", *Essays*.

como carneiros, e as colinas como cordeiros do rebanho. Que tiveste tu, ó, mar, para fugir? E tu, Jordão, para retroceder? Vós, ó, montes, por que saltastes de prazer como carneiros? E vós, colinas, como cordeiros? Comoveu-se a terra na presença do Senhor, perante o Deus de Jacó, que converteu as pedras em tanques de águas, e a rocha (*árida*) em fontes de águas.

A presença de Deus ou Seu chamado provoca em suas criaturas uma conduta que marcadamente difere de sua conduta habitual; ela vivifica o sem vida, ela torna fluido o que é fixo. Não é fácil dizer se o autor do salmo pretendia que seu pronunciamento fosse verdadeiro de modo simples ou literal. É fácil dizer que o conceito de poesia – como algo distinto do de canção – é alheio à Bíblia. É talvez mais simples dizer que, diante da vitória da ciência sobre a teologia natural não se pode mais dizer que a impossibilidade dos milagres é verdadeira de modo simples, mas sim que decaiu à condição de hipótese não demonstrável. Em última instância, pode-se dizer que é em razão da natureza hipotética dessa premissa fundamental que resulta a natureza hipotética de muitos, para não dizer de todos, os resultados da crítica bíblica. Certo é que a crítica bíblica em todas as suas formas usa termos que não possuem equivalentes bíblicos e que nessa medida é não histórica.

Como proceder, então? Não disputaremos as descobertas, nem as premissas da crítica bíblica. Vamos presumir que a Bíblia e particularmente a Torá consistem em grande medida de "memórias de histórias antigas", e até de memórias de memórias; mas memórias de memórias não necessariamente reflexos pálidos ou retorcidos do original; elas podem ser recordações de recordações, aprofundamentos das experiências primárias pela meditação. Vamos, portanto, levar a última camada, a superior, tão a sério quanto as anteriores. Vamos começar da camada superior – daquilo que para nós vem primeiro, ainda que ela possa não ser a primeira, simplesmente. Começaremos, assim, de onde partem necessariamente tanto o estudo tradicional quanto o estudo histórico da Bíblia. Ao proceder assim, evitamos a compulsão de decidir antecipadamente a favor de Atenas e contra Jerusalém. Afinal, a Bíblia não pede que acreditemos no caráter miraculoso dos acontecimentos que a Bíblia não apresenta como milagres. A fala de Deus ao homem pode ser descrita como miraculosa, mas a Bíblia não afirma que a reunião dessas falas foi feita miraculosamente. O começo do começo trata *do* começo: a criação do céu e da terra. A Bíblia começa de modo razoável.

"No princípio Deus criou o céu e a terra." Quem diz isso? Não nos dizem; portanto, não sabemos. Faz alguma diferença quem diz isso? Essa seria a razão de um filósofo; será também a razão bíblica? Não nos dizem; portanto, não sabemos. Não temos o direito de presumir que Deus o disse, porque a Bíblia introduz as falas de Deus usando expressões como "Deus disse". Vamos então presumir que as palavras foram ditas por um homem sem nome. No entanto, homem nenhum pode ter sido testemunha ocular da criação da terra e do céu por Deus;[3] a única testemunha ocular foi Deus. Como "não se levantou mais em Israel profeta como Moisés, que o Senhor conhecesse face a face", é compreensível que a tradição tenha atribuído a Moisés a frase citada e as que vieram em sua sequência. Mas o que é compreensível ou plausível nem por isso é certo. O narrador não afirma ter ouvido de Deus o relato; talvez ele o tenha ouvido de algum homem ou de alguns homens; talvez ele esteja contando de novo alguma história. Continua a Bíblia: "A terra, porém, estava informe e vazia […]". Não fica claro se a terra assim descrita foi criada por Deus ou se já existia antes de Sua criação. Mas é bastante claro que, se a Bíblia fala da aparência inicial da terra, ela nada diz da aparência inicial do céu. A terra, isto é, aquilo que não é o céu, parece mais importante do que o céu. Essa impressão é confirmada logo depois.

Deus criou tudo em seis dias. No primeiro dia, Ele criou a luz; no segundo, o céu; no terceiro, a terra, os mares e a vegetação; no quarto, o sol, a lua e as estrelas; no quinto, os animais aquáticos e os pássaros; e, no sexto, os animais terrestres e o homem. As maiores dificuldades são as seguintes: a luz, portanto, os dias (e as noites) aparecem antes do sol, e a vegetação também aparece antes do sol. A primeira dificuldade é resolvida pela observação de que os dias da criação não são dias solares. Porém é preciso acrescentar imediatamente que há uma relação entre os dois tipos de dias, porque existe uma relação, uma correspondência entre a luz e o sol. O relato da criação consiste manifestamente de duas partes: a primeira parte trata da criação da luz e a segunda da criação do homem. Todas as criaturas tratadas na primeira parte carecem de movimento local; todas as criaturas tratadas na segunda parte possuem movimento local.[4] A vegetação precede o sol porque a vegetação carece de movimento local e o sol o

---

[3] Jó 38,4.
[4] Cf. U. Cassuto, *A Commentary on the Book of Genesis*, part 1, Jerusalém, 1961, p. 42.

possui. A vegetação pertence à terra;[5] ela tem suas raízes na terra; ela é a cobertura fixa da terra fixa. A vegetação foi gerada na terra por ordem de Deus; a Bíblia não fala de Deus "fazendo" a vegetação; mas, no que diz respeito aos seres vivos em questão, Deus mandou que a terra os gerasse, e ainda assim Deus os "fez". A vegetação foi criada no fim da primeira metade dos dias da criação; ao final da última metade, foram criados os seres vivos que passam todas as suas vidas sobre a terra firme. Os seres vivos – seres que possuem vida e também movimento local – foram criados no quinto e no sexto dia, nos dias que se seguiram ao dia em que os luminares celestes foram criados. A Bíblia apresenta as criaturas em ordem ascendente. O céu é inferior à terra. Os luminares celestes não têm vida; eles são inferiores à mais inferior das criaturas vivas; eles servem às criaturas vivas, que só existem abaixo do céu; elas foram criadas para governar o dia e a noite; elas não foram criadas para governar a terra, e muito menos o homem. A característica mais impressionante do relato bíblico da criação é sua despromoção ou degradação do céu e dos luminares celestes. O sol, a lua e as estrelas vêm antes das coisas vivas porque não têm vida: eles não são deuses. Aquilo que é perdido pelos luminares celestes é ganhado pelo homem; o homem é o apogeu da criação. As criaturas dos três primeiros dias não podem mudar de lugar; os corpos celestes mudam de lugar, mas não de curso; os seres humanos mudam seus cursos mas não seus "caminhos"; só o homem pode mudar seus "caminhos". O homem é o único ser criado à imagem de Deus. Somente no caso da criação do homem a Bíblia sugere que existe uma multiplicidade de Deus: "Façamos o homem à nossa imagem e semelhança [...] E criou Deus o homem à sua imagem; criou-o à imagem de Deus, e criou-os varão e fêmea". A bissexualidade não é exclusiva do homem, mas somente a bissexualidade do homem poderia produzir a ideia de que existem deuses e deusas: não existe na Bíblia palavra para "deusa". Daí que criação não seja geração. O relato bíblico da criação ensina silenciosamente aquilo que a Bíblia ensina explicitamente em outras partes, mas nem por isso mais enfaticamente: só existe um Deus, o Deus cujo nome está escrito como o *Tetragrammaton*, o Deus vivo que vive para sempre, que sozinho criou o céu e a terra e todas as suas hostes; Ele não criou outros deuses, portanto, não há

---

[5] Cf. a caracterização das plantas como *engeia* ("em ou da terra") na *República* de Platão, 491 d 1. Cf. Empédocles A 70.

outros deuses além d'Ele. Os muitos deuses que os homens adoram ou são nadas que devem o ser que possuem aos homens que os fizeram, ou, se são alguma coisa (como o sol, a lua e as estrelas), certamente não são deuses.[6] Todas as referências não polêmicas a "outros deuses" que aparecem na Bíblia são fósseis cuja preservação de fato levanta uma questão, mas uma questão deveras sem importância. Não só o Deus bíblico não criou outros deuses; a partir do relato bíblico da criação é possível duvidar se ele criou quaisquer seres que poderíamos ser compelidos a chamar de "míticos": o céu e a terra e todas as suas hostes são sempre acessíveis ao homem enquanto homem. Seria preciso partir desse fato para compreender por que a Bíblia contém tantas seções que, com base na distinção entre o mítico (ou lendário) e o histórico, teriam de ser descritas como históricas.

Segundo a Bíblia, a criação foi completada com a criação do homem; a criação culminou na criação do homem. Só depois da criação do homem "Deus viu todas as coisas que tinha feito, e eram muito boas". Qual então é a origem do mal ou da maldade? A resposta bíblica parece ser que, como tudo o que tem origem divina é bom, o mal tem origem humana. Porém, se a criação de Deus como um todo é muito boa, daí não se segue que todas as partes sejam boas ou que a criação como um todo não contenha mal nenhum, de nenhuma espécie: Deus não achou que todas as partes de sua criação eram boas. Talvez a criação como um todo não possa ser "muito boa" se não contiver alguns males. Não pode haver luz se não há treva, e a treva é criada tanto quanto a luz: Deus cria o mal do mesmo jeito que faz a paz.[7] Como quer que isso seja, os males cuja origem a Bíblia desnuda após ter falado da criação são males de uma natureza particular: os males que afligem o homem. Esses males não se devem à criação, nem estão implícitos nela, como mostra a Bíblia ao estabelecer a condição original do homem. A fim de estabelecer essa condição, a Bíblia precisa contar novamente a criação do homem, fazendo da criação do homem o máximo possível o único tema. Esse segundo relato responde à questão não de como o céu e a terra e todas as suas hostes passaram a existir, mas de como a vida humana tal como a conhecemos – afligida por males pelos quais não era originalmente afligida – passou a existir. Esse segundo relato pode apenas suplementar o primeiro relato, mas também pode corrigi-lo,

---

[6] Cf. a distinção entre os dois tipos de "outros deuses" em Deuteronômio 4,15-19, de um lado os ídolos e, de outro, o sol, a a lua e as estrelas.

[7] Isaías 45,7.

além de, portanto, contradizê-lo. Afinal, a Bíblia nunca ensina que é possível falar sobre a criação sem cair em contradição. Em linguajar pós-bíblico, os mistérios da Torá (*sithre torah*) são as contradições da Torá; os mistérios de Deus são as contradições relacionadas a Deus.

O primeiro relato da criação terminou com o homem; o segundo relato começa com o homem. De acordo com o primeiro relato, Deus criou o homem e somente o homem à Sua imagem; de acordo com o segundo relato, Deus deu forma ao homem a partir do pó da terra e soprou em suas narinas o sopro da vida; o segundo relato deixa claro que o homem consiste de dois ingredientes profundamente diferentes, um superior e outro inferior. Segundo o primeiro relato, pareceria que o homem e a mulher foram criados simultaneamente; de acordo com o segundo relato, o homem foi criado primeiro. A vida do homem tal como a conhecemos, a vida da maioria dos homens, é a de trabalhadores do chão; sua vida é dura e cheia de necessidades; eles precisam de chuva, que não vem sempre que eles precisam, e têm de trabalhar duro. Se a vida humana fosse dura e cheia de necessidades desde o começo, o homem teria sido compelido ou ao menos irresistivelmente tentado a ser duro, injusto, sem caridade; ele não teria sido inteiramente responsável por sua falta de caridade ou de justiça. Mas o homem será inteiramente responsável. Portanto, a dureza da vida humana tem de ser culpa do homem. Sua condição original há de ter sido de tranquilidade: ele não precisava de chuva nem de trabalho duro; ele foi posto por Deus num jardim com bastante água, rico em árvores que forneciam alimentos. Mas, se o homem foi criado para uma vida tranquila, não foi criado para uma vida de luxo: não havia no Jardim do Éden ouro nem pedras preciosas.[8] Desse modo, Deus permitiu que ele comesse de todas as árvores[9] do jardim, exceto da árvore do conhecimento do bem e do mal (da maldade), "porque, em qualquer dia que comeres dele, morrerás indubitavelmente". Ao homem não foi negado o conhecimento; sem o conhecimento ele não poderia ter conhecido a árvore do conhecimento, nem a mulher, nem os animais; nem poderia ter compreendido a proibição. Ao homem foi negado o conhecimento do bem e do mal, isto é, conhecimento suficiente para guiar-se a si mesmo, para guiar sua vida. Se não era criança, deveria viver infantilmente em simplicidade e

---

[8] Cassuto, *A Commentary on the Book of Genesis*, parte 1, p. 77-79.
[9] Uma pessoa não precisa se pendurar para conseguir pegar as frutas das árvores.

em obediência a Deus. Ficamos livres para supor que existe alguma conexão entre a despromoção do céu no primeiro relato e a proibição contra comer da árvore do conhecimento no segundo. Se ao homem era proibido comer da árvore do conhecimento, a ele não era proibido comer da árvore da vida.

O homem, carecendo do conhecimento do bem e do mal, estava contente com seu estado, e particularmente com sua solidão. Mas Deus, que possuía o conhecimento do bem e do mal, observou: "Não é bom que o homem esteja só; façamos-lhe um adjutório semelhante a ele". Assim, Deus criou os animais e deu-os ao homem, mas eles não foram os adjutórios desejados. Deus então formou a mulher a partir de uma costela do homem. O homem recebeu-a como osso dos seus ossos e carne da sua carne, mas, não tendo conhecimento do bem e do mal, não disse que ela era boa. O narrador acrescenta que "por isso [porque a mulher é osso do osso do homem e carne de sua carne] deixará o homem seu pai e sua mãe, e se unirá à sua mulher, e serão dois numa só carne". Ambos estavam nus, mas, não tendo conhecimento do bem e do mal, não sentiam vergonha.

Assim se formou o cenário para a queda de nossos primeiros pais. O primeiro movimento veio da serpente, o mais astucioso de todos os animais do jardim; ela seduziu a mulher, levando-a à desobediência, e depois a mulher seduziu o homem. A sedução passa do mais inferior ao mais superior. A Bíblia não diz o que induziu a serpente a seduzir a mulher e levá-la a desobedecer a proibição divina contra comer da árvore do conhecimento do bem e do mal. É razoável presumir que a serpente agiu como agiu porque era astuciosa, isto é, possuía uma espécie baixa de sabedoria, uma malícia congênita; tudo que Deus havia criado não seria muito bom se não contivesse algo que tendesse congenitamente à maldade. A serpente começa sua sedução sugerindo que Deus pode ter proibido o homem e a mulher de comer de qualquer árvore no jardim, isto é, que a proibição de Deus pode ser maliciosa, ou impossível de cumprir. A mulher corrige a serpente, e, ao fazê-lo, torna a proibição mais rigorosa do que era: "Nós podemos comer do fruto de outras árvores que estão no paraíso, mas o fruto da árvore que está no meio do paraíso, Deus nos mandou não comer e não tocar, para não morrermos". Deus não proibiu o homem de tocar o fruto da árvore do conhecimento do bem e do mal. Além disso, a mulher não fala explicitamente da árvore do conhecimento; ela pode estar pensando na árvore da vida. Além disso, Deus havia dito ao homem: "Come de todas as árvores […] morrerás"; a mulher diz que Deus havia falado com ela e com o homem. Ela certamente só conhecia a proibição divina por meio da tradição humana. A serpente lhe assegura que eles não morrerão, porque "Deus sabe que, em qualquer dia que comerdes dele, se abrirão os vossos olhos, e sereis como deuses, conhecendo o bem e o mal". A serpente questiona tacitamente a veracidade de Deus. Ao mesmo tempo, ela disfarça o fato de que comer da árvore envolve uma desobediência a Deus. Nisso ela é seguida pela mulher. Segundo a afirmação da serpente, o conhecimento do bem e do mal torna o homem imune à morte, mas não temos como saber se a serpente crê nisso. Como poderia a imunidade à morte ser um grande bem para seres que não conheciam o bem e o mal, ou para homens que eram como crianças? Mas a mulher, esquecida da proibição divina, tendo, portanto, de um certo modo, provado da árvore do conhecimento, não está mais inteiramente alheia ao bem e ao mal: ela "viu que *(o fruto)* da árvore era bom para comer, e formoso aos olhos, e de aspecto agradável, e desejável para dar entendimento"; portanto, ela tomou do fruto e comeu. Desse modo ela tornou a queda do homem quase inevitável, pois ele estava muito apegado a ela: ela deu um pouco do fruto da árvore ao homem, e ele comeu. O homem cai na desobediência por seguir a mulher. Após eles terem comido da árvore, seus olhos se abriram e eles perceberam que estavam nus, e juntaram folhas de figueira para cobrir-se: por meio da queda, eles ficaram envergonhados de sua nudez; comer da árvore do conhecimento do bem e do mal levou-os perceber que a nudez é má.

A Bíblia não diz que nossos primeiros pais caíram porque foram motivados pelo desejo de ser como Deus; eles não se revoltaram imperiosamente contra Deus; antes, eles esqueceram de obedecer a Deus; eles caíram na desobediência. Mesmo assim, Deus puniu-os severamente. Ele também puniu a serpente. Mas a punição não apagou o fato de que, como o próprio Deus disse, como resultado de sua desobediência "Adão se tornou como um de nós, conhecendo o bem e o mal". Como consequência, agora havia o risco de que o homem comesse da árvore da vida e vivesse para sempre. Assim, Deus o expulsou do jardim e fez que fosse impossível que ele retornasse. Pode-se perguntar por que o homem, enquanto ainda estava no Jardim do Éden, não comeu da árvore da vida, que não lhe havia sido interditada. Talvez ele não tivesse pensado nisso porque, desconhecendo o bem e o mal, não tivesse medo de morrer e, além disso, a proibição divina levou sua atenção da árvore da vida para a árvore do conhecimento. O homem sofrer pelo mal pressupõe o conhecimento humano do bem e do mal e vice-versa. O homem deseja viver sem mal. A Bíblia nos diz que a ele foi dada a oportunidade de viver sem mal e que ele não pode culpar Deus pelos males que sofre. Ao dar ao homem aquela oportunidade, Deus o convenceu de que seu desejo mais profundo não pode ser realizado. A história da queda é a primeira parte da história da educação do homem por Deus. Essa história é caracterizada pelo caráter imperscrutável de Deus.

O homem tem de viver com o conhecimento do bem e do mal e com os sofrimentos a ele infligidos por esse conhecimento ou por sua aquisição. A bondade ou a maldade humana pressupõem esse conhecimento e suas concomitâncias. A Bíblia nos dá o primeiro indício da bondade e da maldade humanas na história dos primeiros irmãos. Caim, o irmão mais velho, era um trabalhador do solo; Abel, o irmão mais novo, era guardador de ovelhas. Deus preferiu a oferta do guardador de ovelhas, que trouxe as melhores ovelhas entre as primogênitas do rebanho, à do trabalhador do solo. Essa preferência tem mais de uma razão, mas uma delas parece ser que a vida pastoral é mais próxima da simplicidade original do que a vida dos trabalhadores do solo. Caim ficou aborrecido e, apesar de ter sido alertado por Deus contra o pecado em geral, matou seu irmão. Após uma fútil tentativa de negar sua culpa – uma tentativa que aumentou sua culpa ("Sou eu o guarda de meu irmão?") – ele foi amaldiçoado por Deus como a serpente e o solo o foram após a Queda, em contradistinção a Adão e Eva, que não foram amaldiçoados; ele foi punido por Deus, mas não com a morte: qualquer pessoa que matasse Caim seria punido de modo mais severo do que o próprio Caim. A punição relativamente branda de Caim não pode ser explicada pelo fato de que o assassinato não havia sido proibido expressamente, porque Caim possuía algum conhecimento do bem e do mal, e sabia que Abel era seu irmão, mesmo presumindo que ele não sabia que o homem tinha sido criado à imagem de Deus. É melhor explicar a punição de Caim presumindo que as punições eram mais brandas no começo do que depois. Caim – como Rômulo, seu companheiro no fratricídio – fundou uma cidade, e alguns de seus descendentes foram os ancestrais de homens praticantes de diversas artes: a cidade e as artes, tão alheias à simplicidade original do homem, devem sua origem a Caim e à sua raça mais do que a Set, o substituto de Abel, e sua raça. Não é preciso dizer que essa não é a última palavra da Bíblia a respeito da cidade e de suas artes, mas é a primeira palavra, como a proibição contra comer da árvore do conhecimento é, como talvez se possa dizer, simplesmente sua primeira palavra, e que a revelação da Torá, isto é, o mais elevado conhecimento sobre o bem e o mal que é concedido ao homem, é sua última palavra. Há também a tentação de pensar na diferença entre a primeira palavra do primeiro livro de Samuel sobre a realeza humana e sua última palavra. O relato da raça de Caim culmina no cântico de Lameque, que se vangloriou às suas esposas de ter matado homens, de ser superior a Deus enquanto vingador. A raça (antediluviana) de Set não pode gabar-se de ter um único inventor; seus únicos membros de distinção foram Henoc, que andava com Deus, e Noé, que era um homem justo e andava com Deus; a civilização e a piedade são duas coisas muito diferentes.

Quando chegou a época de Noé, a maldade do homem tinha se tornado tão grande que Deus se arrependeu ter criado o homem e todas as outras criaturas terrestres, com a exclusiva exceção de Noé; assim, Ele trouxe o Dilúvio. De modo geral, antes do Dilúvio a duração da vida do homem era muito mais do que depois. A longevidade antediluviana do homem era uma resquício de sua condição original. O homem originalmente vivia no jardim do Éden, onde poderia ter comido da árvore da vida e assim se ter tornado imortal. A longevidade do homem antediluviano reflete essa oportunidade perdida. Nesse sentido, a transição do homem antediluviano para o pós--diluviano é um declínio. Essa impressão é confirmada pelo fato de que foi antes do Dilúvio, e não depois, que os filhos de Deus se ligaram às filhas do homem e assim geraram os grandes homens de antanho, os homens de prestígio. Por outro lado, a queda dos primeiros pais fez que fosse possível ou necessário, no devido tempo, que Deus revelasse sua Torá, e isso foi preparado de maneira decisiva, como veremos, pelo Dilúvio. Nesse aspecto, a transição da humanidade antediluviana para a pós-diluviana é um progresso. A ambiguidade relacionada à Queda – o fato de que ela foi um pecado e, portanto, algo evitável, e que era inevitável – reflete-se na ambiguidade relacionada ao status da humanidade antediluviana.

O elo entre a humanidade antediluviana e a revelação da Torá é trazido pela primeira Aliança entre Deus e os homens, a Aliança que veio após o Dilúvio. O Dilúvio foi a devida punição para a perversidade extrema e quase universal do homem antediluviano. Antes do Dilúvio o homem vivia, por assim dizer, sem freios, sem lei. Enquanto os primeiros pais ainda estavam no Jardim do Éden, nada lhes era proibido, exceto comer da árvore do conhecimento. O vegetarianismo do homem antediluviano não se devia a uma proibição explícita (ver Gênesis 1,29); sua abstenção da carne se relaciona à sua abstenção de vinho (ver Gênesis 9,20); ambas são resquícios da simplicidade original do homem. Após a expulsão do jardim do Éden, Deus não puniu os homens, excetuando a punição relativamente branda que infligiu a Caim. Ele também não estabeleceu juízes humanos. Deus como que fez um experimento, para a instrução da humanidade, com a humanidade vivendo livre da lei. Esse experimento, bem como o experimento em que os homens eram como crianças inocentes, fracassou. Caído ou desperto, o homem precisa de limites, deve viver sob a lei. Mas essa lei não pode ser simplesmente imposta. Ela tem de formar parte de uma Aliança.

na qual Deus e o homem são igualmente parceiros, ainda que não sejam iguais. Essa parceria só foi estabelecida após o Dilúvio; ela não existia em épocas antediluvianas, nem antes, nem depois da Queda. A desigualdade relacionada à Aliança aparece especialmente no fato de que o projeto de Deus de nunca mais destruir quase toda a vida na terra enquanto a terra durar não tem como condição que todos os homens ou quase todos os homens obedeçam às leis promulgadas por Deus após o Dilúvio: a promessa de Deus é feita apesar de Seu conhecimento – ou por causa dele – de que os desígnios do coração do homem são malignos desde sua juventude. Noé é o ancestral de todos os homens posteriores, bem como foi Adão; a purgação da terra pelo Dilúvio é numa certa medida uma restauração da humanidade a seu estado original; trata-se de uma segunda criação. Dentro dos limites indicados, a condição dos homens pós-diluvianos é superior à dos homens antediluvianos. Um ponto exige ênfase particular: na legislação que se seguiu ao Dilúvio, o assassinato é expressamente proibido e torna-se punível com a morte com base no princípio de que o homem foi criado à imagem de Deus (Gênesis 9,6). A primeira aliança aumentou a esperança e ao mesmo tempo a punição. Somente após o dilúvio o domínio do homem sobre os animais, ordenado ou estabelecido desde o começo, passou a ser acompanhado do temor e do medo dos animais pelo homem (comparar Gênesis 9,2 com 1,26-30 e 2,15).

A Aliança que se seguiu ao Dilúvio prepara a Aliança com Abraão. A Bíblia destaca três acontecimentos que aconteceram entre a Aliança após o Dilúvio e o chamado de Abraão por Deus: a maldição de Canaã, filho de Cam, por Noé; a excelência de Nemrod, neto de Cam; e a tentativa dos homens de impedir que ficassem espalhados pela terra construindo uma cidade e uma torre que chegasse até o céu. Canaã, cuja terra veio a ser a terra prometida, foi amaldiçoado porque Cam vira a nudez do pai, Noé, porque Cam transgredira uma lei sacratíssima, ainda que impromulgada; a maldição de Canaã foi acompanhada da bênção de Sem e de Jafé, que afastaram seus olhos da nudez de seu pai; aqui temos a primeira a mais fundamental divisão da humanidade, ou ao menos da humanidade pós-diluviana, a divisão entre uma parte amaldiçoada e outra bendita. Nemrod foi o primeiro a ser um homem robusto na terra – um robusto caçador diante do Senhor; seu reino incluía Babel; grandes reinos são tentativas de superar pela força a divisão da humanidade; a conquista e a caça são semelhantes entre si. A cidade que os homens construíram para poderem permanecer juntos e assim criar um nome para si foi Babel: Deus espalhou-os confundindo sua fala, trazendo a divisão da humanidade em grupos que falavam linguagens diferentes, grupos que não podem entender-se entre si: em nações, isto é, grupos unidos não só pela descendência mas também pela linguagem. A divisão da humanidade em nações pode ser descrita como uma alternativa mais branda ao Dilúvio.

Os três acontecimentos que sucederam entre a Aliança de Deus com a humanidade após o Dilúvio e o chamado de Abraão indicam a maneira como Deus lida com os homens que conhecem o bem e o mal e que planejam o mal desde a sua juventude; a maldade quase universal não vai mais ser punida com a destruição quase universal; a maldade quase universal será impedida pela divisão da humanidade em nações no sentido indicado; a humanidade será dividida não entre os abençoados e os amaldiçoados (as maldições e as bênçãos eram de Noé, não de Deus), mas entre uma nação escolhida e as nações não escolhidas. O surgimento das nações possibilitou que a Arca de Noé, flutuando sozinha nas águas que cobriam a terra inteira, fosse substituída por uma nação inteira e numerosa, que vivia em meio às nações que cobrim a terra inteira. A eleição da nação sagrada começa com a eleição de Abraão. Noé distinguia-se de seus contemporâneos por ser justo; Abraão se separa de seus contemporâneos e particularmente de seu país e de seus próximos pela ordem de Deus – uma ordem acompanhada da promessa de Deus de fazer dele uma grande nação. A Bíblia não diz que essa eleição primária de Abraão foi precedida pela justiça de Abraão. Como quer que seja, Abraão mostra sua justiça obedecendo imediatamente à ordem de Deus, confiando na promessa de Deus, cujo cumprimento ele não teria como viver para ver, considerando as curtas durações das vidas dos homens pós-diluvianos: só depois de os filhos de Abraão tornarem-se uma grande nação a terra de Canaã lhes será dada para sempre. O cumprimento da promessa exigia que Abraão não permanecesse sem filhos, e ele já era bem velho. Assim, Deus lhe prometeu descendentes. Foi a confiança de Abraão na promessa de Deus que, acima de tudo, fez dele justo aos olhos do Senhor. Era intenção de Deus que Sua promessa fosse realizada por meio do filho de Abraão e de Sara, sua esposa. Mas essa promessa parecia ridícula a Abraão, e mais ainda a Sara: Abraão já tinha cem anos, e Sara, noventa. Contudo, nada é prodigioso demais para o Senhor. O anúncio ridículo tornou-se um anúncio de alegria. O anúncio de alegria foi imediatamente seguido pelo anúncio de Deus a Abraão de Sua preocupação com a maldade do povo de Sodoma e Gomorra. Deus ainda não sabia se aquelas pessoas eram tão maldosas quanto se diziam que eram. Mas elas poderiam ser; elas poderiam merecer a destruição total tanto quanto a geração do Dilúvio. Noé aceitara a destruição de sua geração sem questionar. Abraão, porém, que tinha uma confiança maior em Deus, e na justiça de Deus, e uma consciência maior de ser ele mesmo apenas pó e cinzas, ousou com temor e tremor apelar à justiça de Deus, para que Ele, juiz de toda a terra, não destruísse os justos junto aos maldosos. Em resposta à insistência de Abraão, Deus como que lhe prometeu que não destruiria Sodoma se houvesse dez justos nela. Abraão agiu como parceiro moral da justiça de Deus; ele agiu como se tivesse alguma responsabilidade pelos atos justos de Deus. Não admira que a Aliança de Deus com Abraão fosse incomparavelmente mais incisiva do que Sua Aliança imediatamente posterior ao Dilúvio.

A confiança de Abraão em Deus parece ser a confiança de que Deus, em Sua justiça, não fará nada incompatível com Sua justiça, e que enquanto nada for prodigioso demais para o Senhor, ou por causa disso, não existem limites firmes para Ele que tenham sido estabelecidos por Sua justiça ou por Ele. Essa consciência é aprofundada e imediatamente modificada pelo último e mais severo teste da confiança de Abraão: a ordem de Deus para que ele sacrifique Isaac, seu único filho com Sara. Antes de falar da concepção e do nascimento de Isaac, a Bíblia fala da tentativa feita por Abimeleque, rei de Gerar, de deitar-se com Sara; considerando a avançada idade de Sara, a ação de Abimeleque poderia ter impedido a última oportunidade de Sara ter um filho de Abraão, e por isso Deus interferiu, impedindo Abimeleque de aproximar-se de Sara. Um risco semelhante havia ameaçado Sara muitos anos antes, nas mãos do Faraó; à época ela era belíssima. Na época do incidente de Abimeleque aparentemente ela não era mais belíssima, mas apesar de ter quase noventa anos deveria ser ainda bastante atraente;[10] isso poderia dar a impressão de que o nascimento de Isaac seria menos prodigioso. Por outro lado, a intervenção especial de Deus contra Abimeleque realça o prodígio. O teste supremo de Abraão pressupõe o caráter prodigioso do nascimento de Isaac; o mesmo filho que viria a ser o único elo entre Abraão e o povo eleito e que nascera contra todas as expectativas razoáveis seria sacrificado por seu pai. Essa ordem contradizia não só a promessa divina como também a proibição divina contra o derramamento de sangue inocente. Porém Abraão não discutiu com Deus, como fizera no caso da destruição de Sodoma. No caso de Sodoma, Abraão não estava diante de uma ordem divina para fazer algo, e particularmente não estava diante de uma ordem para render a Deus ou para entregar a Deus o que lhe era mais precioso: Abraão não discutiu com Deus para que poupasse Isaac porque ele amava a Deus, e não a si mesmo ou sua mais querida esperança, com todo o seu coração, com toda a sua alma, e com todas as suas forças. A mesma preocupação com a justiça de Deus que o havia induzido a pedir a Deus que poupasse Sodoma se fossem encontrados dez justos na cidade levou-o a não pedir que poupasse Isaac, porque Deus exige legitimamente que somente Ele seja amado sem reservas: Deus não ordena que amemos seu povo eleito com todo o nosso coração, com toda a nossa alma e com todas as nossas forças. O fato de que a ordem para sacrificar Isaac contradissesse a proibição do derramamento de sangue inocente deve ser entendida à luz da diferença entre a justiça humana e a divina: Deus somente é justo de maneira ilimitada, ainda que incompreensível. Deus prometeu a Abraão que pouparia Sodoma se dez justos ali fossem encontrados, e Abraão contentou-se com essa promessa; Ele não prometeu que a pouparia se nove justos ali fossem encontrados; será que esses nove seriam destruídos juntos com os perversos? E mesmo que todos os sodomitas fossem perversos e, portanto, destruídos de maneira justa, será que seus filhos, destruídos com eles, mereciam essa destruição? A aparente contradição entre a ordem para sacrificar Isaac e a promessa divina aos descendentes de Isaac é superada pela consideração de que nada é prodigioso demais para o Senhor. A suprema confiança de Abraão em Deus, sua fé simples, infantil, total foi recompensada, ainda que ou porque pressupusesse a ausência completa de interesse em qualquer recompensa, uma vez que Abraão estava disposto a

---

[10] A Bíblia registra um incidente aparentemente similar envolvendo Abimeleque e Rebeca (Gênesis 26, 6-11). Esse incidente ocorreu após o nascimento de Jacó; por si, isso explica por que não houve intervenção divina nesse caso.

abandonar, a destruir, a matar a única recompensa que lhe interessava; Deus impediu o sacrifício de Isaac. A ação pretendida de Abraão precisava de recompensa ainda que ele não estivesse preocupado com recompensa, porque não se pode dizer que sua atenção pretendida fosse intrinsecamente recompensadora. A preservação de Isaac é tão prodigiosa quanto seu nascimento. Esses dois prodígios ilustram mais claramente do que qualquer outra coisa a origem da nação santa.

O Deus Que criou o céu e a terra, Que é o único Deus, Cuja única imagem é o homem, Que proibiu o homem de comer da árvore do conhecimento do bem e do mal, Que fez uma aliança com a humanidade após o Dilúvio e depois uma Aliança com Abraão, Que se tornou Sua Aliança com Abraão, Isaac e Jacó – que tipo de Deus é Ele? Ou, para falar de maneira mais reverente e mais adequada, qual é Seu nome? Essa questão foi dirigida ao próprio Deus por Moisés quando este foi enviado por Ele aos filhos de Israel. Deus respondeu: "*Ehyeh-Asher-Ehyeh*". Isso costuma ser traduzido como "Eu sou Aquele que Sou". A resposta já foi chamada de "a metafísica do Êxodo" para indicar sua natureza fundamental. Trata-se de fato da afirmação bíblica fundamental sobre o Deus bíblico, mas nós relutamos em chamá-la de metafísica, porque a noção de *physis* é alheia à Bíblia. Creio que devemos traduzir essa afirmação como "Serei Aquilo que serei", preservando assim a conexão entre o nome de Deus e o fato de que ele faz alianças com os homens, isto é, de que Ele Se revela aos homens acima de tudo por meio de Seus mandamentos e de Suas promessas e de Seu cumprimento dessas promessas. "Serei Aquilo que serei" é como que explicado no versículo (Êxodo 33,19): "Me compadecerei de quem eu quiser; serei clemente com quem eu quiser". As ações de Deus não podem ser previstas, a menos que Ele mesmo as tenha previsto, isto é, que as tenha prometido. Mas, como fica claro exatamente no relato do sacrifício de Isaac, o modo como Ele cumpre suas promessas não pode ser conhecido de antemão. O Deus bíblico é um Deus misterioso: Ele chega numa nuvem espessa (Êxodo 19,9). Ele não pode ser visto; Sua presença pode ser sentida, mas nem sempre, nem em todo lugar; o que se sabe d'Ele é somente o que Ele escolhe comunicar por Sua palavra por meio de Seus servos escolhidos. O resto do povo eleito conhece Sua palavra – à exceção dos Dez Mandamentos (Deuteronômio 4,12. 5, 4-5) – só de modo mediato e não deseja conhecê-la de modo imediato (Êxodo 20,19 e 21,24, 1-2; Deuteronômio 18,15-18); Amós 3,7). Para praticamente todos os fins a palavra de Deus tal como revelada a Seus profetas e especialmente a Moisés se tornou *a* fonte do conhecimento do bem e do mal, a verdadeira árvore do conhecimento que é ao mesmo tempo a árvore da vida.

Isto basta para o começo da Bíblia e suas implicações. Olhemos agora para algumas contrapartidas gregas ao começo da Bíblia, e em primeiro lugar à *Teogonia* de Hesíodo e também aos fragmentos restantes das obras de Parmênides e de Empédocles. Todas são obras de autores conhecidos. Isso não significa que elas sejam meramente humanas ou que assim se apresentem. Hesíodo canta aquilo que as Musas, as filhas de Zeus, pai dos deuses e dos homens, lhe ensinaram ou lhe ordenaram que cantasse. Poder-se-ia dizer que as Musas garantem a verdade do canto de Hesíodo, se não fosse pelo fato de que às vezes elas dizem mentiras que se parecem com a verdade. Parmênides transmite os ensinamentos de uma deusa, bem como Empédocles. Contudo, esses homens escreveram seus livros; seus cantos ou suas falas são livros. A Bíblia, por outro lado, não é um livro. O máximo que se poderia dizer é que ela é uma coleção de livros. Mas serão livros todas as partes dessa coleção? Será que a Torá em especial é um livro? Não seria o trabalho de um compilador, ou de compiladores desconhecidos, que juntos reuniram textos e tradições orais de origem desconhecida? Não é por essa razão que a Bíblia pode conter fósseis que divergem de seu ensinamento fundamental a respeito de Deus? O autor de um livro em sentido estrito exclui tudo que não é necessário, que não preenche uma função necessária para o propósito que o livro pretende atender. Os compiladores da Bíblia como um todo e da Torá em particular parecem ter seguido uma regra inteiramente diferente. Diante de diversos textos sacros preexistentes, que por sua natureza deveriam ser tratados com o máximo respeito, eles só excluíram aquilo que não poderia sob qualquer aspecto possível ou imaginável ser compatibilizado com o ensinamento fundamental e autorizado; sua própria piedade, despertada e nutrida pelos textos sacros preexistentes, levou-os a fazer as mudanças que fizeram naqueles textos santos. Sua obra pode então estar repleta de contradições e de repetições jamais intencionadas por ninguém, ao passo que num livro em sentido estrito nada há que não seja intencionado pelo autor. Porém, ao excluir aquilo que não poderia sob nenhum aspecto possível ou imaginável ser compatibilizado com o ensinamento fundamental e autorizado, eles prepararam a maneira fundamental de ler a Bíblia, isto é, a leitura da Bíblia como se ela fosse um livro em sentido estrito. A tendência a ler a Bíblia e particularmente a Torá como um livro em sentido estrito foi infinitamente fortalecida pela crença de que ela é o único texto sacro ou o texto sacro por excelência.

A *Teogonia* de Hesíodo canta a geração dos deuses; os deuses não foram "feitos" por ninguém. Assim, longe de terem sido criados por um deuses, o céu e a terra são ancestrais dos deuses imortais. Mais precisamente, segundo Hesíodo tudo que existe veio a ser. Primeiro surgiram Caos, Gaia (Terra) e Eros. Gaia primeiro pariu Uranos (Céu) e depois, copulando com Uranos, deu à luz Cronos e seus irmãos e irmãs. Uranos detestava seus filhos e não queria que eles viessem à luz. Por causa do desejo e do conselho de Gaia, Cronos privou seu pai de sua força geradora e assim produziu sem querer o surgimento de Afrodite; Cronos tornou-se o rei dos deuses. O ato mau de Cronos foi vingado por seu filho Zeus, que ele havia gerado ao copular com Gaia, e a quem ele planejava destruir; Zeus destronou seu pai e assim se tornou rei dos deuses, pai de deuses e de homens, o mais poderoso de todos os deuses. Considerando seus ancestrais, não surpreende que, ainda que ele fosse pai dos homens e pertencesse aos deuses que são doadores de coisas boas, ele está longe de ser gentil com os homens. Ao copular com Mnemosine, filha de Gaia e de Uranos, Zeus gerou as nove Musas. As Musas dão aos reis que desejam honrar entendimento e uma eloquência doce e gentil. Por intermédio das musas há cantores na terra, bem como há reis por intermédio de Zeus. Se a realeza e o canto podem andar juntos, há entre os dois uma profunda diferença – uma diferença que, guiada por Hesíodo, pode ser comparada àquela que há entre o falcão e o rouxinol. Certamente Métis (Sabedoria), ainda que seja a primeira esposa de Zeus e que seja inseparável dele, não é idêntica a ele; a relação entre Zeus e Métis pode recordar a relação entre Deus e a Sabedoria na Bíblia.[11] Hesíodo fala da criação ou da confecção dos homens não na *Teogonia* mas em *Os Trabalhos e os Dias*, isto é, no contexto de seu ensinamento a respeito de como o homem deveria viver, de como seria a vida justa do homem, que inclui o ensinamento a respeito das devidas estações (os "dias"): a questão da vida correta não surge em relação aos deuses. A vida correta para o homem é a vida justa, a vida dedicada ao trabalho, especialmente ao cultivo do solo. O trabalho, nessa visão, é uma bênção mandada por Zeus, que abençoa os justos e esmaga os orgulhosos: com frequência uma cidade inteira é destruída por causa dos atos de um único homem mau. Contudo, Zeus só toma conheci-

---

[11] *Teogonia* 53-97 e 886-900; cf. Provérbios 8.

mento da justiça e da injustiça do homem se quiser (35-36; 225-85). Analogamente, o trabalho parece não uma bênção, mas uma maldição: os homens têm de trabalhar porque os deuses lhes ocultam os meios de vida, e fazem-no para puni-los pelo roubo do fogo por Prometeu, inspirado pela filantropia. Mas não foi a própria ação de Prometeu incitada pelo fato de que os homens não eram devidamente providos pelos deuses e particularmente por Zeus? Seja como for, Zeus não privou os homens do fogo que Prometeu roubara para eles; ele os puniu mandando-lhes Pandora, com sua caixa, cheia de males incontáveis, como duros trabalhos (42,105). Os males que afligem a vida humana não podem ser atribuídos ao pecado humano. Hesíodo transmite a mesma mensagem com sua história das cinco raças de homens, que vieram a existir sucessivamente. A primeira raça, a raça de ouro, foi feita pelos deuses enquanto Cronos ainda reinava nos céus; esses homens viviam sem trabalho e sem tristeza; eles tinham todas as coisas boas em abundância porque a terra por si lhes dava frutos abundantes. Contudo, os homens feitos pelo pai Zeus não têm essa bênção; Hesíodo não deixa claro se isso se devia à má vontade de Zeus ou a sua falta de poderes; ele não nos dá qualquer razão para pensar que isso se deve ao pecado do homem. Ele cria a impressão de que a vida humana se torna cada vez mais miserável a cada raça de homens que sucede a anterior: não há promessa divina, apoiada no cumprimento de promessas divinas anteriores, que permita que se tenha confiança e esperança.

A diferença mais gritante entre o poeta Hesíodo e os filósofos Parmênides e Empédocles é que, segundo os filósofos, nem tudo veio a ser: aquilo que verdadeiramente é não veio a ser e não perece. Isso não significa necessariamente que aquilo que é sempre é um deus ou deuses. Afinal, se Empédocles chama, por exemplo, um dos quatro elementos eternos de Zeus, esse Zeus não tem praticamente nada em comum com aquilo que Hesíodo, ou as pessoas de maneira geral, entendiam por Zeus. De todo modo, segundo ambos os filósofos, os deuses como entendidos habitualmente vieram a ser, bem como o céu e a terra, e, portanto, novamente perecerão.

À época em que a oposição entre Jerusalém e Atenas chegou ao nível daquilo que se pode chamar seu confronto clássico, nos séculos XII e XIII, a filosofia era representada por Aristóteles. O deus aristotélico, bem como o Deus bíblico, é um ser pensante, mas, ao contrário do Deus bíblico, ele é apenas um ser pensante, puro pensamento: puro pensamento que pensa a si e exclusivamente a si. Somente por pensar a si e a nada além de si ele governa o mundo. Ele certamente não governa dando ordens e leis. Portanto, ele não é um criador-deus: o mundo é tão eterno quanto deus. O homem não é sua imagem: o homem está numa posição muito interior do que outras partes do mundo. Para Aristóteles é quase uma blasfêmia atribuir justiça a seu deus; ele é acima de tudo tanto a justiça quanto a injustiça.[12]

Muitas vezes já se disse que o filósofo que mais se aproxima da Bíblia é Platão. Isso foi dito, deve-se enfatizar, durante o clássico confronto entre Jerusalém e Atenas na Idade Média. Tanto a filosofia platônica quanto a piedade bíblica são animadas pela preocupação com a pureza e com a purificação: a "razão pura" em sentido platônico está mais próxima da "razão pura" no sentido de Kant e aliás nos sentidos de Anaxágoras e de Aristóteles. Platão ensina, bem como a Bíblia, que o céu e a terra foram criados ou feitos por um Deus invisível a quem ele chama de Pai, que existe desde sempre, que é bom, e cuja criação é, portanto, boa. O vir a ser e a preservação do mundo que ele criou dependem da vontade do criador. Aquilo a que o próprio Platão chama de teologia consiste de dois ensinamentos (1) Deus é bom, portanto, não é de jeito nenhum a causa do mal; (2) Deus é simples, portanto, imutável. Sobre a preocupação divina com a justiça e com a injustiça do homem, o ensinamento platônico está fundamentalmente de acordo com o ensinamento bíblico; ele até culmina em uma afirmação que concorda quase literalmente com as afirmações bíblicas.[13] Contudo, as diferenças entre o ensinamento platônico e o bíblico não são menos gritantes do que as concordâncias. O ensinamento platônico sobre a criação não afirma ser mais do que uma história provável. O Deus platônico é também um criador de deuses, de seres vivos visíveis, isto é, das estrelas; os deuses criados e não o Deus criador criam os seres vivos mortais, e particularmente o homem; o paraíso é um deus abençoado. O Deus Platônico não cria o mundo com seu verbo; ele o cria após ter olhado as ideias eternas, que, portanto, são mais elevadas do que ele. Coerentemente com isso, a teologia explícita de Platão é apresentada dentro do contexto da primeira discussão sobre educação na *República*, dentro do contexto daquilo que se pode chamar de discussão sobre a educação elementar; na segunda e última discussão da educação – a discussão da educação dos filósofos – a teologia é substituída pela doutrina das ideias. Quanto à discussão temática

---

[12] *Metafísica* 1072 b 14-30, 1074 b 15-1075 a 11; *De Anima* 429 a 19-20; *Ética a Nicômaco* 1141 a 33-b 2, 1178 b 1-12; *Ética a Eudemo* 1249 a 14-15.
[13] Cf. *Leis* 905 a 4b 2 com Amós 9,1-3 e Salmos 139,7-10.

da providência nas *Leis*, aqui talvez baste dizer que ela acontece dentro do contexto da discussão do direito penal.

Em sua história provável de como Deus criou o todo visível, Platão faz uma distinção entre dois tipos de deuses, os deuses cósmicos visíveis e os deuses tradicionais – entre os deuses que revolvem manifestamente, isto é, que se manifestam regularmente, e os deuses que só se manifestam à medida que o desejam. O mínimo que se teria de dizer é que segundo Platão os deuses cósmicos estão muito acima dos deuses tradicionais, os deuses gregos. À medida que os deuses cósmicos estão acessíveis ao homem enquanto homem – a suas observações e a seus cálculos – e que os deuses gregos só são acessíveis aos gregos por meio das tradições gregas, pode-se atribuir num exagero cômico a adoração dos deuses cósmicos aos bárbaros. Essa atribuição é feita de maneira inteiramente não cômica e proposital na Bíblia: Israel é proibido de adorar o sol, a lua e as estrelas, que o Senhor reservou aos outros povos por toda parte sob o céu.[14] Isso implica que o culto dos outros povos, os bárbaros, dos deuses cósmicos se deve não a uma causa natural ou racional, ao fato de que esses deuses são acessíveis ao homem enquanto homem, e sim a um ato da vontade de Deus. Não é preciso dizer que, segundo a Bíblia, o Deus Que Se manifesta à medida que o deseja, Que não é universalmente adorado enquanto tal, é o único deus verdadeiro. A afirmação platônica tomada com a afirmação bíblica traz à tona a oposição fundamental entre Atenas em seu ápice e Jerusalém: a oposição entre o Deus ou os deuses dos filósofos e o Deus de Abraão, de Isaac e de Jacó, a oposição entre Razão e Revelação.

II. Sobre Sócrates e os Profetas

Cinquenta anos atrás, no meio da Primeira Guerra Mundial, Hermann Cohen, o maior representante dos judeus alemães e seu porta-voz, a figura mais poderosa entre os professores alemães de filosofia de sua época, apresentou sua visão de Jerusalém e de Atenas numa palestra intitulada "O Ideal Social em Platão e nos Profetas".[15] Ele repetiu essa palestra pouco antes de sua morte. Podemos então considerar que ela apresenta sua perspectiva final sobre

---

[14] *Timeu* 40 d 6-41 a 5; Aristófanes, *A Paz* 404-13; Deuteronômio 4,19.

[15] *Hermann Cohens Jüdische Schriften*, vol. 1, Berlim, 1924, p. 306-30; cf. nota do editor, à p. 341.

Jerusalém e Atenas e assim sobre *a* verdade. Afinal, como Cohen diz logo no começo, "Platão e os profetas são as duas fontes mais importantes da cultura moderna". Como ele estava interessado no "ideal social", não diz uma só palavra sobre o cristianismo na palestra inteira. De maneira crua, mas não enganosa, pode-se reformular da seguinte maneira a perspectiva final de Cohen: *a* verdade é a síntese dos ensinamento de Platão e dos profetas. O que devemos a Platão é a intuição de que a verdade é em primeiro lugar a verdade da ciência, mas que a ciência pode ser suplementada, balizada pela ideia do bem, que para Cohen significa não Deus, mas a ética racional e científica. A verdade ética tem de ser compatível não apenas com a verdade científica; a verdade ética até precisa da verdade científica. Os profetas estão muito preocupados com o conhecimento de Deus, mas esse conhecimento, tal como entendido pelos profetas, não tem qualquer conexão com o conhecimento científico; ele só é conhecimento em sentido metafórico. É talvez tendo esse fato em vista que Cohen fala do divino Platão, mas nunca dos divinos profetas. Qual é o defeito fundamental da filosofia platônica que é remediado pelos profetas e somente pelos profetas? Segundo Platão, a cessação dos males exige o governo dos filósofos, dos homens que possuem o tipo mais elevado de conhecimento humano, isto é, da ciência no sentido mais amplo do termo. Mas esse tipo de conhecimento, como numa certa medida todo tipo de conhecimento científico, é, segundo Platão, o domínio de uma pequena minoria: dos homens que possuem certos dons de que a maioria dos homens carece – dos poucos homens que possuem uma certa natureza. Platão pressupõe que existe uma natureza humana imutável. Como consequência, ele pressupõe que a estrutura fundamental da boa sociedade humana é imutável. Isso o leva a afirmar ou a presumir que haverá guerras enquanto houver seres humanos, que deveria haver uma classe de guerreiros e que essa classe deveria ser superior em hierarquia e em honra à classe de produtores e de comerciantes. Esses defeitos são remediados pelos profetas precisamente porque lhes falta a ideia de ciência, e, portanto, a ideia de natureza, e assim eles podem acreditar que a conduta dos homens um em relação ao outro pode passar por uma mudança muito mais radical do que qualquer mudança jamais sonhada por Platão.

Cohen estabeleceu muito bem o antagonismo entre Platão e os profetas. Mesmo assim, não podemos deixar a questão em sua visão daquele antagonismo. O pensamento de Cohen pertence ao mundo que veio antes da Primeira Guerra Mundial. Assim, sua fé na capacidade da cultura ocidental para moldar o destino da humanidade parece maior do que hoje seria adequado. As piores coisas que ele conheceu foram o caso Dreyfus e os pogroms instigados pela Rússia tzarista: ele não teve a experiência da Rússia comunista nem da Alemanha hitlerista. Como temos menos ilusões a respeito da cultura moderna do que Cohen, perguntamo-nos se os dois ingredientes da cultura moderna, da síntese moderna, não são mais sólidos do que aquela síntese. As catástrofes e os horrores de uma magnitude até então desconhecida, os quais vimos e vivemos, foram mais bem explicados, ou se tornaram inteligíveis, por Platão e os profetas do que pela crença moderna no progresso. Como estamos menos certos do que Cohen de que a síntese moderna é superior a seus ingredientes pré-modernos, e como os dois ingredientes são fundamentalmente opostos um ao outro, em última instância nos deparamos mais com um problema do que com uma solução.

Mais particularmente, Cohen entendia Platão à luz da oposição entre Platão e Aristóteles – oposição que ele entendia à luz da oposição entre Kant e Hegel. Nós, porém, estamos mais impressionados pela semelhança entre Platão e Aristóteles do que pela semelhança entre Kant e Hegel. Em outras palavras, a querela entre os antigos e os modernos nos parece mais fundamental do que a querela entre Platão e Aristóteles ou a querela entre Kant e Hegel.

Preferimos falar de Sócrates e os profetas a falar de Platão e os profetas pelas seguintes razões. Não temos mais a certeza que tinha Cohen de que podemos distinguir tão claramente Sócrates de Platão. Existe um suporte tradicional a que se faça essa clara distinção, sobretudo em Aristóteles; mas esse tipo de afirmação em Aristóteles não possui mais, para nós, a autoridade que outrora possuía, e isso se deve em parte ao próprio Cohen. A clara distinção entre Sócrates e Platão se baseia não apenas na tradição mas também nos resultados da moderna crítica histórica; contudo, esses resultados são, no aspecto decisivo, hipotéticos. Para nós, o fato decisivo é que Platão como que se distancia de Sócrates. Se queremos entender Platão, temos de levá-lo a sério, devemos levar a sério sua deferência a Sócrates. Platão aponta não só para o que Sócrates disse, mas também para toda a sua vida, e para seu destino. Daí que a vida e o destino de Platão não tenham o caráter simbólico da vida e do destino de Sócrates. Sócrates, tal como apresentado por Platão, tinha uma missão; Platão não dizia ter uma missão. É em primeiro lugar esse fato – o fato de que Sócrates tinha uma missão – que nos induz a considerar não Platão e os profetas, mas Sócrates e os profetas.

Não posso falar com minhas próprias palavras da missão dos profetas. Certamente aqui e agora não posso fazer mais do que recordar-lhes estes três pronunciamentos proféticos de singular força e grandiosidade. Isaías, 6:

> No ano em que morreu o rei Ozias, vi o senhor sentado sobre um alto e elevado trono; as franjas do seu vestido enchiam o templo. Os serafins estavam por cima do trono; cada um deles tinha seis asas; com duas cobriam a sua face, com duas cobriam os pés e com duas voavam. Clamavam um para o outro e diziam: Santo, Santo, Santo, é o Senhor Deus dos exércitos, toda a terra está cheia de sua glória. E estremeceram os umbrais das portas à voz do que clamava e a casa encheu-se de fumaça. Então disse eu: Ai de mim que estou perdido, porque sou um homem de lábios impuros, habito no meio dum povo que tem os seus também impuros, e vi com os meus olhos o rei, o Senhor dos exércitos. Voou para mim um dos serafins, o qual trazia na mão uma brasa viva, que tinha tomado do altar com uma tenaz. Tocou a minha boca e disse: Eis que esta brasa tocou os teus lábios. Será tirada a tua iniquidade e expiado o teu pecado. E ouvi a voz do Senhor que dizia: Quem enviarei eu? E quem irá por nós? Então disse eu: Aqui me tens, envia-me.

Isaías, ao que parece, ofereceu-se como voluntário para a missão. Será que ele não poderia ter ficado calado? Será que ele poderia ter-se recusado? Quando a palavra de Deus chegou a Jonas, "Levanta-te, vai à grande cidade de Nínive e prega nela, porque a sua malícia subiu até a minha presença", "Jonas, pois, pôs-se a caminho, resolvido a ir para Társis, para fugir da face do Senhor"; Jonas fugiu de sua missão; Deus, porém, não deixou que ele escapasse; Ele obrigou-o a cumpri-la. Lemos em Amós e em Jeremias coisas diferentes sobre essa compulsão. Amós 3,7-8: "Porque o Senhor Deus não faz nada sem ter revelado antes o seu segredo aos profetas, seus servos. O leão ruge, quem não temerá? O Senhor Deus falou, quem não profetizará?". Os profetas, vencidos pela majestade do Senhor, por Sua ira e por Sua misericórdia, trazem a mensagem de Sua ira e de Sua misericórdia. Jeremias 1,4-10:

> Foi-me dirigida a palavra do Senhor nestes termos: Antes que eu te formasse no ventre de tua mãe, te conheci; e, antes que tu saísses do seu seio, te santifiquei e te estabeleci profeta entre as nações. Eu disse-lhe: Ah, Senhor Deus! Tu bem vês que eu não sei falar, porque sou um menino. O Senhor disse: Não digas: Sou um menino; porquanto a tudo o que te enviar irás; e dirás tudo o que eu mandar. Não os

temas, porque eu sou contigo para te livrar, diz o Senhor. Em seguida o Senhor estendeu a sua mão, tocou-me na boca e disse-me o Senhor: Eis que eu pus as minhas palavras na tua boca; eis que te constituí hoje sobre as nações, e sobre os reinos, para arrancares e destruíres, para arruinares e dissipares, para edificares e plantares".

A afirmação de ter sido enviado por Deus também foi feita por homens que não eram verdadeiramente profetas, e sim profetas da falsidade, falsos profetas. Muitos ouvintes, ou quase todos, não estavam certos a respeito de quais daqueles que se diziam profetas eram dignos de crédito e de confiança. Segundo a Bíblia, os falsos profetas simplesmente mentiam ao dizer que tinham sido enviados por Deus: "contam as visões de seu coração, e não *(o que sai)* da boca do Senhor. Dizem [...]. O Senhor disse: Vós tereis a paz" (Jeremias 23,16-17). Os falsos profetas dizem às pessoas o que elas querem ouvir; portanto, eles são muito mais populares do que os verdadeiros profetas. Os falsos profetas "profetizam a ilusão de seu coração" (Jeremias 23,26); eles dizem às pessoas aquilo que eles mesmos imaginaram (consciente ou inconscientemente) porque eles o desejaram ou porque seus ouvintes o imaginaram. Porém: "Não são as minhas palavras como um fogo, diz o Senhor, e como um martelo que quebra a pedra?" (Jeremias 23,29). Ou, como disse Jeremias ao contrapor-se ao falso profeta Ananias: "Os profetas que existiram antes de mim e antes de ti, desde o princípio profetizaram também a muitas terras e a grandes reinos a desolação e a fome" (Jeremias 28,8). Isso não significa que um profeta é verdadeiro somente se é um profeta da desgraça; os verdadeiros profetas também são profetas da salvação última. Compreenderemos a diferença entre os verdadeiros e os falsos profetas se ouvirmos estas palavras de Jeremias e meditarmos a seu respeito: "Isto diz o Senhor: Maldito o homem que confia no homem, e se apoia num braço de carne e cujo coração se retira do Senhor. [...] Bem-aventurado o homem que confia no Senhor, e de quem o Senhor é a esperança". Os falsos profetas confiam na carne, mesmo que essa carne seja o templo em Jerusalém, a terra prometida, ou melhor, o próprio povo eleito, ou melhor, a promessa de Deus ao povo eleito se essa promessa é vista como uma promessa incondicional e não como parte de uma Aliança. Os verdadeiros profetas, não importando se predizem destruição ou salvação, predizem o inesperado, o humanamente imprevisível – aquilo que não ocorreria aos homens, por si só, temer ou desejar. Os verdadeiros profetas falam e agem pelo espírito e no espírito de *Ehyeh-Asher-Ehyeh*. Para os falsos profetas, por outro lado, não pode existir o inteiramente inesperado, seja mau ou bom.

A missão de Sócrates nós só a conhecemos pela *Apologia de Sócrates* de Platão, que se apresenta como o pronunciamento de Sócrates ao defender-se da acusação de que não acreditava na existência dos deuses adorados pela cidade de Atenas e que corrompia a juventude. Naquele pronunciamento ele nega possuir qualquer coisa além da sabedoria humana. Essa negação foi entendida por Yehudah Halevi, entre outros, da seguinte maneira: "Sócrates disse ao povo: 'Não nego sua sabedoria divina, mas digo que não a compreendo; só conheço a sabedoria humana'".[16] Se essa interpretação aponta para a direção certa, ela vai um pouco longe demais. Ao menos Sócrates se refere, imediatamente após ter negado possuir qualquer coisa além de sabedoria humana, à fala que deu origem à sua missão, e ele diz que essa fala não é dele, antes parecendo atribuí-la a uma origem divina. Ele atribui o que diz a um falante digno de crédito perante os atenienses. Mas é provável que o falante que ele menciona seja seu companheiro Querefonte, que para os atenienses é digno de crédito, mais digno de crédito do que Sócrates, porque ele era associado ao regime democrático. Esse Querefonte, tendo ido uma fez a Delfos, perguntou ao oráculo de Apolo se existia alguém mais sábio do que Sócrates. A pitonisa respondeu que ninguém era mais sábio. Essa resposta deu origem à missão de Sócrates. Imediatamente vemos que a missão de Sócrates se originou da iniciativa humana, da iniciativa de um dos companheiros de Sócrates. Sócrates toma como um dado que a resposta da pitonisa foi dada pelo próprio deus Apolo. Porém isso não o induz a tomar como um dado a veracidade da resposta do deus. Ele toma como um dado que não é próprio a um deus mentir. Mas isso não faz que a resposta do deus seja para ele convincente. De fato, ele tenta refutar essa resposta descobrindo homens que são mais sábios do que ele. Nessa demanda, ele descobre que o deus disse a verdade: Sócrates é mais sábio do que outros homens porque sabe que nada sabe, isto é, nada a respeito das coisas importantes, ao passo que outros creem saber a verdade a respeito das coisas mais importantes. Assim, sua tentativa de refutar o oráculo transforma-se numa vindicação do oráculo. Sem querer, ele colabora com o deus; ele serve o deus; ele obedece à ordem do deus. Ainda que nenhum deus jamais tenha lhe falado, ele fica satisfeito com o fato de o deus ter-lhe ordenado que se examinasse a si e aos outros, isto é, que filosofasse, ou que exortasse todos que encontrasse a praticar a virtude: ele foi dado pelo deus à cidade de Atenas como um incômodo.

---

[16] *Kuzari* IV.13 e V. 14. Cf. Strauss, *Persecution and the Art of Writing*, p. 105-6.

Se Sócrates não diz ter ouvido a fala de um deus, ele diz que uma voz – algo divino e demoníaco – vem-lhe de tempos em tempos, seu *daimonion*. Esse *daimonion*, porém, não tem relação com a missão de Sócrates, já que nunca o impele para a frente, antes o segurando. Se o oráculo de Delfos impeliu-o para a frente, para a filosofia, para o exame de seus semelhantes, e assim o fez odiado por muitos e assim o colocou em perigo mortal, seu *daimonion* manteve-o distante da atividade política e, portanto, a salvo do perigo mortal.

O fato de que tanto Sócrates quanto os profetas têm uma missão divina significa, ou pelo menos implica, que tanto Sócrates quanto os profetas estão preocupados com a justiça ou retidão, com a sociedade perfeitamente justa que, por assim ser, estaria livre de todos os males. Nessa medida, estão de acordo a concepção de Sócrates da melhor ordem social e a visão dos profetas da era messiânica. Porém, se os profetas preveem a chegada da era messiânica, Sócrates tão somente diz que a sociedade perfeita é possível: se ela algum dia se concretizará depende de uma coincidência improvável, embora não impossível, a coincidência da filosofia com o poder político. Afinal, segundo Sócrates, o vir a ser da melhor ordem política não se deve à intervenção divina; a natureza humana permanecerá como sempre foi; a diferença decisiva é que na primeira os filósofos serão reis, ou que a potencialidade natural dos filósofos chegará à sua máxima perfeição. Na ordem social mais perfeita segundo Sócrates, o conhecimento das coisas mais importantes permanecerá, como sempre foi, o domínio dos filósofos, isto é, de uma parte muito pequena da população. Segundo os profetas, porém, na era messiânica "a terra estará cheia da ciência do Senhor, assim como as águas do mar que as cobrem" (Isaías 11,9) e isso será realizado pelo próprio Deus. Como consequência, a era messiânica será a era da paz universal: todas as nações virão ao monte do Senhor, à casa do Deus de Jacó, " e eles devem bater suas espadas em relhas de arados, e das suas lanças foices, uma nação não levantará a espada outra outra nação, nem daí por diante se adestrarão mais para a guerra" (Isaías 2,4). O melhor regime, porém, na visão de Sócrates, animará uma única cidade, a qual naturalmente se envolverá em guerras com outras cidades. A cessão de males que Sócrates espera que nasça do estabelecimento do melhor regime não incluirá a cessação da guerra.

O homem perfeitamente justo, o homem que é tão justo quanto humanamente possível, é, segundo Sócrates, o filósofo, e, segundo os profetas, o servo fiel do Senhor. O filósofo é o homem que dedica sua vida à busca do conhecimento do bem, da ideia do bem; aquilo que chamamos de virtude moral é apenas a condição ou o subproduto dessa busca. Segundo os profetas, porém, não há necessidade de buscar o conhecimento do bem; "Eu te mostrarei, ó, homem, o que te é bom, o que o Senhor requer de ti: É que pratiques a justiça, que ames a misericórdia e que andes solícito com o *(serviço do)* teu Deus." (Miquéias 6,8). Por causa disso, via de regra os profetas sempre se dirigem ao povo e às vezes a todos os povos, ao passo que Sócrates via de regra se dirige a um homem apenas. Na linguagem de Sócrates os profetas são oradores, enquanto Sócrates participa de conversas com um homem, o que significa que ele dirige questões a ele.

Há um exemplo notável de um profeta falando em privado a um único homem, de certo modo dirigindo-lhe uma questão. II Samuel 12, 1-7:

> O Senhor, pois, enviou Natan a Davi. Natan, tendo chegado à sua presença, disse-lhe: Havia numa cidade dois homens, um rico e outro pobre. O rico tinha ovelhas e bois em grande número. O pobre, porém, não tinha coisa alguma, senão uma ovelhinha, que comprara e criara, e que tinha crescido em sua casa juntamente com seus filhos, comendo do seu pão, bebendo do seu mesmo copo e dormindo no seu regaço, e ele queria-lhe como se fosse sua filha. Tendo, pois, chegado um hóspede à casa do rico, não querendo este tocar nas suas ovelhas nem nos seus bois para dar um banquete ao hóspede que lhe tinha chegado, tomou a ovelha do pobre, e preparou-a para dar de comer ao hóspede que tinha vindo à sua casa. Ora Davi, sumamente indignado contra tal homem, disse a Natan: Viva o Senhor, um homem que tal fez é digno de morte. Pagará o quádruplo da ovelha, por ter feito dela o que fez, e não ter poupado *(o pobre)*. Então Natan disse a Davi: Tu és esse homem.

O paralelo mais próximo desse evento que aparece nos textos socráticos é a censura de Sócrates ao tirano Crítias, seu antigo companheiro.

> Quando os trinta estavam condenando à morte muitos cidadãos, e de jeito nenhum os piores, e estavam incentivando muitos ao crime, Sócrates disse, *em algum lugar*, que parecia estranho que um pastor que deixa seu rebanho diminuir e arruinar-se não admitisse que é um mau pastor; mas mais estranho ainda que um estadista, quando faz com o número dos cidadãos diminua, ou que eles se arruinem, não sinta vergonha, nem se ache mau estadista. Essa observação foi *relatada* a Crítias[...]" (Xenofonte, *Memorabilia*, I.2.32-33).

Evangelho e Cultura

Eric Voegelin

O conselho diretor honrou-me com o convite para dar uma palestra sobre "evangelho e cultura". Se entendi corretamente a intenção do conselho, eles queriam ouvir o que um filósofo tem a dizer sobre a dificuldade do Verbo em fazer-se ouvir em nossa época e, caso consiga simplesmente ser ouvido, fazer-se inteligível para aqueles dispostos a escutar. Por que o evangelho conseguiu triunfar no ambiente helenístico-romano de sua origem? Por que ele atraiu uma elite intelectual que reformulou o sentido do evangelho em termos filosóficos e, por meio desse procedimento, criou uma doutrina cristã? Por que essa doutrina pôde tornar-se a religião estatal do Império Romano? Como pôde a igreja, tendo passado por esse processo de aculturação, sobreviver ao Império Romano e tornar-se, nas palavras de Toynbee, a crisálida da civilização ocidental? – E o que infectou essa força cultural triunfante, de modo que hoje as igrejas estão na defensiva contra os movimentos intelectuais dominantes da atualidade, e abaladas por uma agitação interna cada vez maior?

Um tremendo convite, devo dizer. Ainda assim, aceitei-o – afinal, de que serve a filosofia se ela não tiver nada a dizer sobre as grandes questões que os homens do presente têm o direito de lhe fazer? Mas, se os senhores considerarem a magnitude do desafio, veremos que não posso prometer mais do que uma humilde tentativa de justificar a confiança do conselho e salvar a honra da filosofia.

I

Apontei as perguntas iniciais para a questão de evangelho e filosofia, e começarei apresentando um exemplo antigo e um recente em que a questão se tornou temática.

Ao absorver a vida da razão na forma da filosofia helenística, o evangelho da *ekklēsia tou theou* primitiva se tornou o cristianismo da igreja. Se a comunidade do evangelho não tivesse entrado na cultura do tempo entrando em sua vida de razão, teria permanecido uma seita obscura e provavelmente teria desaparecido da história; conhecemos o destino da tradição judaico-cristã. A cultura da razão, por sua vez, tinha chegado a um estado que os jovens mais ardorosos sentiam ser um impasse, no qual o evangelho parecia oferecer a resposta para a busca da verdade pelo filósofo; a introdução ao *Diálogo* de Justino documenta essa situação. Na concepção de Justino Mártir (morto por volta de 165), o evangelho e a filosofia não encaram o pensador com uma gama de alternativas, nem são aspectos complementares da verdade que o pensador teria de fundir para chegar à verdade completa; em sua concepção, o Logos do evangelho é na verdade o mesmo Verbo do mesmo Deus que o *logos spermatikos* da filosofia, mas num estado posterior de sua manifestação na história. O Logos vem operando no mundo desde sua criação; todos os homens que vieram segundo a razão, sejam gregos (Heráclito, Sócrates, Platão) ou bárbaros (Abraão, Elias) foram num certo sentido cristãos (*Primeira Apologia,* cap. XLVI). Assim, o cristianismo não é uma alternativa à filosofia, mas a própria filosofia em seu estado de perfeição; a história do Logos se realiza plenamente na encarnação do Verbo em Cristo. Para Justino, a diferença entre evangelho e filosofia é uma questão de etapas sucessivas na história da razão.

Com essa formulação primitiva da questão em mente, examinaremos uma pronunciamento recente a seu respeito. Tiro-o de *De Nieuwe Katechismus* de 1966, comissionado pela hierarquia neerlandesa e convencionalmente chamado de *Catecismo Holandês*. Seu capítulo inicial traz o título "O Homem Questionador"; e na primeira página vemos a seguinte passagem:

> *Este livro* [...] *começa perguntando qual o sentido do fato de que existimos. Isso não significa que começamos por assumir uma atitude não cristã. Significa simplesmente que nós também, como cristãos, somos homens com mentes inquiridoras. Devemos estar sempre prontos a explicar como a fé é a resposta para a questão de nossa existência.*

Essa passagem, ainda que lhe falte certo refinamento, é filosofia em seu âmago. Sua falta de jeito bem intencionada despeja uma torrente de luz sobre as dificuldades em que as igrejas hoje se encontram. Note-se acima de tudo a dificuldade que a igreja tem com seus próprios fiéis, que querem ser cristãos ao custo de sua própria humanidade. Justino começou como uma mente inquiridora e deixou que sua busca, após ter tentado as escolas filosóficas da época, repousasse na verdade do evangelho. Hoje a situação é a inversa. Os crentes estão em repouso, num estado de fé, sem inquirição; seu metabolismo intelectual pode ser atiçado pela lembrança de que cabe ao homem ser questionador, que um fiel que não consiga explicar como sua fé é uma resposta ao enigma da existência pode ser um "bom cristão", mas é um homem questionável. E podemos suplementar a recordação gentilmente recordando que nem Jesus, nem seus semelhantes a quem ele dirigiu sua palavra já sabiam que eram cristãos – o evangelho manifestou sua promessa não para os cristãos, mas para os pobres de espírito, isto é, a mentes que inquiriam, ainda que num nível culturalmente menos sofisticado do que o de Justino. Por trás dessa passagem espreita o conflito, não entre o evangelho e a filosofia, mas entre o evangelho e sua posse não inquiridora na forma de doutrina. Os autores do *Catecismo* não desprezam esse conflito; eles preveem a resistência a sua tentativa de encontrar a humanidade comum do homem no fato de que eles questionam o sentido da existência, e se protegem contra os equívocos mais imediatos assegurando o leitor de que não é sua intenção "assumir uma atitude não cristã". Presumindo que eles tenham pesado cuidadosamente cada frase que escreveram, essa frase defensiva revela um ambiente em que não é costume fazer perguntas, em que o caráter de resposta do evangelho foi tão terrivelmente obscurecido por seu endurecimento numa doutrina contida em si mesma que é possível suspeitar que levantar a questão a que ele pretende responder é "uma atitude não cristã". Todavia, se é essa a situação, os autores têm de fato boas razões para preocupar-se. O evangelho enquanto doutrina, que você pode aceitar e ser salvo, ou rejeitar e ser condenado, é letra morta; ele encontrará indiferença, senão desprezo, entre as mentes inquiridoras fora da igreja, e também a inquietação do fiel que está dentro e que é não cristão o suficiente para ser o homem questionador.

A intenção de *Catecismo* de recolocar a mente inquiridora na posição que lhe cabe é um primeiro passo sensato no sentido de recuperar para o evangelho a realidade que ele perdeu pelo endurecimento doutrinal. Além disso, por mais hesitante e provisória que se mostre na execução, a tentativa é um primeiro passo para a recuperação da vida da razão representada pela filosofia. Tanto o erotismo da busca (*zētēsis*) de Platão e o *aporein* mais agressivo de Aristóteles reconhecem no "homem questionador" o homem movido por Deus a fazer as perguntas que vão levá-lo para a causa (*archē*) do ser. A busca mesma evidencia a inquietude existencial; no ato de questionar, a experiência do homem de sua tensão (*tasis*) para o fundamento divino irrompe na palavra inquiridora como prece para o Verbo da resposta. Questão e resposta estão intimamente relacionadas uma para a outra; a busca move-se na *metaxia*, para usar o termo de Platão, no Intermédio de pobreza e riqueza, do humano e divino; a questão é saber, mas seu conhecimento ainda assim é o tremor de uma questão que pode chegar à verdadeira resposta ou perdê-la. Essa luminosa busca, em que encontrar a verdadeira resposta depende de levantar a verdadeira questão, e levantar a verdadeira questão sobre a apreensão espiritual da verdadeira resposta, é a vida da razão. O filósofo só pode alegrar-se diante da admoestação do *Catecismo* a fazer a "fé" dar conta de uma resposta a questões sobre o sentido da existência.

Questão e resposta estão unidas, e mutuamente relacionadas, pelo acontecimento da busca. O homem, porém, ainda que seja verdadeiramente o questionador, também pode deformar sua humanidade recusando-se a levantar as questões, ou despejando sobre elas premissas que impossibilitam a busca. O evangelho, para ser ouvido, demanda ouvidos que possam ouvir; a filosofia não é a vida da razão se a razão do questionador está depravada (Romanos 1,28). A resposta não ajudará o homem que perdeu a questão; e a situação da era atual é caracterizada mais pela perda da questão do que da resposta, como bem viram os autores do *Catecismo*. Será necessário, portanto, recuperar a questão para o qual, na cultura helenística-romana, o filósofo podia entender o evangelho como resposta.

Como a questão diz respeito à humanidade do homem, ela é hoje a mesma questão que sempre foi no passado, mas hoje ela está tão terrivelmente distorcida pelo processo de desaculturação ocidental que precisa, antes de tudo, ser desemaranhada da linguagem intelectualmente desordenada que usamos indiscriminadamente para falar do sentido da vida, ou do sentido da existência, ou do fato da existência, que não tem sentido, ou do sentido que deve ser dado ao fato da existência, e daí por diante, como se a vida fosse um dado, e o sentido, uma propriedade que ela ou tem ou não tem.

Bem, a existência não é um fato. Mais do que qualquer coisa, a existência é o não fato de um movimento perturbador no Intermédio entre a ignorância e o conhecimento, entre o tempo e a intemporalidade, entre a imperfeição e a perfeição, entre a esperança e a realização, e, em última instância, entre a vida e a morte. A partir da experiência desse movimento, da ansiedade de perder a direção certa nesse Intermédio de treva e luz, nasce a inquirição a respeito do sentido da vida. Mas ela só surge porque a vida é experienciada como a participação do homem num movimento com uma direção que pode ser encontrada ou perdida; se a existência do homem não fosse um movimento, mas um fato, ela não apenas não teria sentido como a questão do sentido nem sequer poderia ser levantada. A conexão entre movimento e inquirição pode ser vista com maior clareza no caso de sua deformação por certos pensadores existencialistas. Um intelectual como Sartre, por exemplo, se vê envolvido no conflito sem resultado entre sua presunção de uma facticidade sem sentido da existência e seu desesperado anseio por dotá-la de um sentido que venha dos recursos de seu *moi*. Ele pode distanciar-se da inquirição do filósofo presumindo que a existência é um fato, mas ele não pode escapar de sua inquietação existencial. Se é interditado à busca mover-se no Intermédio, se por conseguinte ela não pode ser dirigida para o fundamento divino do ser, ela há de ser dirigida para um sentido imaginado por Sartre. A busca, portanto, impõe sua forma mesmo quando sua substância está perdida; o fato imaginado da existência não pode permanecer tão sem sentido, tornando-se assim a base de lançamento do ego do intelectual.

A destruição imaginativa da razão e da realidade não é uma idiossincrasia de Sartre; ela tem um caráter representativo na história, porque se trata de uma fase reconhecível de um processo de pensamento cuja modalidade foi estabelecida por Descartes. *Meditações*, é verdade, ainda pertence à cultura da busca, mas Descartes deformou o movimento ao reificar seus parceiros como objetos de um observador arquimédico exterior à busca. Na concepção da nova metafísica, doutrinária, o homem que experiencia a si mesmo como questionador é transformado numa *res cogitans* cujo *esse* deve ser inferido de seu *cogitare*; e o Deus por cuja resposta esperamos e aguardamos é transformado no objeto de uma prova ontológica de sua existência. O movimento da busca, além disso, o erotismo da existência no Intermédio do divino e do humano, tornou-se um *cogitare* que demonstra seus objetos; a luminosidade da vida da razão transformou-se na clareza do *raisonnement*. Assim, a desintegração realidade da busca nas *Meditações* libertou os três espectros que assombram até hoje o cenário ocidental. Em primeiro lugar, temos o Deus que foi jogado para fora da busca e a quem não se permite mais que responda a questões: vivendo retirado da vida da razão, ele se contraiu num objeto de fé não examinada; e, nos devidos intervalos, alguém declara sua morte. Em segundo lugar, temos o *cogitare* do observador arquimédico fora do movimento: ele inchou até virar o monstro da Consciência de Hegel, que gerou um Deus, um homem e uma história próprios; o monstro ainda está numa luta desesperada para que seu movimento dialético seja aceito como real no lugar do movimento real da busca no Intermédio. E, por fim, temos o homem do *cogito ergo sum* cartesiano: ele decaiu no mundo de modo infeliz, reduzido como está a fato e figura do *sum ergo cogito* sartriano; o homem que um dia não só conseguia demonstrar a si mesmo mas até a existência de Deus se tornou o homem condenado a ser livre e deseja urgentemente ir para a cadeia por editar uma revista maoísta.

As reflexões sobre a busca e sobre sua deformação em nossa época foram levadas suficientemente longe para que possamos enunciar algumas conclusões relacionadas à questão e a sua recuperação. Em primeiro lugar, o mal da desaculturação afetou a filosofia pelo menos tanto quanto o evangelho. Uma aculturação por meio da introdução da filosofia contemporânea na vida da igreja, a proeza dos *patres* no ambiente helenístico-romano, hoje seria impossível, porque nem as igrejas têm qualquer serventia para a razão deformada, nem os representantes da deformação levantam as questões para as quais o evangelho oferece a resposta. Em segundo lugar, porém, a situação não é tão desesperada quanto parece, porque a questão está presente na contemporaneidade mesmo quando a razão está deformada. A busca impõe sua forma mesmo quando sua substância é rejeitada; os *philosophoumena* dominantes da contemporaneidade são visivelmente os destroços da busca. A desaculturação não constitui uma nova sociedade, nem uma uma nova era histórica; ela é um processo dentro de nossa sociedade, bastante presente na consciência do público, e que desperta resistência. De fato, nessas próprias linhas eu analiso o fenômeno da razão deformada, e o reconheço como o que é, segundo os critérios da razão não deformada; e posso fazer isso porque a cultura ocidental da razão está ainda perfeitamente viva, apesar das aparências, e pode oferecer os critérios para caracterizar sua deformação. Essa última observação irá, em terceiro lugar, dispensar a propagação ideológica dos processos de desaculturação como uma "nova era". Não vivemos numa era "pós-cristã", nem "pós-filosófica", nem "neopagã", muito menos na era de um "novo mito" ou de um "utopismo", e sim claramente num período de maciça desaculturação pela via da deformação da razão. A deformação, porém, não é uma alternativa nem um progresso em relação à formação. Pode-se falar de um progresso diferenciador na luminosidade da busca do mito à filosofia, ou do mito à revelação, mas não se pode falar de um padrão de progresso diferenciador da razão à não razão. Mesmo assim, em quarto lugar, a desaculturação do Ocidente é um fenômeno histórico que se estende por séculos; os grotescos destroços em que a imagem de Deus está hoje quebrada não são a opinião errada de alguém sobre a natureza do homem, mas o resultado de um processo secular de destruição. É preciso compreender essa natureza da situação se não se quer ser desviado para variedades de ação que, ainda que sugestivas, dificilmente se mostrariam eficazes. A questão da busca não pode ser resolvida remexendo os destroços; sua recuperação não é uma questão de pequenos reparos, de colocar um remendo aqui e ali, de criticar este ou aquele autor cuja obra é antes um sintoma da desaculturação do que sua causa, e assim por diante. O conflito também não será resolvido pelos famosos diálogos em que os parceiros evitam pisar nos calos dos outros, nem tanto por causa de um excesso de gentileza, e sim porque não sabem quais calos precisam ser pisados. E muito menos pode qualquer coisa ser obtida contrapondo a doutrina certa à doutrina errada, porque a doutrinação é precisamente o dano que foi infligido ao movimento da busca. Não haveria hoje doutrinas da existência deformada a menos que a busca tanto da filosofia quanto do evangelho não tivesse sido superposta pela doutrinação radical da metafísica e da teologia escolástica que aconteceu ao fim da Idade Média.

II

Somente a vida milenar da razão pode dissolver sua deformação secular. Não temos de permanecer no gueto dos problemas prescritos pelos deformadores como contemporâneos ou modernos. Se a destruição pode voltar séculos, podemos voltar milênios para restaurar a questão, tão prejudicada em nossa época.

A questão perscrutante do sentido da vida encontra sua expressão clássica na Grécia do século V a.C., quando Eurípides desenvolve o simbolismo do duplo sentido da vida e da morte:

> *Quem saberá se estar vivo é estar morto,*
> *e estar morto é estar vivo.*

Platão resume os versos de Eurípides no *Górgias* (492 e) e desenvolve o simbolismo no mito do julgamento dos mortos, com o qual conclui o diálogo. Jesus resume o simbolismo ao dizer: "Porque o que quiser salvar a sua vida (*psychen*), perdê-la-á; e o que quer perder a sua vida (*psychen*) por amor de mim, achá-la-á" (Mateus 16,25-26). Paulo, por fim, escreve: "Porque, se viverdes segundo a carne, morrereis, mas se, pelo espírito, fizerdes morrer as obras da carne, vivereis" (Romanos 8,13). As variantes se multiplicam. O exemplo mais antigo conhecido, ainda ocultado na linguagem do mito cosmológico, está num poema egípcio do fim do terceiro milênio a.C. Mas é preciso lembrar, por causa de sua proximidade com o evangelho, da admoestação do Sócrates platônico, após o Mito do Julgamento dos Mortos ao final da *República* (621 b-c): "A história se salvou... ela nos salvará se acreditarmos nela... e mantivermos nossa alma (*psychen*) imaculada. Se formos convencidos por mim, acreditaremos que a alma (*psychen*) é imortal... e assim permaneceremos no caminho para o alto, buscando a justiça com sabedoria, de modo que sejamos caros a nós mesmos e aos deuses". Paul Shorey tem razão quando, em sua tradução da *República*, acrescenta uma nota ao trecho "mantivermos nossa alma imaculada" referindo os paralelos em Tiago 1,27 e II Pedro 3,14.

Há direção na existência; e, se a seguirmos ou não seguirmos, a vida pode ser morte, e a morte pode ser vida eterna. Os filósofos estavam cientes de ter obtido de modo representativo essa intuição para a humanidade. A questão expressada pelo duplo sentido de vida e morte é a questão da existência de todo mundo, e não só do filósofo. Assim, na *República* a história que se salvou e agora é contada por Sócrates é atribuída a Er, o Panfílio, homem de todas as tribos, ou da tribo de Todomundo,[1] que voltou da morte e contou a seus semelhantes o julgamento que testemunhou no mundo inferior. Todo mundo pode se perder no emaranhado da existência e, tendo retornado de sua morte para a vida, pode contar a história de seu sentido. Além disso, por trás da história está a autoridade da morte representativa por cuja verdade Sócrates

---

[1] No original, *Everyman*, personagem típico da literatura inglesa que representa o homem universal. A peça homônima, um auto medieval inglês de autor anônimo, foi publicada no Brasil com tradução de Barbara Heliodora, que traduziu *Everyman* como "Todomundo". (N. T.)

sofreu. A *Apologia* conclui com uma irônica palavra final aos juízes: "Agora é tempo de ir. Eu vou morrer, e vós vivereis. Mas quem tem a melhor sorte é desconhecido de todos, exceto do Deus".

A nova intuição tornou-se socialmente eficaz por meio do monumento que Platão lhe erigiu em sua obra. À época de Cristo, quatro séculos depois, ela tinha se tornado o autoentendimento do homem na cultura da *oikumenē* helenístico-romana; e, outra vez a verdade universal da existência teve de ser associada a uma morte representativa: o dramático episódio de João 12 é o equivalente cristão da *Apologia* do filósofo. O evangelista relata a entrada triunfal de Jesus em Jerusalém. A história de Lázaro espalha-se, e a multidão insiste em ver e saudar o homem capaz de trazer os mortos à vida. As autoridades judaicas querem tomar medidas contra ele, porque ele afasta as pessoas delas, mas por ora elas precisam ter cautela: "Vocês veem que não podem fazer nada; olhem, o mundo (*kosmos*) está correndo atrás dele!". Esse mundo das autoridades judaicas, porém, não é o mundo ecumênico que Jesus quer atrair para si. Somente quando um grupo de gregos se aproxima de Filipe e de André, e esses apóstolos com nomes gregos dizem a Jesus que os gregos desejam vê-lo, ele pode responder: "Chegou a hora em que o Filho do homem será glorificado" (João 12,23). Os gregos estão chegando – a humanidade está pronta para ser representada pelo sacrifício divino. O Jesus joanino pode, portanto, continuar:

> *Em verdade, em verdade vos digo*
> *que se o grão de trigo, que cai na terra, não morrer, fica infecundo;*
> *mas, se morrer, produz muito fruto.*
> *O que ama a sua vida (psychen) perdê-la-á,*
> *e quem aborrece a sua vida neste mundo (kosmos), conservá-la-á para a vida eterna.*
> *Se alguém me serve, siga-me;*
> *e onde eu estou, estará ali também o que me serve.*
> *Se alguém me servir, meu Pai o honrará.*

Nos Evangelhos Sinóticos, bem como no *Górgias* e na *República*, a questão da vida e da morte só aparece nas formas de intuição, de persuasão e de admoestação (Mateus 10,39. 16,25; Lucas 14,26. 17,33); em João 12, bem como na *Apologia*, ela é vivida pelo sofredor representativo, de modo que a intuição se torna a verdade da existência na realidade pela autoridade da morte.

Mesmo o *daimonion* que mantinha Sócrates em seu curso ao não precavê-lo tem equivalente na reflexão de Jesus:

> *Agora a minha alma está turbada. E que direi eu?*
> *Pai, livra-me desta hora.*
> *Mas é para isso que eu cheguei a esta hora.*
> *Pai, glorifica o teu nome.*

À prece de submissão da alma perturbada, os céus responderam com o trovão – os historiadores ainda não estão certos se o responsável foi Zeus ou Javé – e àqueles que tinham ouvidos para ouvir, o trovão veio como uma voz: "Eu o glorifiquei e o glorificarei novamente". Reconfortado pela voz do trovão, Jesus pode concluir.

> *Agora é o juízo (krisis) deste mundo;*
> *agora será lançado fora o princípio deste mundo.*
> *E eu, quando for levantado da terra,*
> *atrairei todos a mim.*

A aparição dos gregos só ocorre em João; não os vemos nos Evangelhos Sinóticos. A interpretação que eu dei se baseia na forma literária de João de deixar uma narrativa de acontecimentos ou de sinais ser seguida pela exposição de seu sentido pela resposta de Jesus, mas o leitor deve estar ciente de que a maior parte dos comentadores tende a minimizar os gregos, a fim de que o propósito de João 12 possa ser assimilado pela tradição sinótica. Mesmo assim, não vejo nenhuma razão pela qual se deveria negar ao autor a cortesia de levar a sério sua obra literária, seguindo a letra do texto, só porque sua obra é um evangelho. O episódio em João 12 expressa uma concepção helenística-ecumênica do drama da existência, que culmina na morte sacrificial de Cristo. Sua atmosfera particular vem do jogo pré-gnóstico com os sentidos da palavra *kosmos*. No uso das autoridades judaicas, o *kosmos* que corre atrás de Jesus (12,19) provavelmente não significa nada além de *tout le monde* [todo o mundo]. Com a aparição dos gregos (12,20-22), o sentido se inclina para a humanidade da *oikumenē*. Com o ódio da própria vida (*psychē*) neste mundo (12,25), o *kosmos* se torna um habitat do qual esta vida deve ser salva para a eternidade. E, nas palavras finais (12,31), o *kosmos* é o terreno do príncipe deste mundo, de cujo domínio Jesus, quando "for levantado", atrairá todos os homens para si, fazendo do *archōn* satânico um governante sem povo. Jesus tornou-se o rical do *archōn* no embate cósmico pelo governo dos homens. Mas isso não é gnosticismo? Seria temerário ceder a essa hipótese, porque João move o episódio como um todo, incluindo tanto a narrativa quanto sua exegese na resposta de Jesus, para a posição literária de uma narrativa à qual ainda outra resposta exegética de Jesus é superposta. Jesus declara (*ekrazen*) enfaticamente:

> *Eu vim ao mundo (kosmos) como uma luz*
> *para que todo o que crê em mim não fique nas trevas.*
> *Se alguém ouvir as minhas palavras e não as guardar, eu não o julgo,*
> *porque não vim para julgar o mundo, mas para salvar o mundo.*
> *O que me despreza e não recebe as minhas palavras já tem quem o julgue;*
> *a palavra que eu anunciei, essa o julgará no último dia.*
> (João 12,44-48)

O sentido do *kosmos* volta do habitat para os habitantes que não serão removidos e sim salvos. Do embate cósmico entre *archōn* e Redentor voltamos para o drama da existência – a luz do mundo entrou nas trevas, salvando aqueles que nela acreditam, e julgando aqueles que fecham seus olhos para ela. No estágio atual de análise, seria difícil encontrar uma grande diferença de função entre a história panfiliana de Platão do juízo final e o Último Dia de João.

A busca no Intermédio passa da questão de vida e morte para a resposta na História de Salvação. A questão, porém, não surge de um vácuo, mas de um campo da realidade, e aponta para respostas de um certo tipo; e a História de Salvação, seja o mito panfiliano de Platão ou o Evangelho de João, não é uma resposta aleatória, antes devendo adequar-se de modo reconhecível à realidade da existência que, na questão, está pressuposta como algo verdadeiramente experienciado. Questão e resposta estão intimamente relacionadas entre si no movimento enquanto todo inteligível. Essa relação, que constitui a verdade da história, demanda maior análise.

O duplo sentido de vida e morte é o simbolismo engendrado pela experiência do homem de ser puxado em várias direções e precisar escolher qual dentre elas é a certa. Platão identificou a pluralidade de forças a puxar, a necessidade de escolher entre elas, e a possibilidade de saber qual a correta, enquanto complexo de experiências do qual surge a questão da vida e da morte. É possível distinguir, em correspondência com a diversidade de forças, uma diversidade de modos e hábitos existenciais à medida em que seguimos um ou outro deles. "Quando a opinião leva por meio da razão (*logos*) para o melhor (*ariston*) e é mais forte, sua força é chamada de autodomínio (*sophrosyne*), mas quando o desejo (*epithymia*) nos arrasta (*helkein*) para prazeres e nos governa, esse governo é chamado de excesso (*hybris*)" (*Fedro* 238 a). As forças estão em conflito, arrastando-nos ora para cima, ora para baixo. Um jovem pode ser "atraído (*helkein*) pela filosofia" (*República* 494 e), mas a pressão social pode desviá-lo para uma vida de prazer ou de sucesso na política. Se ele seguir a segunda força, porém, a questão do sentido não fica resolvida para ele, porque a primeira força continua a ser experienciada como parte de sua existência. Ao seguir a segunda força, ele não transforma sua existência num fato sem qualquer questão, mas numa trajetória de vida reconhecivelmente questionável. Ele sentirá que a vida que leva não é "sua vida própria e verdadeira" (495 c) – ele viverá num estado de alienação. O jogo das forças, portanto, é luminoso com a verdade. O curso errado não passa a ser o certo porque o estamos seguindo, antes resvalando em inverdade na existência. Essa luminosidade da existência com a verdade da razão antecede todas as opiniões e decisões sobre a força a seguir. Além disso, ela continua viva enquanto julgamento da verdade na existência, não importando as opiniões que efetivamente venhamos formar a seu respeito.

Os termos *buscar* (*zetēin*) e *atrair* (*helkein*) não denotam dois movimentos diferentes, mas simbolizam a dinâmica da tensão da existência entre seus polos humano e divino. Num movimento experiancia-se um buscar do humano, um ser atraído pelo polo divino. Evito deliberadamente a esta altura a linguagem de homem e Deus, porque hoje esses símbolos estão carregados de diversos conceitos doutrinais que derivam das intuições que, por sua vez, são os resultados do movimento existencial que chamamos de filosofia clássica. Somente do trabalho desse movimento é que surge o homem questionador, o *aporon* e o *thaumazon* de Aristóteles (*Metafísica* 982 b 18), e Deus como motor que atrai o homem para si, como em *Leis* X, de Platão, ou na *Metafísica* de Aristóteles. Essas novas intuições da humanidade do homem e da divindade de Deus, que marcam o fim da busca clássica, não podem ser projetados de volta a seu começo como premissas doutrinais, ou a realidade do processo do qual os símbolos de resposta tiram sua verdade seria obscurecida, senão destruída. Há um longo caminho entre as experiências compactas que engendram os mortais e imortais de Homero e o movimento diferenciado da existência no Intermédio que Aristóteles caracteriza como *athanatizein*, como ato de imortalização (*Ética a Nicômaco* X 7, 8) – em tempo histórico, um caminho tão longo quanto o da filosofia clássica ao evangeho. Agora, os dois componentes do movimento não precisam sempre garantir o equilíbrio um do outro, como Platão os mantém na construção dos diálogos, nos quais ele demonstra, para o propósito pedagógico da persuasão, o processo e os métodos de busca que levam à resposta correta. Por trás dos diálogos está o autor que já encontrou a resposta antes de iniciar a obra de composição literária; e seu modo de encontrá-la, bem como o de Sócrates, não foi necessariamente o da persuasão dialógica. O que acontece na vida do homem que emerge do movimento da existência como o *paidagogos* para seus semelhantes pode ser bem apreendido em episódios como a Parábola da Caverna. Nela, Platão deixa o homem que está agrilhoado com o rosto para a parede ser arrastado (*helkein*) pela força até a luz (*República* 515 e). A ênfase está na violência sofrida pelo homem na Caverna, em sua passividade ou até resistência a ser virado (*periagōgē*), de modo que a subida à luz é menos uma ação de buscar do que um destino infligido. Se aceitarmos esse sofrimento de ser arrastado como descrição realista do movimento, a parábola evocará a paixão do Sócrates que a narra: ele mesmo sendo arrastado pelo Deus para a luz; ele mesmo sofrendo a morte pela luz quando retorna para permitir que seus semelhantes partilhem dela; e ele mesmo retornando dos mortos para viver como narrador da história de salvação. Além disso, essa paixão da parábola evoca, se posso antecipar, a paixão e a conversão infligidas por Cristo ao resistente Paulo na visão do caminho de Damasco.

Na experiência de Platão, o sofrimento ofusca tão fortemente a ação na busca que fica difícil traduzir o *pathos* em seu *tauta ta pathē en hemin* (Leis 644 e), "todos esses *pathē* em nós". Será que esse *pathos* expressa apenas a experiência da força (*helkein*) que dá direção à busca, ou será que ele quer reconhecer que o movimento é tão fortemente impregnado de sofrimento que os termos *experiência* e *paixão* se aproximam da sinonímia? O contexto em que a passagem aparece, o Mito do Titereiro, não deixa dúvida de que a incerteza é causada pela exploração de Platão do campo da tensão existencial além do movimento da busca que encontra sua realização na história de salvação. Porque quanto mais certeza tivermos de conhecermos a verdadeira resposta para a questão da vida e da morte, mais intrigante é o fato de que simplesmente exista uma questão. Para começar, por que o prisioneiro está preso na Caverna? Por que a força que o prende precisa ser vencida por um impulso contrário que o vira? Por que o homem que subiu para a luz retorna para a Caverna para ser morto por aqueles que não saíram dela? Por que todos não vão embora, de modo que a Caverna como estabelecimento de existência seja abandonada? Além da busca que recebe direcionamento da força (*helkein*) da razão, estende-se o campo existencial mais amplo da "contraforça", de *anthelkein* (*Leis* 644-45). Por trás da questão de que a história de salvação é uma resposta, agiganta-se a questão mais sombria de por que ela continua a ser a questão da existência mesmo quando a resposta é encontrada. A essas questões que surgem da estrutura da "contraforça" na existência, Platão deu sua resposta no simbolismo do homem como títere feito pelos deuses, "talvez como um brinquedo, talvez com um propósito mais sério, mas isso não temos como saber", que agora é puxado por diversas cordas para ações opostas. Ao homem sempre cabe seguir a corda de ouro, sagrada, do juízo (*logismos*) e não as outras cordas de metais inferiores. O componente de ação humana, portanto, ainda não desapareceu do movimento, mas agora foi colocado no jogo maior de força e contraforça. A força com que a corda de ouro puxa é sutil, sem violência; para que possa predominar na existência, ela necessita da ajuda do homem, que deve fazer uma contraforça (*anthelkein*) à contraforça das cordas inferiores. O eu (*autos*) do homem é apresentado como a força que deve decidir o embate das forças por meio da cooperação com a força sagrada da razão (*logos*) e do juízo (*logismos*). Em suma: os questionadores rebeldes, que querem reclamar da estrutura da existência, em que a Caverna continua a exercer sua força mesmo depois que a história de salvação é encontrada, recebem como resposta o mesmo passa-fora que receberam de um grande realista anterior, Jeremias:

> *Os que eu edifiquei, vou destruí-los*
> *e os que eu plantei, vou arrancá-los com toda esta terra;*
> *e tu buscas para ti coisas grandes?*
> *Não as busques,*
> *porque eu vou enviar desastres sobre todos os mortais,*
> *diz o Senhor;*
> *e te salvarei a vida, como espólio,*
> *em qualquer lugar para onde fores.*
>   (Jeremias 45,4-5).

A vida é dada como espólio. Quem quer salvar sua vida nela vai perdê-la. A história de salvação não é uma receita para a abolição do *anthelkein* na existência, mas a confirmação da vida por meio da morte nessa guerra. A morte de Sócrates, que, como a morte de Jesus, poderia ter sido fisicamente evitada, é representativa porque autentica a verdade da realidade.

Essas reflexões esclareceram o problema da verdade até o ponto em que é necessária apenas uma afirmação explícita das intuições aí implicadas.

Nem existe uma questão que em vão busca uma resposta, nem há uma verdade da História de Salvação que se imponha do nada sobre um fato da existência. O movimento do Intermédio é de fato um todo inteligível de questão e resposta, e a experiência do movimento engendra os símbolos de linguagem para expressá-lo. No que diz respeito às experiências, o movimento não tem outros "conteúdos" além de seu questionamento, o *pathe* de força e contraforça, os índices direcionais das forças, e a consciência de si que chamamos de sua luminosidade; no que diz respeito aos símbolos, eles não têm nada a expressar além das experiências enumeradas, a colocação da realidade experienciada no contexto mais amplo da realidade em que ocorre o movimento diferenciado, e o movimento autoconsciente como evento da existência do homem na sociedade e na história nas quais até o momento ele não ocorreu. As dificuldades de entendimento com que essas intuições frequentemente se deparam no ambiente atual de desaculturação são causadas pelo hábito de hipostasiar e dogmatizar. Os símbolos que se desenvolvem no movimento, quero enfatizar, não referem objetos da realidade externa, mas fases do movimento que vai se articulando ao longo de seu processo autoiluminante. Não existe Intermédio senão a *metaxia* experienciada na tensão existencial do homem para o fundamento divino do ser, não existe questão de vida e morte senão a questão provocada por força e contraforça; não existe História de Salvação senão a história da força divina a que o homem deve ceder, e não existe articulação cognitiva da existência senão a consciência noética em que o movimento se torna luminoso para si mesmo.

Outra dificuldade de entendimento aparece na intuição de que os símbolos pertencem tanto ao Intermédio quanto as experiências simbolizadas. Primeiro, não existe um movimento no Intermédio e, segundo, um observador humano, talvez o filósofo, que registre suas observações do movimento. A realidade da existência, tal como experienciada no movimento, é uma participação mútua (*methexis, metalēpsis*) de humano e divino; e os símbolos de linguagem que expressam o movimento não são inventados por um observador que não participa no movimento, mas são engendrados no próprio acontecimento da participação. O status ontológico dos símbolos é simultaneamente humano e divino. Platão enfatiza que seu Mito do Titereiro é um *alēthēs logos*, uma história verdadeira, quer o *logos* seja "recebido de um Deus, ou de um homem que sabe" (*Leis* 645 b); e o mesmo status duplo da "palavra" é reconhecido pelos profetas quando eles promulgam suas palavras como "palavra" de Javé, como na passagem de Jeremias citada anteriormente. Esse duplo status dos símbolos, que expressa o movimento na *metaxia,* foi terrivelmente obscurecido na história ocidental por teólogos cristãos que dividiram os dois componentes de verdade simbólica, monopolizando, com o nome de "revelação", os símbolos cristãos de componente divino, e atribuindo à "razão natural" os símbolos filosóficos de componente humano. Essa doutrina teológica é inviável empiricamente – Platão estava tão ciente do componente revelatório na verdade de seu *logos* quanto os profetas de Israel ou os autores dos textos do Novo Testamento. As diferenças entre profecia, filosofia clássica e o evangelho devem ser buscadas em graus de diferenciação de verdade existencial.

Por fim, no clima de desaculturação, há as dificuldades de entendimento com que se defrontam os problemas da imaginação mítica. O mito não é uma forma simbólica primitiva, específica de sociedades antigas, a ser progressivamente superada pela ciência positiva, mas a linguagem em que as experiências de participação humana-divina no Intermédio se tornam articuladas. A simbolização da experiência de participação, é verdade, evolui historicamente da forma mais compacta do mito cosmológico para as formas mais diferenciadas de filosofia, profecia e do evangelho, mas a intuição diferenciadora, longe de abolir a *metaxia* da existência, a traz para o conhecimento plenamente articulado. Quando a existência se torna noeticamente luminosa como campo de força e contraforça, da questão de vida e morte, e da tensão entre realidade humana e divina, ela também se torna luminosa pela realidade divina como o Além da *metaxia* que chega até a *metaxia* do acontecimento participatório do movimento. Não existe Intermédio de existência como objeto contido em si mesmo, mas apenas a existência experienciada como parte de uma realidade que se estende para além do Intermédio. Essa experiência do Além (*epekeina*) da existência experienciada, essa consciência do Além da consciência que constitui a consciência ao alcançá-la, é a área da realidade que se articula a si mesma por meio dos símbolos da imaginação mítica. O jogo imaginativo do *alēthēs logos* é a "palavra" por meio da qual o Além divino da existência se torna presente na existência como sua verdade. A História da Salvação pode ser diferenciada além da filosofia clássica, como aconteceu historicamente por meio de Cristo e do evangelho, mas não há alternativa para a simbolização do Intermédio da existência e de seu Além divino pela imaginação mítica. Os sistemas especulativos de tipo comtiano, hegeliano e marxista, hoje prestigiados como alternativas, não são "ciência", e sim deformações da vida da razão por meio da prática mágica da autodivinização e da autossalvação.

III

O Deus que brinca com o homem como se ele fosse um títere não é o Deus que se faz homem para ganhar sua vida sofrendo a morte. O movimento que engendrou a História de Salvação de encarnação divina, morte e ressurreição como resposta à questão de vida e morte é consideravelmente mais complexo do que a filosofia clássica; é mais rico, por causa do fervor missionário de seu universalismo espiritual, e mais pobre, por negligenciar o controle noético; é mais amplo, por seu apelo à humanidade desarticulado do homem comum; mais restrito, por seu viés contrário à sabedoria articulada dos sábios; é mais imponente, por causa do tom imperial de autoridade divina; mais desequilibrado, por causa de sua ferocidade apocalíptica, que leva a conflitos com as condições da existência do homem na sociedade; mais compacto, por causa de sua generosa absorção de camadas anteriores da imaginação mítica, sobretudo por meio da recepção historiogênese israelita e da exuberância de milagres, mais diferenciada por causa da experiência intensamente articulada de ação amorosa-divina na iluminação da existência com a verdade. O entendimento dessas complexidades pelas quais o movimento do evangelho difere do movimento da filosofia clássica, porém, não pode progredir pelo uso de dicotomias tópicas como filosofia e religião, metafísica e teologia, razão e revelação, razão natural e supernaturalismo, racionalismo e irracionalismo, e assim por diante. Na verdade, procederei primeiro estabelecendo o núcleo noético que os dois movimentos têm em comum, depois explorando alguns dos problemas que surgem da diferenciação da ação divina no movimento do evangelho, e também da recepção de camadas mais compactas da experiência e da simbolização.

A análise terá de começar no ponto em que o evangelho concorda com a filosofia clássica, simbolizando a existência como campo de forças e contraforças. Citei anteriormente João 12,32, em que o autor deixa Cristo dizer que, quando ele for levantado da terra, atrairá (*helkbein*) todos os homens para si. Em João 6, 44, então, essa força atrativa de Cristo é identificada com a força exercida por Deus: "Ninguém pode vir a mim se o Pai que me enviou o não atrair (*helkein*)". Mais austero nesse ponto do que os evangelistas sinóticos, João ainda deixa claro que não existe uma "mensagem" de Cristo, e sim o acontecimento do Logos divino tornando-se presente no mundo por meio da vida e da morte representativas de um homem. As palavras finais da grande prece antes da Paixão expressam a substância desse acontecimento:

> *Pai justo,*
> *o mundo não te conheceu, mas eu te conheci;*
> *e estes conheceram que tu me enviaste.*
> *Fiz-lhes e far-lhes-ei conhecer o teu nome,*
> *a fim de que o amor com que me amaste esteja neles e eu neles.*
> (João 17,25-26)

Seguir Cristo significa continuar o acontecimento da presença divina na sociedade e na história: "Assim como tu me enviaste ao mundo, também eu os enviei ao mundo" (17,18). E, por fim, como não há uma doutrina a ensinar, mas só uma história a contar, a história da força de Deus tornando-se eficaz no mundo por meio de Cristo, a História de Salvação que responde à questão de vida e morte pode ser reduzida a esta breve afirmação:

> *Ora, a vida eterna é esta:*
> *Que te conheçam a ti como um só Deus verdadeiro,*
> *e a Jesus Cristo, a quem enviaste.*
> (17,3)

Com admirável economia de meios, João simboliza o puxão da corda de ouro, sua ocorrência como acontecimento histórico no homem representativo, a iluminação da existência por meio do movimento da questão de vida e morte iniciada pela força até a resposta salvadora, a criação de um campo social por meio da transmissão da intuição aos seguidores, e, em última instância, dos deveres de João de promulgar o acontecimento à humanidade como um todo por meio da redação do evangelho como documento literário. "Outros muitos prodígios fez ainda Jesus na presença de seus discípulos, que não foram escritos neste livro. Estes, porém, foram escritos a fim de que acrediteis que Jesus é o Cristo, Filho de Deus, e para que, crendo, tenhais a vida em seu nome" (20,30-31). Pode-se imaginar como um jovem estudante de filosofia, que quisesse encontrar a saída dos diversos impasses doutrinais em que os filósofos da época tinham chegado, poderia ficar fascinado pela inteligência dessas frases sucintas, que lhe teriam parecido a perfeição do movimento socrático-platônico no Intermédio da existência.

O símbolo *helkein* é específico de João; ele não aparece em outras partes do Novo Testamento. Nas cartas de Paulo, o componente de conhecimento no movimento, a luminosidade de sua consciência, é tão prevalente que o *pathos* da força é simbolizado como ato divino de conhecimento daquilo que forçosamente prende um homem e ilumina sua existência. Em 2 Coríntios 4,6, Paulo escreve: "Porque Deus, que disse que das trevas resplandecesse a luz, ele mesmo resplandeceu em nossos corações (ou: fê-los resplandecentes, *photismos*), para que fizéssemos brilhar o conhecimento (*gnōsis*) da glória de Deus na face de Jesus Cristo". A glória que irradia na face de Cristo é o *phōtismos* do rosto do homem que viu a Deus. Moisés ainda teve de esconder seu rosto até que ele saísse; esse véu, que cobria a Antiga Aliança de letras escritas, foi removido pela Nova Aliança escrita pelo espírito (*pneuma*) no coração; "Todos nós, pois, vendo de rosto descoberto como num espelho a glória do Senhor, somos transformados na mesma imagem, de claridade em claridade" (II Coríntios 3,18).

Que o resplandecer do conhecimento no coração tem sua origem na ação divina é explicitamente afirmado em passagens como I Coríntios 8, 1-3:

> *Sabemos que todos temos ciência (gnōsis).*
> *A ciência (gnōsis) incha, mas a caridade (agape) edifica.*
> *Se alguém se lisonjeia de saber alguma coisa,*
> *este ainda não conheceu de que modo se deve saber.*
> *Mas, se alguém ama a Deus, esse é conhecido dele.*

Essas palavras se dirigem aos membros da comunidade de Corinto, que "têm ciência" enquanto doutrina e a aplicam sem sabedoria como regra de conduta; esses possuidores da verdade são lembrados de que o conhecimento que forma a existência sem deformá-la é o conhecimento que Deus tem do homem. Numa admoestação similar aos Gálatas, Paulo escreve:

> [...] *não conhecendo a Deus, servíeis aqueles que por natureza não são deuses. Porém, agora, tendo vós conhecido a Deus, ou antes, sendo conhecidos de Deus, como voltais novamente aos primeiros elementos fracos e pobres, aos quais quereis de novo servir?*
> (Gálatas 4, 8-9)

As ocasiões que motivam Paulo a esclarecer a dinâmica da *gnōsis* na existência diferem amplamente da situação em que os filósofos clássicos realizam sua obra de diferenciação. Em II Coríntios ele quer contrastar o esplendor da aliança pneumática escrita no coração contra a verdade mais compacta e "velada" da Lei de Moisés, usando para esse propósito um simbolismo que ele toma dos profetas; em I Coríntios ele previne contra os "idolotitas",[2] homens dispostos a partilhar da comida sacrificada aos ídolos, porque se sentem seguros em seu conhecimento de que os ídolos efetivamente não são deuses; e em Gálatas ele tem de chamar a atenção dos fiéis que voltam a seu culto anterior de espíritos elementares. Essa diferença tão óbvia de contexto cultural, porém, não deve obscurecer o fato de que Paulo tenta articular uma dinâmica de conhecimento existencial que Aristóteles comprimiu na fórmula de que o pensamento humano (*noûs*) em busca do fundamento divino do ser é movido (*kinetai*) pelo Noûs divino que é objeto de pensamento (*noeton*) do Noûs humano (*Metafísica*, 1072 a 30 f.).

O núcleo noético, portanto, é o mesmo tanto na filosofia clássica quanto no movimento evangélico. Há o mesmo campo de força e contraforça, o mesmo senso de que a vida é ganhada ao se deixar puxar pela corda de ouro, a mesma consciência da existência num Intermédio de participação humana-divina, e a mesma experiência da realidade divina como centro de ação no movimento da questão à resposta. Além disso, há a mesma consciência de intuições recém-diferenciadas do sentido da existência; e em ambos os casos essa consciência constitui um novo campo de tipos humanos históricos que Platão descreve primeiro como o homem espiritual (*daimonios aner*), em que o movimento ocorre; segundo, o homem do tipo anterior e mais compacto de existência, o mortal

---

[2] I Coríntioa 10, 28; *eidolothyton*. (N. T.)

(*thnētos*) em sentido homérico; e, terceiro, o homem que reage negativamente ao apelo do movimento, o homem obtuso ou tolo (*amathēs*).

Ainda que o núcleo noético seja o mesmo no evangelho, sua dinâmica espiritual mudou radicalmente por meio da experiência de uma irrupção divina extraordinária na existência de Jesus. Essa irrupção, por meio da qual Jesus se torna o Cristo, é expressada pelo autor de Colossenses nas palavras "porque nele habita, corporalmente, toda a plenitude da realidade divina (*theotēs*)" (2,9). Nessa plenitude (*pan to plērōma*), a divindade está presente apenas em Cristo, que, em virtude dessa plenitude, "é a imagem (*eikōn*) do Deus invisível, o primogênito de toda criatura" (1,15). Todos os demais homens não têm mais do que sua porção ordinária dessa plenitude (*peplēromenoi*) por aceitar a verdade sua presença total no Cristo, que, por sua existência icônica, é "a cabeça de todo o principado (*archē*) e potestade (*exousia*)" (2,10). Alguma coisa em Jesus deve ter impressionando seus contemporâneos como uma existência na *metaxia* de tal intensidade que sua presença corpórea, o *sōmatikos* da passagem, parecia ser totalmente permeado pela presença divina.

A passagem é preciosa, porque o autor conseguiu transmitir sua impressão sem recorrer a símbolos mais antigos e mais compactos, como o Filho de Deus, que não teriam feito justiça à nova experiência diferenciada. Isso deve ter demandado um esforço consciente de sua parte, porque o termo *theotēs* é um neologismo criado por ele para essa ocasião. Às várias traduções, como *divindade* ou *deidade*, preferi *realidade divina* porque ela transmite melhor a intenção do autor de denotar uma realidade não pessoal que permite graus de participação em sua plenitude enquanto permanece o Deus além do Intermédio da existência. Se o autor pertencesse à "escola" paulina, seria possível entender seu símbolo *theotēs* como tentativa de superar certas imperfeições no símbolo *theiotēs* de Paulo. Em Romanos 1,18 ss, Paulo fala aos homens que afastam a verdade de Deus com sua impiedade e injustiça: "Porque o que se pode conhecer de Deus (*to gnōston tou theou*) é-lhes manifesto, pois Deus lho manifestou. De fato, as coisas invisíveis dele, depois da criação do mundo, puderam ser compreendidas pela mente (*nooumana*) pelas coisas feitas, e assim o seu poder (*dynamis*) eterno e a sua divindade (*theiotēs*)". Paulo é um homem deveras impaciente. Ele quer a realidade divina da experiência primária do cosmos imediatamente diferenciada como divindade transcendente ao mundo que se tornou encarnada em Cristo; ele considera indesculpável que a humanidade tenha passado por uma fase na história em que o Deus imortal era representado por imagens "de homem corruptível, de aves, de quadrúpedes e de serpentes", e ele só consegue explicar esse horror por uma supressão deliberada da verdade tão bem conhecida. Além disso, em sua repulsa judia dos ídolos pagãos, ele responsabiliza o fenômeno histórico do mito cosmológico pelos exemplos de vida dissoluta que enxerga em seu ambiente e considera que a continuada adesão a eles, com a consequente dissolução moral, a punição de Deus pela prática mesma da idolatria (Romanos 1,26-32). Essa zelosa confusão de problemas certamente precisa ser desemaranhada; e o autor de Colossenses de fato extraiu da passagem paulina a distinção entre as coisas "invisíveis" e as "visíveis" das experiências participatórias; ele distinguiu o Deus invisível, experienciado como real além da *metaxia* da existência, da *theotēs*, a realidade divina que entra na *metaxia* no movimento da existência.

É verdade que essa distinção já havia sido feita em *Teeteto* 176 b, em que Platão descreve o propósito da fuga do homem dos males do mundo como aquisição da *homōiosis theo kata to dynaton*, um tornar-se como Deus à medida que isso é possível. Mesmo assim, ainda que a *homoioisis theo* de Platão seja o exato equivalente do preencher com *theotēs* do autor de Colossenses, o homem espiritual de Platão, o *daimonios aner*, não é o Cristo de Colossenses, o *eikōn tou theou*. Platão reserva a existência icônica para o próprio Cosmos: o cosmos é a imagem (*eikōn*) do Eterno; ele é o deus visível (*theos aisthētos*) na imagem do Inteligível (*eikōn tou noētou*); é o único céu gerado (*monogenēs*) cujo pai divino é tão recôndito que seria impossível declará-lo a todos os homens (*Timeu* 28-29, 92 c). Ao contrapor-se o *monogenēs theos* do *Timeu* de Platão e João 1,18, fica visível a barreira que o movimento da filosofia clássica não consegue ultrapassar para alcançar as intuições específicas do evangelho.

O obstáculo à maior diferenciação não é uma deficiência específica do movimento clássico, como a limitação da razão natural sem a ajuda da revelação, assunto ainda caro àqueles teólogos que deveriam ter mais juízo, e sim o modo cosmológico de experiência e de simbolização dominante na cultura em que o movimento ocorre. Afinal, a experiência do movimento tende a dissociar-se da realidade cósmico-divina da experiência primária do ser contingente das coisas e do ser necessário do Deus transcendente ao mundo; e uma cultura em que a sacralidade da ordem, tanto pessoal quanto social, é simbolizada por deuses intracósmicos não vai abrir caminho com facilidade para a *theotēs* do movimento cuja vitória leva à dessacralização da ordem tradicional. Além disso, a rearticulação e ressimbolização da realidade como um todo de acordo com a verdade do movimento é uma tarefa formidável, que demanda séculos de esforço continuado. É possível discernir um movimento existencial forte, levando a uma compreensão da divindade escondida, o *agnostos theos*, por trás dos deuses intracósmicos, por exemplo, nos Hinos de Amon egípcios do século XIII a.C., mais ou menos na mesma época em que Moisés rompeu com a mediação faraônica da ordem divina para a sociedade por meio de seu esforço de constituir um povo numa relação imediata com Deus, e ainda assim foram necessários treze séculos de história, e os acontecimentos tremendos de sucessivas conquistas imperiais, para tornar as pessoas receptivas à verdade do evangelho. Mesmo então o movimento poderia ter sido social e historicamente abortivo, a menos que o movimento clássico, bem como sua continuação pelos pensadores helenísticos, tivesse trazido o instrumento noético para a ressimbolização da realidade além da área restrita da realidade do próprio movimento de acordo com a verdade do evangelho; e mesmo quando o evangelho, favorecido por essa constelação cultural, tinha se tornado socialmente eficaz, foram necessários mais doze séculos para que o problema do ser contingente e necessário fosse articulado pelos filósofos escolásticos. Se a "revelação" é levada a sério, se se pretende que o símbolo expresse a dinâmica da presença divina no movimento, o mistério de seu processo na história vai assumir proporções mais formidáveis do que as que assumira para Paulo quando ele lutava, em Romanos 9,11, com o mistério da resistência de Israel ao Evangelho.

A dinâmica do processo ainda é compreendida de modo imperfeito, porque os avanços espetaculares da história deixam em sua crista um sedimento de símbolos de Antes-e-Depois que distorcem gravemente a realidade quando são usados na interpretação da história cultural; antes da filosofia havia o mito; antes do cristianismo havia os ídolos pagãos e a lei judaica; antes do monoteísmo havia o politeísmo; e, antes da ciência moderna, é claro, havia superstições primitivas como a filosofia e o evangelho, a metafísica e a teologia, em que nenhuma pessoa que hoje se dê ao respeito encostaria. Nem todos são tão tolerantes e inteligentes quanto Jesus, que podia dizer: "Não julgueis que vim abolir a lei ou os profetas; não os vim destruir (*katalysai*), mas sim os cumprir (*plērōsai*)" (Mateus 5,17). Esse sedimento de fenótipos ignora que, como registrado pela história, a verdade da realidade está sempre integralmente presente na experiência do homem, e que o que muda são os graus de diferenciação. As culturas cosmológicas não são um domínio da "idolatria", do "politeísmo" ou do "paganismo" primitivos, mas campos altamente sofisticados de imaginação mítica, perfeitamente capazes de encontrar os símbolos adequados para os casos concretos ou típicos de presença divina num cosmos em que a realidade divina é onipresente. Além disso, os casos simbolizados não são experienciados como singularidades sem relação, cada caso formado uma espécie da realidade em si mesmo, mas definidamente, como "os deuses", isto é, manifestações da única realidade divina que constitui e permeia o cosmos. Essa consciência da unicidade divina por trás da multidão dos deuses pode se expressar nas construções mito-especulativas das teogonias e cosmogonias que simbolizam compactamente tanto a unicidade da divindade quanto a unicidade do mundo criado por ela. Os deuses da cultura cosmológica, pode-se dizer, têm um primeiro plano de presença divina específica e um plano de fundo de presença divina universal; eles são divindades específicas que partilham da realidade divina universal.

Agora colocarei o movimento evangélico no contexto do processo revelatório em que o Deus Desconhecido se separa das divindades cosmológicas.

Nos Hinos de Amon da Dinastia XIX, anteriormente mencionados, Amon "foi gerado no princípio, de modo que sua misteriosa natureza é desconhecida". Nem mesmo os outros deuses conhecem sua forma, que é "o deus maravilhoso de muitas formas". "Todos os outros deuses se vangloriam dele, para engrandecer-se por meio de sua beleza, segundo ele que é divino. O próprio Re está unido com seu corpo." "Ele é misterioso demais para que sua majestade seja revelada, ele é grande demais para que o homem pergunte a seu respeito, poderoso demais para ser conhecido" (Anet, 1950, p. 368). Por trás dos deuses conhecidos, portanto, surge o deus desconhecido de quem eles tiram sua realidade divina. Esse Amon desconhecido, porém, ainda que esteja no processo de ser diferenciado do Amon específico de Tebas, não é outro deus no panteão cosmológico, mas a *theotēs* do movimento que, no processo ulterior de revelação, pode ser diferenciado até seu clímax revelatório em Cristo. Além disso, como o deus desconhecido não é um deus novo mas a realidade divina experienciada como algo presente também nos deuses conhecidos, o processo revelatório está fadado a tornar-se uma fonte de conflitos culturais à medida que progride a diferenciação de sua verdade. "Guerra e batalha", as palavras que abrem o *Górgias*, são causadas pela aparição de Sócrates; e Jesus diz: "Eu vim trazer fogo à terra [...] Julgais que vim trazer paz à terra? Não, vos digo eu, mas separação" (Lucas 12,49; 51). Os homens envolvidos no movimento tendem a elevar a realidade divina que experienciam ao nível de um deus à imagem dos deuses conhecidos, e a opor esse deus verdadeiro aos deuses específicos que são rebaixados ao nível de falsos deuses, enquanto os crentes cosmológicos, que têm certeza da verdadeira divindade de seus deuses, acusarão os participantes do movimento de ateísmo, ou ao menos de subverter a ordem sacral da sociedade introduzindo novos deuses. Esse conflito ainda é fundamentalmente a questão entre Celso em seu ataque ao cristianismo e Orígenes em seu *Contra Celsum*.

Os Hinos de Amon são o documento representativo do movimento no estágio em que o esplendor dos deuses cosmológicos se tornou derivativo, ainda que os deuses mesmos ainda não tenham se tornado falsos. Sete séculos depois, no equivalente deutero-isaíaco dos Hinos de Amon (Isaías 40,12-25), os deuses tornaram-se ídolos manufaturados que não participam mais da realidade divina, enquanto o Deus Desconhecido adquiriu o monopólio da divindade. O autor visivelmente luta com a dinâmica da nova situação. Por um lado, seu deus está sozinho consigo mesmo e seu *ruach* desde o princípio (40,12-14), sendo assim devidamente desconhecido, como Amon; por outro, ele é um deus conhecido que chega mesmo a censurar os homens por não conhecê-lo tão bem quanto deveriam, bem ao modo de Paulo censurando os pagãos por não conhecer a Deus ainda que ele tenha se revelado em sua criação:

Porventura não o sabeis vós [que é Deus]? Não o ouvistes?
Não vos foi isto anunciado desde o princípio?
Porventura não chegou ao vosso conhecimento quem foi que estabeleceu os
    fundamentos da terra?
                      (40,21)

Ambos os autores dos Hinos de Amon e do Deutero-Isaías reconhecem o no-princípio como o verdadeiro critério da realidade divina – nesse ponto não há de fato diferença nenhuma entre os documentos que estamos discutindo e o *prōtē archē* de Aristóteles na especulação sobre a cadeia etiológica na *Metafísica* –, mas nos Hinos de Amon a ênfase recai na *causa sui* no Princípio divino, enquanto no Deutero-Isaías ela recai na *causa rerum*, ainda que em nenum dos casos o outro componente do Princípio seja negligenciado. A *causa sui* é o que faz a realidade divina diferenciada do movimento do *agnostos theos*; a *causa rerum* é o que faz dela o deus que é conhecido pela criação. Quando a realidade divina universal é diferenciada de sua presença experienciada compactamente nos deuses cosmológicos, ela retorna à cena cultural como o Deus da criação que invalida os deuses intracósmicos. O deus que retorna do princípio em que desapareceu, porém, é tanto o mesmo quanto o homem que emerge do movimento. Na profecia do Deutero-Isaías, o Javé de Israel retorna como Deus de toda a humanidade,

> *que criou os céus e que os estendeu,*
> *que firmou a terra e o que dela brota,*
> *que dá a respiração ao povo que habita sobre ela,*
> *e o espírito aos que a pisam.*
>
> (42,5)

E o profeta, indistinguível do próprio Israel, tornou-se o Servo Sofredor, dado por Deus como

> *reconciliação do povo e a luz das nações;*
> *para abrires os olhos dos cegos,*
> *para tirares da cadeia o preso,*
> *e do cárcere os que estão sentados nas trevas.*
>
> (42,6-7)

O tesoureiro da rainha da Etiópia tinha viajado a Jerusalém para adorar. No episódio de Atos dos Apóstolos 8,26-40, vemo-lo no caminho de volta, na estrada para Gaza, sentado em sua carruagem, meditando a passagem do Deutero-Isaías: "Como ovelha foi levado ao matadouro". Um anjo do Senhor manda o apóstolo Filipe ao seu encontro: "Compreendes o que lês?", "Como o poderei", respondeu o etíope, "se não houver alguém que mo explique? [...] Peço-te, de quem disse isto o profeta? De si mesmo, ou de algum outro?". Então Filipe começou, relata o historiador dos apóstolos, e partindo dessa passagem lhe explicou a boa nova (*evangelisato*) de Jesus. A revelação do Deus Desconhecido por meio de Cristo, em continuidade consciente com o processo milenar de revelação que esbocei, é tão fortemente o centro do movimento evangélico que pode ser considerada o próprio evangelho. O deus de João 1,1 ss, que no começo estava sozinho com seu Logos, é o Deus do Deutero-Isaías (40,13), que no começo está sozinho com seu *ruach*; o Verbo que brilha como uma luz nas trevas (João 1,5; 9,5) é o Servo Sofredor que é dado como luz às nações, a fim de tirar da prisão aqueles que estão nas trevas (Isaías 42,6-7); e, em I João 1, a luz que era o Pai, ao manifestar-se por Cristo seu Filho, constitui a comunidade daqueles que andam na luz. Assim, o próprio Deus desconhecido torna-se temático em Atos dos Apóstolos 17,16-34, no discurso do Areópago atribuído por Lucas a Paulo. Louvando os atenienses por terem dedicado um altar ao *Agnostos Theos*, o Paulo do discurso lhes assegura que o deus que eles adoram sem saber quem é é o mesmo deus que ele veio proclamar (*katangello*) a eles. Em termos deutero-isaíacos ele o descreve como o deus que fez o mundo e tudo o que há nele e que, portanto, não como os deuses dos altares "feitos pela mão do homem" (Isaías 40,12; 18-20), e, mais ainda, como o deus da humanidade a quem ele deu vida e espírito (Isaías 42,5). Ele está suficientemente próximo de nós para ser encontrado, porque "nele vivemos, nos movemos e temos nosso ser". Ele vai passar por cima de nossa ignorância de representá-lo com ídolos manufaturados no passado, mas agora ele ordena (*apangellei*) que todos se arrependam (*metanoein*), agora todos são chamados a conhecê-lo como o deus verdadeiro que julgará por meio do homem que ele ressuscitou dos mortos. Poder-se-ia acrescentar mais, como o *Nunc dimmitis* de Lucas 2,29-32, mas a passagem citada será suficiente para estabelecer o Deus Desconhecido como o deus que é revelado por meio de Cristo.

IV

No drama histórico da revelação, o Deus Desconhecido acaba se tornando o Deus conhecido por meio de sua presença em Cristo. Esse drama, ainda que tenha permanecido vivo na consciência dos autores do Novo Testamento, está longe de estar vivo no cristianismo das igrejas de hoje, porque a história do cristianismo é caracterizado por aquilo que comumente se chama de separação da teologia escolar da teologia mística ou experiencial que aparentemente formava um todo inseparável ainda na obra de Orígenes. O Deus Desconhecido cuja *theotēs* estava presente na existência de Jesus foi obscurecido pelo Deus revelado da doutrina cristã. Ainda hoje, porém, em que se reconhece que essa infeliz separação é uma das principais cuasas da atual crise espiritual moderna; em que se fazem tentativas enérgicas para tentar lidar com o problema por meio de diversas teologias existenciais e críticas; e em que não há carência de informação história sobre o processo revelatório que leva à epifania de Cristo, nem a respeito da perda de realidade experiencial causada pela doutrinização; a análise filosófica das diversas questões fica muito atrás de nossa consciência pré-analítica. Seria necessário, portanto, refletir sobre o perigo que deu má fama ao Deus Desconhecido no cristianismo e induziu certos desenvolvimentos doutrinais como medida protetora, isto é, sobre o perigo de que o movimento evangélico resvale no gnosticismo.

Em seu *Agnostos Theos* (1913; reedição 1956, p. 73 ss.), Eduard Norden colocou o problema em seu contexto histórico e refere-se, nessa ocasião, a sua primeira apresentação, feita por Irineu em *Adversus Haereses* (publicada por volta do ano 180). Irineu leva o conflito doutrinal entre o gnosticismo e o cristianismo ortodoxo para a interpretação de Mateus 11,25-27:

> *Então Jesus, falando novamente, disse:*
> *Graças te dou, ó, Pai, Senhor do céu e da terra,*
> *porque escondeste estas coisas aos sábios e aos prudentes e as revelaste aos pequeninos.*
> *Assim é, ó, Pai, porque assim foi do teu agrado.*
> *Todas as coisas me foram entregues por meu Pai;*
> *e ninguém conhece o Filho senão o Pai;*
> *nem alguém conhece o Pai senão o Filho,*
> *e aquele a quem o Filho o quiser revelar.*

Na doutrina ortodoxa, o Deus revelado por Jesus é o mesmo deus criador revelado pelos profetas de Israel; na doutrina gnóstica, o Deus Desconhecido de Jesus e o demiurgo israelita são dois deuses diferentes. Contra os gnósticos, Irineu propõe provar em sua obra que o deus que eles distinguem como Bythos, a Profundeza, é na verdade "a grandeza invisível desconhecida de todos" e, ao mesmo tempo, o criador do mundo dos profetas (I. 19. 12). Eles não compreenderiam o *logion* ao interpretar as palavras "ninguém conhece o Pai senão o filho" como se elas se referissem a um Deus absolutamente Desconhecido (*incognitus deus*), pois "como ele poderia ser desconhecido se eles mesmos sabem algo a seu respeito?". Será que o *logion* deveria mesmo dar este conselho absurdo: "Não busquem Deus; ele é desconhecido de vocês, e vocês não o encontrarão"? Cristo não veio para informar a humanidade de que o Pai e o Filho são incognoscíveis, ou sua vinda teria sido supérflua (IV. 6).

Nem a apresentação de Irineu do assunto, nem seu argumento em favor do lado ortodoxo são obras-primas de análise. Se o Pai e o Filho no *logion* crítico forem conceitualizados como duas pessoas que se conhecem uma à outra, à exclusão de todos os demais, então a afirmação de fato não seria mais do que uma informação na qual se pode crer ou não. Nada se seguiria dela, nem para a ortodoxia, nem para o gnosticismo. Além disso, se Jesus podia propor essa afirmação conceitualizada sobre si próprio, qualquer um podia; poderíamos esperar que os filhos do Pai se tornassem numerosos. De fato, algo dessa espécie parece ter acontecido, pois Irineu cita como gnósticos "Marcião, Valentino, Basilides, Carpócrates, Simão e os outros" dando a entender que eles disseram isso de si mesmos, e acrescenta: "Mas nenhum deles foi o Filho de Deus, mas apenas Jesus Cristo, nosso Senhor" (IV. 6. 4). A situação deve ter parecido o jorro moderno de novos Cristos nas pessoas de Fichte, Hegel, Fourier e Comte. Assim, pelo menos uma causa importante da confusão é a deformação conceitual e proposicional dos símbolos que só fazem sentido à luz da experiência que os engendrou. Portanto, primeiro colocarei o *logion* no contexto experiencial de Mateus, recordando para esse fim apenas as passagens mais importantes, e então analisarei a estrutura do problema, que pode levar aos diversos desvios doutrinais.

Numa época em que a realidade do evangelho corre o risco de desmoronar nas construções de um Jesus histórico e um Cristo doutrinal, não se pode enfatizar suficientemente o status de um evangelho como simbolismo engendrado na *metaxia* da existência pela resposta de um discípulo ao drama do Filho de Deus. O drama do Deus Desconhecido que revela seu reino por meio de sua presença num homem, e do homem que revela o que lhe foi entregue ao entregar isso a seus semelhantes, é continuado pelo discípulo existencialmente responsivo no drama do evangelho, pelo qual ele continua a obra de entregar essas coisas de Deus ao homem. O próprio evangelho é um acontecimento no drama da revelação. O drama histórico na *metaxia*, então, é uma unidade por meio da presença comum do Deus Desconhecido nos homens que respondem a seu "atrair". Por meio de Deus e dos homens enquanto personagens, é verdade, a presença do drama partilha tanto do tempo humano quanto da intemporalidade divina, mas rasgar o drama da participação na biografia de um Jesus no mundo espaço-temporal e em verdades eternas chovidas do além transformaria em nonsense a realidade existencial experienciada e simbolizada como o drama do Filho de Deus.

O episódio no caminho da região de Cesareia de Filipe (Mateus 16,13-20) pode ser considerado uma chave para o entendimento do contexto existencial em que o *logion* de 11,27 deve ser posto. Nele, Jesus pergunta aos discípulos quem o povo diz que é o Filho do homem, e recebe a resposta de que ele é entendido ora como um apocalíptico do tipo de João Batista, o Elias profetizado, um Jeremias ou um dos outros profetas. Seu questionamento então passa a quem os discípulos acham que ele é, e ele recebe a resposta de Simão Pedro: "Tu és o Cristo, o Filho do Deus vivo" (16,16). Jesus responde: "Bem-aventurado és, Simão, filho de Jonas, porque não foi a carne e o sangue que to revelou, mas meu Pai que está nos céus." O Jesus de Mateus, portanto, concorda com o de João (João 16,44) que ninguém pode reconhecer o movimento da presença divina no Filho a menos que tenha sido preparado para esse reconhecimento pela presença do Pai divino em si mesmo. A Filiação divina não é revelada por meio de uma informação dada por Jesus, mas pela resposta de um homem à plena presença em Jesus do mesmo Deus Desconhecido por cuja presença ele é incoativamente movido em sua própria existência. O Deus Desconhecido entra no drama do reconhecimento de Pedro como a terceira pessoa. Para distinguir revelação de informação, e também para evitar o desvio de uma para a outra, o episódio termina com a ordem de Jesus aos discípulos para "que não dissessem a ninguém que ele era o Cristo" (Mateus 16,20).

O motivo do silêncio que vai proteger a verdade da revelação de ser aviltada como conhecimento disponível ao público em geral é mantido por Mateus com um cuidado todo especial durante a história da Paixão. No julgamento diante do Sinédrio, Jesus simplesmente não responde às acusações periféricas (26,13); a acusação central de ter-se proclamado a si mesmo o Filho de Deus é descartada com seu "Tu o disseste", não se comprometendo nem com o sim nem com o não; mas depois, falando como um judeu para judeus, ele os recorda do Filho do homem apocalíptico que virá nas nuvens do céu. No julgamento diante de Pilatos, a ameaça apocalíptica não faria sentido; quando os representantes do Sinédrio repetem suas acusações, Jesus fica inteiramente em silêncio, tanto que "o governador ficou em extremo admirado" (27,11-14). Na cena de zombaria diante do crucificado, então, a resistência maldosa é vitoriosa: "Se és filho de Deus, desce da cruz" (27,40). Mas, em última instância, quando Jesus mergulha no silêncio da morte e o cosmos irrompe em prodígios, a resposta vem dos guardas romanos. "Na verdade este era o filho de Deus" (27,54).

Parece, assim, que no momento da Paixão o grande segredo de Cesareia de Filipe, o chamado *Messiasgeheimnis*, já era um dado de conhecimento geral. Para explicar essa singularidade, porém, não se deve acusar os discípulos de desprezo loquaz pela ordem de silêncio, porque entre esse episódio e a Paixão Mateus mostra um Jesus bastante generoso com alusões pouco veladas a seu status tanto de Messias quanto de Filho de Deus. Por isso, a acusação no Sinédrio de que Jesus tinha se proclamado Filho de Deus tinha fundamento. Além disso, mesmo antes do enfático reconhecimento de Pedro, na ocasião em que Jesus andou sobre as águas, o evangelista mostra os discípulos como grupo, reconhecendo: "Verdadeiramente tu és o Filho de Deus" (14,33). Num momento posterior do evangelho, o símbolo aparece no *logion* de 11,25-27 como autodeclaração de Jesus, seguida do convite:

> *Vinde a mim todos os que estais fatigados e carregados, e eu vos aliviarei.*
> *Tomai sobre vós o meu jugo e aprendei de mim, que sou manso e humilde de coração, e achareis descanso para as vossas almas.*
> *Porque o meu jugo é suave, e o meu peso, leve.*
> (11,28-30)

O *logion* completo de 11, 25-30 aparentemente se dirige não aos discípulos, mas às "turbas" mencionadas em 11,7. E mesmo antes (8,29), os endemoninhados de Gerasa reconhecem Jesus, pelo que ouvem dos espectadores, como Filho de Deus. O segredo era, portanto, conhecido de todos, inclusive daqueles que resistiam – algo que não deve ser esquecido por quem deseja compreender a conversão de Paulo. E mesmo assim Mateus é tão culpado de confusão na elaboração do evangelho quanto os discípulos de loquacidade. Um evangelho não é nem a obra de arte dramática de um poeta, nem a biografia de Jesus de um historiador, mas a simbolização de um momento divino que passou pela pessoa de Jesus e entrou na sociedade e na história. O momento revelatório, portanto, segue seu curso em mais de um plano. Há, em primeiro lugar, o drama pessoal de Jesus a partir da constituição de sua consciência como Filho de Deus nos encontros com Deus (3,16-17) e com o diabo (4,1-11), até a compreensão total do que significa ser o Filho de Deus (16,21-23), e a submissão à Paixão e a última palavra: "Deus meu, Deus meu, por que me abandonaste?" (27,46). Há, em segundo lugar, o drama social de seus companheiros, que reconhecem nele a autoridade divina, a *exousia*, por suas palavras e por seus milagres, com sua bifurcação entre a resposta positiva do povo simples e a resistência dos sábios e das autoridades públicas. E, por fim, há as misturas sociais no drama histórico; nem o reconhecimento da Filiação divina durante a vida de Jesus, nem o entendimento póstumo de que o Deus Desconhecido tinha sofrido a morte como homem para levá-lo a essa vida teriam sido possíveis sem que a *praeparatio evangelica* do movimento milenarista tivesse criado a prontidão tanto da resposta experiencial quanto a imaginação mítica para o Filho de Deus. O mistério da presença divina na existência havia crescido na consciência do movimento muito antes de o drama do evangelho ter começado; e os símbolos que o evangelista usa para expressá-lo – o Filho de Deus, o Messias, o Filho do homem, o reino de Deus – estavam historicamente disponíveis graças aos simbolismos faraônicos egípcios, reais davídicos e proféticos e apocalípticos, por meio das tradições iranianas e dos mistérios helenísticos. Assim, o "segredo" do evangelho não é nem o mistério da presença divina na existência, nem sua articulação por meio de novos símbolos, mas o acontecimento de sua plena compreensão e representação na vida e na morte de Jesus. As aparentes contradições dissolvem-se no uso dos mesmos símbolos em vários níveis de compreensão, bem como nos diversos níveis de representação, até que o Cristo é revelado, não na plenitude da doutrina, mas na plenitude da Paixão e da Ressurreição.

O que se pretende dizer com plenitude de compreensão, em contraste com a ideia de graus menores dela, pode ser entendido a partir do processo de diferenciação progressiva em capítulos como o 11 e o 16.

No capítulo 11, João Batista manda seus discípulos perguntarem a Jesus se ele é o *malak*, o mensageiro de Deus, profetizado em Malaquias 3,1, que antecederá a vinda de Javé a seu templo. Evitando uma resposta direta, Jesus pede aos discípulos que contem a seu mestre os milagres e as curas de Jesus, sabendo perfeitamente que aqueles feitos não são o que se espera do *malak* de Malaquias; ele os deixa livres para concluir o que quiserem, mas os despede com o aviso a João e a seus seguidores de que bem-aventurado é só aquele que não se ofende com Jesus (11,2-6). Então ele se volta para as "turbas" e lhes explica quem é João: é um profeta, mas ao mesmo tempo mais do que um profeta; de fato, João, e não Jesus, é o verdadeiro *malak* de Malaquias. Na citação de Malaquias, porém, o Jesus de Mateus muda o texto de um mensageiro que "Eis que mando eu [o Senhor] [...] o qual preparará o caminho diante de mim" para um mensageiro que o Senhor manda para preparar o caminho para "ti". Com essa mudança de pronome de "mim" para "ti", Batista é convertido de precursor do Javé de Israel em precursor do Deus Desconhecido que está presente em seu Filho Jesus (11,7-10). O profetismo tanto da lei quanto dos profetas chegou, como tipo de existência no Intermédio, a seu fim com João (11,13); o que está em processo de vir, e está até presente em Jesus e nas pessoas simples que o seguem, é o reino do Pai Desconhecido do Sermão da Montanha e do Pai Nosso. O capítulo, portanto, termina coerentemente com a autodeclaração do *logion* em 11,25-30.

No capítulo 16, então, o Jesus de Mateus retoma a diferenciação de seu próprio status em relação ao de seus predecessores. Em 16,13-14, trecho já citado, as classificações do povo de João Batista, de Elias, de Jeremias são descartadas de vez pela resposta de Pedro: "Tu és o Cristo, o Filho do Deus vivo". A importância dessa resposta deve ser vista na combinação dos símbolos Messias-Cristo e Filho de Deus. Até essa passagem, o símbolo Cristo só havia sido usado por Mateus em seu papel de narrador, mas por nenhuma das pessoas do drama; agora o salvador-rei profético e apocalíptico de Israel é identificado com o Filho de Deus no processo da própria revelação. Como o *malak* de Malaquias teve de mudar sua tez para tornar-se o precursor de Jesus, agora o Messias tem de adquirir as características que ainda não tinha do Filho de Deus. Ou, pelo menos, era essa a intenção do Jesus de Mateus quando aceitou o reconhecimento de Pedro. Historicamente, porém, os dois símbolos influenciaram um ao outro, porque a absorção do "Messias" trouxe para a história do cristianismo, e também da civilização ocidental cristianizada, o veio apocalíptico de fantasia violenta que pode degenerar em ação violenta no mundo. Até no próprio Novo Testamento, em Apocalipse 19,11-16, vemos a chegada do Messias:

> *Depois vi o céu aberto e apareceu um cavalo branco:*
> *o que estava montado sobre ele, chamava-se o Fiel e o Verdadeiro, que julga*
>   *com justiça e combate.*
> *Os seus olhos eram como uma chama de fogo, tinha sobre a cabeça muitos*
>   *diademas, trazia um nome escrito, que ninguém conhece senão ele mesmo*
> *e vestia uma roupa salpicada de sangue: o seu nome é o Verbo de Deus (ho*
>   *logos tou theou).*

> *Seguiam-no os exércitos que estão no céu, em cavalos brancos, vestidos de fino linho branco e puro.*
> *Da sua boca saía uma espada de dois gumes, para ferir com ela as nações; ele as governará com cetro de ferro e ele mesmo pisa o lagar do vinho do furor da ira de Deus onipotente.*
> *No seu vestido e na sua coxa, traz escrito: Rei dos reis, e Senhor dos senhores.*

Esse Verbo de Deus sanguinário está muito longe daquele Jesus de Mateus que chama a si os pobres de espírito, os mansos, os puros de coração, os que promovem a paz, aqueles que têm fome e sede de justiça e são perseguidos em nome da justiça. Em Mateus 16, Jesus certamente não tenciona transformar o Filho de Deus no marechal de campo do Pantocrator, mas antes quer transformar o Messias no Filho de Deus. Quaisquer sentidos que tenha tido o simbolismo do Ungido de Israel até então, eles agora foram relegados ao passado pela presença do Deus Desconhecido no Filho. A consciência da Filiação agora tem de ampliar-se. Por isso, "desde então começou Jesus a manifestar a seus discípulos que devia ir a Jerusalém, padecer muitas coisas dos anciãos, dos príncipes dos sacerdotes e dos escribas, ser morto e ressuscitar no terceiro dia". O *pathos* da morte representativa a sofrer entrou na consciência de Jesus. Quando Pedro quer dissuadi-lo desse curso, Jesus encolerizadamente o censura: "Retira-te de mim, satanás; tu serves-me de escândalo, porque não tens a sabedoria das coisas de Deus, mas dos homens" (16,21-23). Não é acidente que Jesus censure Pedro com o mesmo *hypage satana* que usa na rejeição do tentador em 4,10; de fato, a fórmula pretende caracterizar o modo como "o homem" pensa o que o diabo pensa. Esse "homem" que pode ser simbolizado como o diabo é o homem que contraiu sua existência num eu imanente ao mundo e recusa-se a viver na abertura da *metaxia*. O Jesus de Mateus faz que a censura a Pedro, feita na antiga linguagem de Deus e Satanás, seja seguida pela tradução de seu sentido na simbolização noética da existência, discutida anteriormente, por meio do duplo sentido de vida e morte:

> *Se alguém quer vir após mim, negue-se a si mesmo, tome a sua cruz e siga-me.*
> *Porque o que quiser salvar a sua vida, perdê-la-á; e o que perder a sua vida por amor de mim, achá-la-á.*
> *Pois, que aproveitará a um homem ganhar todo o mundo, se vier a perder a sua alma?*
>
> (16,24-26)

A fala termina com a questão pungente: o que um "homem", isto é, sua vida enquanto eu imanentemente contraído, tem a oferecer em troca por sua "vida" (*psychē*) no segundo sentido? O significado da censura, e também da relação entre as duas camadas de símbolos, é ainda mais esclarecido pelo uso do verbo *aparneistai* (*negar, renegar, repudiar*) na negação do eu em 16, 24. O mesmo verbo é usado para denotar a negação de Jesus pelo homem na fala: "Porém, o que me negar diante dos homens também eu o negarei diante de meu Pai, que está nos céus" (10,33). Além disso, ela é usada para referir especificamente a negação de Pedro em 26,33-34; 69-75, criando assim o grande contraponto entre as três negações a Jesus por Pedro e as três rejeições ao Diabo por Jesus. No Intermédio da existência, o homem se depara com a escolha entre negar seu eu e o diabo e negar Jesus e o Deus Desconhecido.

A análise do contexto experiencial em que o *logion* de 11,27 deve ser colocado, ainda que longe de ser exaustiva, foi levada longe o bastante para tornar visíveis os problemas noéticos que se prestam a construções equivocadas por meio de hipóstases doutrinais, pela demasiada ênfase em uma área da realidade em detrimento de outras, ou pelo puro e simples desinteresse em ir mais longe na penetração noética. No presente contexto, devo limitar-me a uma breve enumeração apenas das questões principais.

1. Os diversos problemas transmitidos a nós ao longo de 2 mil anos têm seu centro no movimento em que a consciência do homem da existência emerge da experiência primária do cosmos. A consciência torna-se luminosa para si mesma como *locus* do processo revelatório, de busca e de atração. A experiência de um cosmos cheio de deuses tem de ceder à experiência da presença divina eminente no movimento da alma na *metaxia*. Por isso, toda simbolização da verdade a respeito da realidade, de Deus, do homem, da sociedade e do mundo precisa a partir desse momento ser filtrada pela verdade eminente da consciência existencial e compatibilizada com ela. Além disso, como o lugar da verdade é historicamente ocupado por preempção pelas simbolizações mais compactas da experiência primária, a consciência existencial é consciência histórica no sentido de que, na ocasião de sua diferenciação, a verdade da realidade é descoberta como acontecimento no processo de uma realidade cuja verdade progride a estágios mais elevados de realização. Se a história deve ser compatível com a verdade da existência, ela deve ser simbolizada como processo revelatório; o passado cosmológico de experiência e simbolização precisa ser relacionado inteligivelmente à consciência diferenciada a que

deu origem; e a visão do futuro deve trazer alguma relação inteligível com a intuição do duplo sentido de vida e morte. As respostas a esse problema são bastante amplas. Sua amplitude pode ser estimada pelo confronto entre a concepção agostiniana da história, com sua paciente espera pelos acontecimentos escatológicos, e a especulação hegeliana, que representa o acontecimento escatológico por meio da construção do sistema; ou, se for feito o confronto entre a posição de um teólogo existencialista contemporâneo que rejeita o Antigo Testamento, como se fosse algo irrelevante para a teologia cristã, com a posição de Clemente de Alexandria, que insiste em acrescentar a filosofia grega como um segundo Antigo Testamento para os cristãos. Quanto às visões do futuro, pode-se confrontar o milênio introduzido por um anjo do Senhor em Apocalipse 20 com os milênios introduzidos por Cromwell e o exército puritano ou por Lenin e o Partido Comunista.

2. O cosmos não deixa de ser real quando a consciência da existência no Intermédio se diferencia; mas é enorme a resistência emocional a ressimbolizar à luz da nova intuição a ordem do cosmos, bem como a dificuldade técnica em fazer isso, uma vez que essa ordem, em seu nível compacto, tinha sido simbolizada de maneira perfeitamente adequada pelos deuses intracósmicos; sobretudo porque a nova consciência histórica exige que os deuses mais antigos sejam ressimbolizados como símbolos de estágios anteriores do processo da revelação. No movimento da filosofia clássica, como demonstrei, a análise noética da *metaxia* foi até o ponto do movimento evangélico, e em alguns pontos é tudo o que está no evangelho, mas o passo decisivo de fazer da experiência da tensão do homem para o Deus Desconhecido a verdade a que toda a verdade da realidade deveria conformar-se nunca havia sido dado. Para Platão, a *monogenēs* do Deus Desconhecido é não um homem, mas o cosmos. Assim, no mito do *Fedro*, ele explicitamente trata da relação entre o Deus Desconhecido e os deuses intracósmicos: em ocasiões de festa, os Olímpicos percorrem a íngreme subida até o topo de seu céu; "ali o supremo (*eschaton*) trabalho e combate espera a alma" quando ela quer ir além e chegar à superfície exterior da abóbada; mas, quando eles chegam até ali, eles contemplam as coisas fora do céu. Os seguidores humanos dos deuses muitas vezes conseguem, ainda que não completamente, chegar a esse estado de contemplação, de modo que nenhum poeta deste mundo jamais louvou devidamente o *hyperouranion*, a região além do céu, nem jamais louvará (247). Assim, a imaginação mítica de Platão dota os deuses intracósmicos de uma tensão em sua psique para o Deus

Desconhecido e permite que eles transmitam seu verdadeiro conhecimento ao homem. Na linguagem do mito cosmológico, esses buscadores olímpicos de deus e mediadores são o equivalente do Filho de Deus que sozinho conhece o Pai divino no *plērōma* da presença, e media seu conhecimento a seus seguidores de acordo com sua receptividade humana. A resolução platônica do problema teve um sucesso durável na filosofia: seis séculos depois, quando o Deus Desconhecido tinha sido ainda mais diferenciado como a Mônada *epekeina nou* (*Enéadas* V. 3. 11), Plotino ainda voltou ao mito do *Fedro,* a fim de simbolizar a relação entre os deuses intracósmicos e o Deus Desconhecido (*Enéadas* V. 8. 10). Além disso, ele usou o argumento dos deuses que olham para "o rei do mundo além" em sua polêmica contra os "filhos de deus" gnósticos que queriam elevar-se acima dos deuses do cosmos e falar deste mundo como "a terra alheia" (II. 9. 9).

3. A área de consciência existencial, ainda que eminente em sua hierarquia, é apenas uma área da realidade. Se for excessivamente enfatizada, o cosmos e seus deuses vão tornar-se a "terra alheia" dos gnósticos e a vida no mundo desprezado dificilmente valerá a pena de ser vivida. A tendência para esse desequilíbrio certamente está presente no movimento evangélico. Quando Jesus prefere as pessoas simples aos sábios e às autoridades públicas, ele não quer começar uma revolução que levará as pessoas simples ao poder, mas julga que o reino de Deus é mais facilmente acessível aos "pobres" do que aos homens que têm interesses declarados e posições de responsabilidade nos negócios deste mundo. Seu apelo é inteiramente diferente [do de] Platão, que se dirigia aos filhos da elite dirigente, a fim de torná-los existencialmente capazes de tornar-se governantes na *pólis* paradigmática que substituiria a *pólis* corrupta da época, porque o reino de Deus não terá organização social nem elite dirigente neste mundo. Em Mateus 16, Jesus conclui sua análise da existência com a garantia: "Em verdade vos digo que entre aqueles que estão aqui presentes há alguns que não morrerão, antes que vejam vir o Filho do homem ao seu reino" (16,28) – uma visão que provavelmente tem tanto apelo para membros de um *establishment* quanto para revolucionários que querem estabelecer-se em seus lugares. Além disso, não só o futuro da história pode ser perdido, se "não vos preocupeis, pois, pelo dia de amanhã" (Mateus 7,34), como há também o risco de perder seu passado. O Jesus de Mateus, é verdade, não veio para destruir a lei e os profetas, mas para cumpri-los (5,17), mas é difícil distinguir o cumprimento da

destruição apocalíptica. Observamos as sutis conversões do *malak* de Javé no precursor de Jesus, e também do Messias no filho de Deus; e o Pai Desconhecido de 11,27; que ninguém conhece senão o Filho, praticamente não é o Deus bastante conhecido que trovejou do Sinai e falou através de Moisés e dos profetas. Será que o Javé de Israel não teria de tornar-se um buscador de deus e mediador como os Olímpicos do mito platônico?

4. Como questões dessa espécie foram insuficientemente esclarecidas no movimento do evangelho, o desvio para o gnosticismo tornou-se possível. A força do evangelho é sua concentração no único ponto que é absolutamente importante: que a verdade da realidade tem seu centro não no cosmos como um todo, não na natureza da sociedade ou no domínio imperial, mas na presença do Deus desconhecido na existência de um homem no que diz respeito à sua morte e à sua vida. Essa força mesma, porém, pode provocar um colapso se a ênfase no centro da verdade tornar-se tão intensa que suas relações com a realidade da qual ela é o centro forem negligenciadas ou interrompidas. A menos que o Deus Desconhecido seja a presença divina indiferenciada no plano de fundo de deuses intracósmicos específicos, ele é realmente um deus desconhecido para a experiência primária do cosmos. Nesse caso, porém, não há processo de revelação na história, nem um movimento milenarista que culmina na epifania do Filho de Deus, mas apenas a irrupção de um deus extracósmico num cosmos de cuja humanidade ele tinha estado até então oculto. Além disso, como a revelação desse deus extracósmico é a única verdade que importa existencialmente, o cosmos, seus deuses e sua história tornam-se uma realidade com índice de inverdade existencial. O Javé de Israel é particularmente imaginado como um demônio mau que criou o cosmos a fim de gratificar sua sede de poder e de manter o homem, cujo destino é extracósmico, prisioneiro no mundo que ele criou. Esse deus dos gnósticos certamente não é o Deus do evangelho que sofre a morte no homem para elevar o homem à vida, mas é um deus que pode emergir do movimento, quando a consciência da existência isolar-se, por meio de um ato de imaginação, da realidade do cosmos em que ela se diferenciou. Digo aconselhadamente que o deus gnóstico pode emergir desse movimento como um todo, porque ele não está necessariamente ligado ao movimento evangélico como um de seus desvios possíveis. Os historiadores da religião que encontram as "origens" do gnosticismo na Hellas ou na Pérsia, na Babilônia ou no Egito, nas religiões de mistério helenísticas ou nos movimentos sectaristas judaicos, e que

diagnosticam elementos gnósticos até no Novo Testamento, não estão muito errados, porque a possibilidade estrutural do desvio está presente sempre que o movimento existencial da diferenciação do Deus Desconhecido dos deuses intracósmicos começou. É preciso ter clareza, porém, quanto ao fato de que a presença da possibilidade estrutural não é em si mesma gnosticismo; seria melhor aplicar o termo apenas aos casos em que o isolamento imaginativo da consciência existencial se torna o centro motivador da construção de grandes simbolismos, como nos grandes sistemas gnósticos do século II d. C. Esses sistemas, ainda que sejam produtos da imaginação mítica, nem são mitos do tipo intracósmico, nem são mitos de filósofos como os de Platão ou de Plotino, nem pertencem ao *genus* dos Evangelhos do Novo Testamento. Eles são um simbolismo *sui generis* que expressa um estado de alienação da realidade, e serão caracterizados mais precisamente como um isolamento extracósmico da consciência existencial.

Ainda que a possibilidade do desvio gnóstico seja inerente ao movimento desde seu começo, somente a diferenciação plena da verdade da existência sob o Deus Desconhecido por meio de seu Filho criou o campo cultural em que a contração extracósmica da existência é uma possibilidade igualmente radical. Com o evangelho como verdade da realidade, a civilização ocidental herdou a contração extracósmica como a possibilidade de sua perturbação. Eu já tinha sugerido o padrão cultural dos novos Cristos no fim do século XVIII e no começo do século XIX, que repete o padrão dos "filhos de deus" que despertavam a cólera de Irineu e de Plotino. Mas neste momento não posso ir além dessas sugestões. Não sabemos quais horrores o período atual de perturbação cultural ainda nos reserva, mas espero ter mostrado que a filosofia não está exatamente desesperada na penetração noética de seus problemas. Talvez sua persuasão possa ajudar a restaurar o domínio da razão.

Imortalidade: Experiência e Símbolo
Eric Voegelin

I

Imortalidade é um dos símbolos de linguagem engendrados por uma classe de experiências as quais referimos como as variedades da experiência religiosa. Esse termo talvez não seja mais o melhor, tecnicamente falando, mas ele tem a vantagem de ter um grande precedente, especialmente aqui em Harvard. Por isso, espero, seu uso será conveniente para assegurar um entendimento comum e imediato do assunto da investigação.

Os símbolos em questão tencionam transmitir uma verdade experienciada. No que diz respeito a esse propósito, porém, eles sofrem de uma deficiência específica. Em primeiro lugar, os símbolos não são conceitos que referem objetos que existem no tempo e no espaço, mas são portadores de uma verdade a respeito de uma realidade não existente. Além disso, esse modo de não existência também faz parte da própria experiência, à medida que ela não é nada além de uma consciência da participação numa realidade não existente. Como está em Hebreus 11,1: "A fé é a substância das coisas esperadas, a evidência de coisas que não se veem". E, por fim, o mesmo modo também faz parte do sentido dos símbolos, uma vez que eles não transmitem nenhuma verdade além daquela da consciência engendrante. Falamos, portanto, de uma verdade experienciada e não de uma verdade que se associa aos símbolos. Como consequência, quando a experiência que engendra os símbolos deixa de ser uma presença localizada no homem que a tem, a realidade da qual derivam os símbolos desaparece. É verdade que os símbolos, no sentido de uma palavra escrita ou falada, são deixados como rastros no mundo da percepção sensorial, mas seu sentido só pode ser entendido se eles evocarem e se pela evocação reconstituírem a realidade engendrante no ouvinte ou leitor. Os símbolos existem no mundo, mas sua verdade pertence à experiência não existente que se articula pelos meios deles.

A intangibilidade da experiência que acabo de esboçar expõe os símbolos e sua verdade a estranhas vicissitudes da história. Por causa do substrato fugaz, mesmo a mais adequada exegese e articulação de uma experiência não pode obter nada mais do que símbolos, que permanecem como o resíduo exterior de uma verdade original plena que abrangia tanto a experiência quanto sua articulação. Porém, assim que os símbolos se separaram dessa plenitude e adquiriram o status de relato literário, a tensão íntima entre uma realidade engendrante e os símbolos engendrados, que mantinha em equilíbrio a identidade e a diferença de dois polos, corre o risco de dissociar-se em informação e assunto. Não existe qualquer garantia de que o leitor do relato será movido a uma reconstituição meditativa da realidade engendrante; pode-se até dizer que as chances são pequenas, uma vez que a meditação demanda mais energia e disciplina do que a maior parte das pessoas está disposta a investir. A verdade transmitida pelos símbolos, porém, é a fonte da ordem correta na existência humana, não podemos dispensá-la; e, por conseguinte, é grande a pressão para reformular discursivamente o relato exegético para os fins da comunicação. Ele pode ser traduzido, por exemplo, em proposições simples, repassando aquilo que o tradutor considera seu sentido essencial, para uso no nível secundário de instrução e de iniciação. Se submetidos a esses procedimentos, para fins bastante respeitáveis, a verdade da descrição assumirá a forma de doutrina ou dogma, de uma verdade de segundo grau, como por exemplo nas proposições "o homem é imortal" ou "a alma é imortal". Além disso, proposições dogmáticas desse tipo estão sujeitas a condicionar tipos correspondentes de experiência, como a aceitação fideística ou modos de entendimento ainda mais deficientes. Como um amigo católico uma vez observou amargamente, há aquele seminarista que acredita mais no *Enchiridion* de Denzinger do que em Deus; ou, para evitar qualquer suspeita de parcialidade confessional, há o protestante fundamentalista; ou, para evitar qualquer suspeita de parcialidade profissional, há o professor de filosofia que informa a respeito da "doutrina" de Platão da alma, ou da ideia, ou da verdade, ainda que conceber Platão como promotor de doutrinas seja absurdo. Porém mesmo a transformação em doutrina não é a última perda que a verdade pode sofrer. Quando a verdade doutrinal se torna socialmente dominante, até o conhecimento dos processos pelos quais a doutrina deriva do relato original e o relato original da experiência engendrante podem se perder. Os símbolos podem deixar completamente de ser translúcidos em relação à realidade. Então serão equivocadamente entendidos como proposições que se referem a coisas, à maneira de proposições a respeito de objetos de percepção sensível; e, como o exemplo não cabe no modelo, eles vão provocar a reação de ceticismo que irá de uma suspensão pirrônica de juízo, passará pelo agnosticismo vulgar e chegará às perguntas dos idiotas espertinhos, como "Como você sabe?" e "Como você pode provar isso?", que todo professor universitário conhece da sala de aula. Chegamos à *Terra Devastada* de T. S. Eliot, com suas imagens quebradas:

> *Que raízes são essas que se arraigam, que ramos se esgalham*
> *nessa imundície pedregosa? Filho do homem,*
> *não podes dizer, ou sequer estimas, porque apenas conheces*
> *um feixe de imagens fraturadas, batidas pelo sol,*
> *e as árvores mortas já não mais te abrigam, nem te consola o canto dos grilos,*
> *e nenhum rumor de água a latejar na pedra seca.*
>
> (Tradução de Ivan Junqueira)

II

Tentei sugerir o fenômeno de relato original, exposição dogmática e argumento cético como uma sequência que pode se associar a toda experiência de realidade não existente quando essa se torna articulada e, por meio de seus símbolos, entra a sociedade como força ordenadora. Em alguns casos, em que a sequência se associa às grandes experiências ordenadoras da filosofia e da fé cristã, ela é discernível como estrutura em processos históricos de complexidade infinita. Uma recordação, ainda que não passe da mais tênue sugestão, desses cursos, ajudará a determinar não apenas nossa própria posição dentro deles, mas também o sentido que pode ter para nós uma investigação a respeito da imortalidade hoje.

Em nossa civilização, a sequência perfez-se duas vezes: uma na Antiguidade e outra na época medieval e moderna. Na Antiguidade, emerge da cultura do mito a experiência noética dos pensadores helênicos. Eles deixaram, como exegese de sua experiência, o *corpus* literário da filosofia clássica. A filosofia exegética de Platão e de Aristóteles foi então seguida pela filosofia dogmática das escolas. E o dogmatismo das escolas, por fim, é acompanhado, desde a primeira geração depois de Aristóteles, pela reação cética. Na virada do século II para o século III d.C., o vasto corpo acumulado de argumentos céticos foi coligido e organizado por Sexto Empírico. O segundo ciclo é mais complicado do que o primeiro, à medida que a sequência se associa tanto à verdade da filosofia quanto à da revelação. A fenda no precário equilíbrio de uma ordem cristã torna-se inequívoca na Alta Idade Média, com inauspiciosa bifurcação de fé e fideísmo nos movimentos paralelos de misticismo e nominalismo. No século XVI, um cristianismo tornado doutrinário explode nas guerras de religião; e suas devastações, tanto físicas quanto morais, levantam ondas e mais ondas de repulsa ao dogmatismo, seja teológico ou metafísico. Ainda no século XVI, a repulsa se cristaliza na dita *crise pyrrhonienne*, com sua reintrodução de Sexto Empírito no arsenal dos argumentos antidogmáticos. E no século XVII começa o incrível espetáculo da modernidade – simultaneamente fascinante e nauseabundo, grandioso e vulgar, empolgante e deprimente, trágico e grotesco – com seu entusiasmo apocalíptico pela construção de novos mundos que serão velhos amanhã, às custas dos velhos mundos que eram novos ainda ontem; com suas guerras e revoluções destrutivas espaçadas por estabilizações temporárias em níveis cada vez mais baixos da ordem espiritual e intelectual por meio da lei natural, do interesse esclarecido, do equilíbrio de poder, do equilíbrio de lucros, da sobrevivência do mais apto, e do medo da aniquilação atômica num ataque de aptidão; com seus dogmas ideológicos empilhados em cima dos dogmas eclesiásticos e sectários, e seu ceticismo resistente, que joga todos eles igualmente nas latas de lixo da opinião; com seus grandes sistemas construídos sobre premissas inviáveis e suas argutas suspeitas de que as premissas são de fato inviáveis e, portanto, nunca devem ser discutidas racionalmente; com o resultado, em nossa época, de ter a humanidade unificada num manicômio global fervendo de estupenda vitalidade.

A loucura no sentido da palavra aqui usada – é o sentido esquiliano de *nosos* – é um estado pneumopatológico, uma perda de ordem pessoal e social em decorrência da perda de contato com a realidade não existente. Onde, nesse manicômio, há espaço para uma discussão racional da imortalidade, que pressupõe o contato mesmo com a realidade que se perdeu – será que há algum espaço?

Sim, existe esse espaço – e ainda mais do que às vezes estamos inclinados a supor. Afinal, um homem não deixa de ser homem nem quando corre desvairado por mundos que ele mesmo criou, e uma loucura do espírito nunca deixa de reagir a um conhecimento dessa loucura, por mais habilidosamente que tenha sido suprimida. A fase violenta da loucura a que chamamos de modernidade é acompanhada por diversos pensadores que, tendo feito um diagnóstico correto de sua causa, tentam remediar o mal por meio de várias tentativas de recapturar a realidade. No século XVII, um Descartes tenta, em suas *Meditações*, encontrar a base segura do filosofar além do dogmatismo e do ceticismo numa experiência imediata. No começo do século XIX, Hegel diz claramente que só podemos escapar do dogmatismo sem sentido penetrando novamente na experiência, e ele empreende a especulação dialética de sua *Phänomenologie* com esse propósito. Em nosso século XX, as obras de William James e de Henri Bergson estabeleceram grandes marcos desse esforço. Essa tarefa de restabelecer contato com a realidade não existente, porém, não é fácil; e a tarefa de tornar as tentativas socialmente eficazes é menos fácil ainda. Seria difícil detectar quaisquer marcas duradouras deixadas pela obra de pensadores individuais na vastidão da lama intelectual que cobre a cena pública; a loucura parece ficar cada vez mais forte, e somente um medo hobbesiano da morte lhe coloca freios. E, mesmo assim, por menos encorajadores que sejam os resultados, a mim me parece inegável que houve alguma espécie de progresso.

A fim de estabelecer os critérios pelos quais estimar o progresso nessa matéria, referirei um documento clássico da abertura para experiências da realidade inexistente, *As Variedades da Experiência Religiosa* (1902), de William James. Um exame do índice do livro mostra que não há nenhuma referência aos mais importantes textos literários que articulam essas experiências e que desenvolvem com cuidado a questão da imortalidade. Em vão se buscará os nomes de Platão e de Aristóteles; Cristo não é mencionado; e as duas referências a São Paulo ocorrem em passagens em que ele é citado por outros autores. O objetivo dessas observações não é criticar James; antes, seu objetivo é caracterizar a situação da ciência no começo do século [XX], em que os textos fundamentais estavam tão abaixo do limiar do debate geral que mesmo a catolicidade de um James não conseguia ficar ciente de sua relevância para seu propósito. Sobre a imortalidade em particular, ele não tem mais do que uma página, urbana no estilo mas ranzinza na disposição – uma disposição compreensível, já que a imortalidade se apresentava a ele nas fantasias do gênero que eram caricaturadas mais ou menos na mesma época por E. M. Forster em seus contos satíricos. A virada do século, é preciso lembrar, foi uma época difícil para homens de inclinação filosófica, uma época tão ruim que um Wilhelm Dilthey ficou uma década sem publicar porque julgava seu esforço inútil.

Desde o começo do século, a situação mudou substancialmente. Por um lado, a doença espiritual se manifestou maciçamente em períodos de guerra global e de revolução; por outro, as experiências da transcendência estão sendo recapturadas de um modo peculiarmente indireto. As experiências que haviam sido reduzidas às sombras pelas incrustações dogmáticas, e que pareciam distantes do mundo dos vivos pelos ataques sucessivos do antiteologismo e do antimetafisicismo, voltaram do limbo pela porta de trás do conhecimento histórico. Num campo do qual elas aparentemente haviam sido removidas para que não perturbassem os sonhos futurísticos de *paradis artificiels*, elas estão sendo reintroduzidas como "fatos da história" – por meio da exploração do mito, do Antigo e do Novo Testamentos, dos movimentos apocalípticos e gnósticos, da religião comparada, da assiriologia, da egiptologia, da filosofia clássica, etc. Esse conhecimento renovado das experiências de que depende a ordem na existência pessoal e social se faz sentir ainda agora no diagnóstico cada vez mais preciso da desordem contemporânea e de suas causas; e seria surpreendente se ele não se tornasse uma força viva, mais cedo ou mais tarde, na efetiva restauração da ordem.

Assim, desde os primeiros anos do século, o cenário intelectual realmente mudou. Hoje um filósofo pode responsavelmente iniciar uma investigação da imortalidade, tendo o apoio dos materiais comparativos que as ciências históricas colocam à sua disposição, e também de ciências bem avançadas das experiências e de sua simbolização. Agora me voltarei para a análise de um exemplo significativo.

III

Como o propósito desta investigação não é uma descrição dos símbolos, mas uma análise das experiências que os engendram, nossa escolha de um exemplo é estreitamente determinada pelas exigências do método. Afinal, de um lado, o exemplo selecionado deve ser historicamente antigo, a fim de evitar questões que poderiam surgir em relação ao caráter tradicional dos símbolos, e a uma autenticidade analogamente suspeita da experiência. De outro lado, porém, ele tem de ser culturalmente tardio o bastante para que uma exegese da experiência seja articulada a tal ponto que a conexão entre a verdade experienciada e os símbolos que a expressam seja inteligível além de qualquer dúvida. O caso que satisfará as duas exigências é um texto anônimo do Egito do Primeiro Período Intermediário, cerca de 2000 a.C., uma antiga reflexão sobre as experiências de vida, morte e imortalidade, que se distingue pela excelência da análise. O texto é conhecido como "Disputa de um Homem, que Contempla o Suicídio, com Sua Alma".

A primeira parte da *Disputa*, preservada de modo imperfeito, apresenta uma discussão entre o Homem e sua Alma. O Homem é levado ao desespero pelos tumultos de uma era desordenada e quer abandonar uma vida que perdeu o sentido; a Alma é apresentada como o falante que milita contra essa decisão. À medida que o estado imperfeito de preservação nos permite compreender a lógica de fala e contrafala, a discussão passa por três fases. O primeiro período do embate entre o Homem e sua Alma diz respeito à ideia da vida como dom dos deuses. Como a vida não é uma propriedade do homem, algo que ele possa jogar fora quando ela se torna incômoda, mas um dote que deve ser tratado, em quaisquer condições, como um bem recebido em confiança, a Alma pode recordar o mandamento dos deuses e o ensinamento dos sábios, que proíbem o encurtamento da duração determinada. Mas o Homem sabe como pedir: a desintegração da ordem, tanto pessoal quanto pública, na sociedade em torno, tira da vida qualquer sentido concebível, de modo que circunstâncias excepcionais justificarão uma violação da regra perante os deuses. Na segunda parte, surge a questão da imortalidade em sentido convencional. O homem tenta tornar a decisão palatável a sua Alma prometendo as devidas provisões para o enterro e o sacrifício, de modo que sua estadaa no além seja agradável. Infelizmente, porém, a Alma é sofisticada e fica imune às promessas convencionais. Ela parece conhecer o pensamento cético a respeito das probabilidades da vida após a morte; ela sabe que ninguém nunca voltou de lá para contar aos vivos qual é o estado da alma no além. Mas o Homem é tão resistente quanto sua Alma. Uma terceira e última parte torna-se necessária porque ele não será movido pelo ceticismo. Isso leva a uma situação difícil. O que se pode fazer com um homem que não encontra paz de espírito nem nas crenças convencionais, nem no ceticismo convencional? Assim, a Alma agora tem de fazer um ataque radical ao núcleo da miséria do Homem: o Homem está numa angústia mortal, porque leva a vida a sério e não consegue suportar a existência sem sentido. Mas para que tanta seriedade? Por que não simplesmente desesperar-se? O homem deveria gozar dos prazeres do momento quando eles aparecem: "Aproveite o dia feliz e esqueça as preocupações". Esse argumento definitivo era comum à época, como sabemos por outras fontes, como a "Canção do Harpista". Atualmente, porém, ela ganha um novo sentido, porque não é aceita como conselho de sabedoria mundana, mas pressentida como a indignidade definitiva infligida ao Homem na agonia de sua existência. O conselho precipita a crise espiritual que se preparava. O Homem se encoleriza pela vileza do conselho e expressa sua repulsa:

> *Olhai, meu nome federá através de ti*
> *mais do que a pestilência das excrescências dos pássaros*
> *nos dias de verão, quando o céu está quente.*

Diante desse ataque, a Alma fica quieta; seus recursos estão exauridos. Agora o Homem está sozinho consigo e tem de enfrentar a decisão.

Uma breve reação a essa primeira parte esclarecerá sua função na *Disputa* e também seu significado para algumas das questões levantadas anteriormente nessa investigação.

Os argumentos da Alma tentam abrir caminhos para fora de um impasse que podem habitualmente conduzir ao suicídio como solução. Esses argumentos, porém, sofrem de uma curiosa nuance de irrealidade; podemos explicitá-la expressando-os de maneira coloquial: esta vida foi dada por Deus e não cabe a você desperdiçá-la a seu bel prazer; além disso, você não pode ter certeza de que há vida após a morte, por isso é melhor aferrar-se ao que você tem; e, por fim, pare com essa pompa toda a respeito do sentido da vida, não dê uma de santinho, seja como todo mundo e vá se divertir. Se desse modo transpomos a essência do argumento para o coloquialismo, sua seriedade se torna suspeita. A primeira parte, então, pareceria uma exibição irônica de argumentos populares usados à época em debates a respeito do sentido da vida; e a ironia pareceria sugerir uma compreensão dos argumentos enquanto expressões da existência de modo deficiente. Parece que a sociedade em torno deve ser caracterizada pela forte perda de realidade ordenadora, a qual se manifesta no caráter vulgar do argumento; como se os tumultos da época devessem ser entendidos não apenas como um colapso do governo em nível pragmático, causado talvez pela ausência da boa vontade dos deuses, mas como acontecimentos de algum modo relacionados a uma desintegração da ordem existencial. Uma caracterização desse tipo é possível, é claro, apenas se a alternativa ao modo deficiente é uma força viva no autor, de modo que ele consiga usar a presença da realidade experienciada como padrão segundo o qual julgar a sociedade. Assim, a situação do Homem na *Disputa* não seria muito diferente daquela de um homem em nossa própria época: viver numa sociedade que vive segundo clichês vulgares de piedade, de ceticismo e de hedonismo é uma provação capaz de fazer um homem buscar um oásis de realidade – ainda que, para alcançá-lo, ele não vá necessariamente recorrer ao meio radical do suicídio.

Essa interpretação, ainda que soe anacrônica, não é uma suposição temerária. Ela é confirmada pela construção da *Disputa* como drama existencial. O argumento é cuidadosamente construído, de modo a levar ao ataque espiritual – que não poderia ocorrer se não houvesse um espírito para ter um ataque. Por isso, o argumento precisa ser interpretado em retrospecto, a partir do acesso que provocou. A partir da luz que irradia do clímax, fica clara a diferença entre um lamento tradicional a respeito das iniquidades da época e a revolta existencial contra a indignidade de participar da corrupção, ainda que a participação deva assumir a forma respeitosa de um lamento ineficaz. O autor da *Disputa* se eleva acima do lamento e chega ao julgamento dramático e à ação. Seu Homem é colocado contra a desordem da sociedade e consegue sair vitorioso da luta porque ele traz em si mesmo a plena realidade da ordem. Essa realidade só pode crescer até sua presença plena, porém, por meio de um crescimento da consciência; e a consciência da realidade cresce precisamente por causa da resistência dramática do Homem ao conselho da Alma. Somente por meio da rejeição definitiva da sociedade, de sua persuasão e de sua pressão, ele encontra a liberdade e a clareza necessárias para articular tanto a realidade que vive nele e o estado negativo da sociedade da qual ele se aparta. Tendo se livrado da tentação de tornar-se um conformista e de tornar seu nome uma pestilência, ele pode tornar-se um consigo mesmo e encontrar a linguagem adequada para sua experiência.

A segunda parte da *Disputa* articula a experiência da realidade; o relato é organizado em quatro sequências de tercetos. A primeira sequência expressa a repulsa do homem a tornar-se uma pestilência para si continuando a vida ao nível da existência corrupta. Após essa irrupção de uma realidade que se tornou certa de si própria enquanto algo distinto da irrealidade, a segunda sequência caracteriza a vida no modo da irrealidade; a terceira lida com a morte como libertadora da doença da vida; a quarta, com a fé de que a plenitude da vida será adquirida por meio da morte. Esse padrão de articulação – repulsa pela vida morta, descrição da morte vivente, a libertação por meio da morte da morte em vida, e plenitude da vida por meio da morte – traduz a estrutura da experiência com uma exatidão que dificilmente será ultrapassada. É verdade que os relatos de Platão e de São Paulo caminham no plano mais diferenciado das experiências noéticas e revelatórias, que eles têm à sua disposição um arsenal mais diferenciado de símbolos, que sua expressão ficou mais flexível por não ser mais impedida pelo bloco compacto do mito, mas fundamentalmente eles são – como todos os relatos têm de ser invariavelmente se são verdadeiros – variações dos motivos que foram articulados pelo pensador egípcio desconhecido.

Da primeira sequência, que expressa a repulsa do homem, citei um exemplo. Os demais tercetos dessa série não fazem mais do que amplificar o tema listando outros odores pouco apetitosos. Agora apresentarei uma ou duas amostras de cada uma das sequências seguintes para dar uma ideia do grau de detalhe em que a experiência se articulou.

Cada um dos tercetos da segunda sequência começa com o verso "Com quem posso falar hoje?". A destruição da comunidade entre os homens causada pela destruição do espírito é seu grande tema. Especificamente, o autor reclama:

> *Com quem posso falar hoje?*
> *os companheiros são maus;*
> *os amigos de hoje não amam.*

Transpondo o pensamento para a linguagem da filosofia clássica, pode-se dizer: a *philia politike* em sentido aristotélico, derivada do amor do Noûs divino que é experienciado como constituinte do próprio eu do homem, tornou-se impossível, porque a presença divina retirou-se do eu. Como consequência, a reclamação prossegue:

> *Com quem posso falar hoje?*
> *Os rostos desapareceram:*
> *todo homem mostra um rosto caído a seus companheiros.*

Quando a realidade retira-se do eu, o rosto fica sem rosto – o que traz diversas consequências. O terceto atual parece apontar para a consciência da perda e para o tormento que ela é; os versos soam como uma descrição do fenômeno que hoje é chamado de "multidão solitária" e de "desespero silencioso". Para o Homem da *Disputa*, o fenômeno se torna consciente como sua própria solidão.

> *Com quem posso falar hoje?*
> *Ninguém está contente em seu coração;*
> *o homem com quem se andou não mais existe.*

Mas a perda do eu também pode assumir a forma da maldade e consentir nela. Outros tercetos falam do homem mau que só provoca o riso, da prevalência social da criminalidade, e da terrível perspectiva de um mal sem fim.

Nessa solidão absoluta, o Homem se volta para a morte como a salvação de uma existência sem sentido:

> *Hoje a morte me encara*
> *como a recuperação de um doente,*
> *como sair ao ar livre após estar na prisão.*

Ou:

> *Hoje a morte me encara*
> *como o anseio de um homem de ver novamente o seu lar,*
> *após os muitos anos passados na prisão.*

Os tercetos dessa terceira sequência variam entre os temas da vida como doença, como terra tenebrosa sob as nuvens, como exílio e como prisão; e os temas da morte como recuperação, como a luz que leva da treva ao até então desconhecido, como o anseio de voltar ao lar, e como a libertação da prisão. Os símbolos do grupo chamam nossa atenção porque os conhecemos dos textos platônicos e gnósticos. Por isso parece que eles não pertencem especificamente a nenhuma das variedades, antes sendo características de um gênero de experiência. Retornaremos em breve a esse problema.

Os tercetos da quarta sequência expressam a fé do narrador de que entrará na plenitude da vida por meio da morte.

> *Ora, certamente o que está no além*
> *será um deus vivo,*
> *punindo o pecado daquele que o comete.*

> *Ora, certamente o que está além*
> *ficará na barca do sol,*
> *fazendo com que os melhores ali sejam dados aos templos.*

> *Ora, certamente o que está além*
> *será um homem de sabedoria,*
> *que não será impedido de apelar a Re quando fala.*

Nessa sequência se deve notar particularmente o simbolismo da transformação do Homem num deus vivo, que anda na barca do sol. Transformado em companheiro divino do deus-sol, o Homem funcionará como seu conselheiro e juiz de questões do homem e da sociedade na terra. O tema do julgamento, ao que parece, é tão específico da experiência helênica ou da cristã quanto os símbolos de alienação, doença, prisão, etc.; na verdade, bem como os outros, ele é uma constante de toda a categoria das experiências de que emerge o simbolismo da Imortalidade.

O grau preciso de diferenciação que o autor da *Disputa* conseguiu ficará claro apenas se confrontarmos as certezas da última sequência com a experiência egípcia de cosmos e de império.

Na experiência primária do cosmos, todas as coisas que ele abrange – deuses, céu e terra, homem e sociedade – são consubstanciais. Como o reino do Egito é um parceiro no cosmos, sua ordem supostamente manifestaria o *ma'at*, a ordem divina-cósmica, enquanto o Faraó supostamente seria o mediador dessa ordem para a sociedade. À época em que o autor escreveu, porém, o Egito estava desorganizado em virtude das escolhas de um Faraó; e, segundo a condição tradicional de império, essa infeliz situação só poderia ser melhorada pela epifania de um novo Faraó que novamente canalizasse o fluxo de *ma'at* dos deuses para a sociedade. Contraposta a essa concepção tradicional, a *Disputa* pode ser considerada um acontecimento extraordinário, senão revolucionário, na história do império, à medida que oferece um substituto para a função mediadora do Faraó. Afinal, o autor da *Disputa* não está interessado nem na vida a qualquer custo nem na imortalidade no sentido das fantasias convencionais – esses assuntos cabem ao modo de irrealidade do qual ele está se apartando – mas no tipo bem diverso de imortalidade que se pretende que contribua para restaurar a ordem no Egito. O deus vivo Homem suportará o fardo do deus vivo Faraó, que fracassou. Não pode haver dúvida de que estamos testemunhando uma irrupção espiritual, que rebenta a experiência primária do cosmos e se move na direção da uma experiência pessoal da transcendência. O autor está prestes à intuir que a ordem do Homem, tanto pessoal quanto social, terá de depender da existência do Homem imediatamente sob Deus. Tendo em vista a simbolização tão articulada, seria até mesmo tentador empurrar a interpretação um passo além e considerar que houve a intuição da natureza do Homem como *Imago Dei*, sem o benefício da mediação faraônica. Mas isso seria ir longe demais, porque o autor desconhecido não rompe radicalmente com aquela experiência primária, antes preservando sua fé no cosmos, isso apesar dos fenômenos de desordem social. Seu Homem não é todo mundo, e por isso ele não consegue traduzir sua descoberta pessoal numa revolução contra a realeza sagrada. A aceitação do status de conselheiro do deus sol permanece o único método concebível de fazer que a realidade do Homem recém-descoberta seja eficaz na economia do cosmos e da sociedade – e, para obter esse status, o Homem tem de cometer suicídio. Ainda não chegou a hora de transferir a autoridade do governante cosmológico para o profeta, para o sábio ou para o filósofo como núcleo de uma nova ordem comunal.

IV

O filósofo ocidental do século XX d.C. encontra-se numa posição substancialmente idêntica à do pensador egípcio do século XX a.C.: tanto o filósofo quanto o autor da *Disputa* estão perturbados pela desordem de sua época, e ambos estão em busca de uma realidade que não está mais viva nas imagens ao redor. Ambos também querem recuperar o sentido dos símbolos ora usados equivocadamente no debate cotidiano. A disputa contemporânea entre crenças doutrinárias e objeções igualmente doutrinárias é a contrapartida da primeira parte da *Disputa*, a parte argumentativa; e o filósofo de hoje precisa ir farejando em busca da verdade em meio ao tipo mesmo de imagens e de argumentos que seu predecessor 4 mil anos atrás considerou que expressavam um modo deficiente de existência.

Baseados na força desse paralelo, podemos estabelecer duas regras para o filósofo. Por um lado, não lhe é permitido ficar ao lado dos crentes e, em particular, ele não pode se deixar trair disputando a questão doutrinária de se o homem, ou sua alma, são ou não imortais, porque na disputa doutrinária os símbolos são transformados em entidades; e, quando ele participa dela, ele toma parte no erro que Whitehead denominou falácia da concretude deslocada. Por outro lado, não lhe é permitido ficar ao lado dos opositores, porque eles negam validade a proposições a respeito de Deus, da alma e da imortalidade com base no argumento de que elas não podem ser verificadas nem falseadas como as proposições que dizem respeito aos objetos da percepção sensível. Essa disputa, porém, não faz sentido, porque ninguém sustenta que proposições doutrinais se referem ao mundo exterior; a aparição de uma objeção acumula-se sobre ela a partir da falsa premissa de que a verdade doutrinária não é derivativa, mas original. Mesmo assim, ao cruzar o estreito caminho entre os competidores, o filósofo tem de permanecer ciente de seus respectivos méritos, tanto intelectuais quanto existenciais. Ele tem de conceder ao opositor a vantagem intelectual, porque ele escapa da falácia do crente de operar com símbolos hipostasiados. Ele tem de conceder ao crente a vantagem existencial, porque o opositor paga por seu asseio intelectual o preço de negar a verdade integralmente, enquanto o crente preserva a verdade experienciada ao menos em sua derivação doutrinária. Contudo, essa consideração simpática não deve degenerar nos sentimentalismos nem de condenação nem de indecisão. O filósofo não deve condenar – porque a tensão entre fé e razão, sua conspiração e conflito no tempo, é um mistério. Ele não sabe se o crente tradicionalista que professa a verdade em forma doutrinal não está talvez ainda mais distanciado da verdade do que o opositor intelectual que a nega por causa de sua forma doutrinária. Só Deus, que está perto do fim que é o começo, é quem sabe. O filósofo também não deve permanecer indeciso porque não consegue penetrar o mistério – afinal, até onde ele consegue enxergar dentro dos limites de seu humano entendimento, o opositor que não consegue pressentir uma realidade intacta por trás das imagens partidas está no mesmo nível de existência deficiente que o tradicionalista que, talvez em desespero, crê que sua imagem partida está inteira. A indecisão colocaria o filósofo no papel da Alma na *Disputa*, ao passo que lhe cabe o ônus de fazer o papel do Homem.

O filósofo se move no campo das tensões ora esboçadas. Temos de observar suas propriedades no que diz respeito à extensão e à estrutura. Quanto à sua extensão, Platão formulou o princípio de que a sociedade é o homem em grande escala – princípio esse que deve ser ampliado hoje de modo a incluir a história. Tanto a sociedade quanto a história são o homem em grande escala. Ou seja: o campo não está limitado ao homem como pessoa individual, mas abrange a diversidade de seres humanos na sociedade e na história, porque as tensões que o Homem experiencia em sua existência pessoal são as mesmas que ele vê estruturando outros setores do campo. Assim, quanto à estrutura do campo, podemos distinguir duas dimensões principais. Há, em primeiro lugar, a tensão entre a existência na verdade e os modos deficientes de existência. Essa é a própria tensão em que o filósofo vive e se move. Sua preocupação, portanto, não é com a verdade enquanto informação que fugiu a seus contemporâneos, mas como polo na tensão da ordem e da desordem, da realidade e da perda de realidade, que ele experiencia como dele mesmo. Sua existência abrange a desordem pela qual ele se sente repelido tanto quanto a ordem para a qual seu desejo o move. Em segundo lugar, há as tensões no nível da existência deficiente. Quando a realidade da verdade decaiu para a crença tradicionalista em símbolos, o cenário está pronto para a aparição da descrença e da objeção pensada à crença. Afinal, quando a crença perde contato com a verdade experienciada, ela não só provoca objeções como ajuda o inimigo, criando o ambiente doutrinário em que a objeção pode se tornar socialmente eficaz. Chamarei essa classe de tensões, isto é, a dinâmica de crença e descrença, de subcampo da existência doutrinária. A preocupação do filósofo agora é não com essa ou aquela parte do campo, mas com seu todo – com sua extensão completa, em todas as suas dimensões estruturais – porque sua busca perderia direção se ele ignorasse os pontos de orientação. Ele deve resistir particularmente à tentação profissional de assumir sua postura no polo da tensão para a qual seu desejo o move; se ele fosse começar a fazer sermão sobre a existência na verdade como se essa fosse um objeto absoluto em sua posse, ele cairia na existência doutrinária.

Ainda que o autor da *Disputa* e o filósofo moderno se movam no mesmo tipo de campo, seus campos respectivos diferem concretamente à medida que a questão da história está presente no campo egípcio apenas de modo compacto, ao passo que no campo ocidental moderno ela se tornou um tema explícito para o filósofo e também para o crente e para seu opositor. Primeiramente, discutirei a questão da história tal como aparece no subcampo da existência doutrinária.

Na variante moderna do subcampo encontramos uma classe de símbolos que não tem contrapartida no cenário egípcio, isto é, as chamadas objeções ideológicas à crença doutrinária. Seu prodigioso sucesso em nossa sociedade só pode ser explicado se recorrermos à regra de que a crença doutrinária prefigura o padrão do argumento ideológico, e assim torna a sociedade receptiva a ela. Como exemplo representativo, seleciono para análise a *pièce de résistance* do opositor moderno: "A experiência é uma ilusão".

Primeiro, a estrutura intelectual da objeção: a proposição é um pensamento frouxo, muito comum na linguagem cotidiana. Para falar com cuidado, seria preciso dizer que uma experiência nunca é uma ilusão, mas sempre uma realidade; o predicado *ilusão* deveria ser usado em referência não à experiência mas a seu conteúdo, caso ele tenha caráter ilusório. Considerada em si, a formulação incorreta é digna de tanta atenção quanto for necessário para evitar um mal-entendido. No contexto da polêmica ideológica, porém, a transferência do predicado é usada sutilmente para o propósito mesmo de criar um mal-entendido, isto é, de que a proposição incorretamente formulada em primeiro plano traz, por si própria, o sentido possível da proposição no plano de fundo. A transferência desvia a atenção da premissa inarticulada. O resultado é uma proposição sem sentido projetada para impedir a questão de se o sentido possível no plano de fundo realmente faz sentido no caso concreto. Rompamos, portanto, o tabu e façamos a pergunta que não devemos fazer: o que significa dizer que o conteúdo de uma experiência deve ser caracterizado como uma ilusão? Uma de duas coisas: ou, radicalmente, que o objeto experienciado por um sujeito simplesmente não existe; ou, gradacionalmente, que o objeto existe, mas, num exame mais detido, revela características diferentes daquelas aparentes no objeto tal como experienciado. Em qualquer caso, o julgamento de ilusão se baseia em experiências de controle do objeto potencial, ou de fato existente, fora da experiência. Com essa observação, porém, a razão – ou ao menos uma das razões – por que o sentido possível no plano de fundo deve ser mantido no escuro se torna visível. Afinal, um julgamento de ilusão só pode dizer respeito às experiências de objetos existentes, não a experiências de participação numa realidade inexistente. Assim, o sentido velado no plano de fundo, caso articulado, mostra-se tão sem sentido quanto a proposição em primeiro plano.

O erro intelectual, ainda que seu rastreamento leve um parágrafo, é óbvio demais para que a proposição sobreviva num ambiente crítico por qualquer tempo; para explicar sua eficácia social na polêmica, temos de introduzir o fator do assentimento existencial. Para uma parte, esse assentimento é determinado pela disposição geral, em nossa sociedade, a pensar (se é que *pensar* é a palavra certa) em forma doutrinal. Como o argumento do opositor aceita a doutrina do crente em seu aspecto exterior, o erro intelectual que deveria desacreditar o argumento se torna a fonte de sua credibilidade numa sociedade predominantemente doutrinária. Essa disposição geral, porém, também é característica de outras civilizações e períodos da história da humanidade. Para a causa específica do assentimento, temos de olhar a ambiência especificamente ocidental e moderna de linguagem e de opinião tal como cresceu ao longo de dois séculos de ideologias.

A ambiência moderna a que me refiro é uma selva emocional e intelectual de tal densidade que não seria razoável apontar uma única ideologia como a grande culpada. Ainda assim, os ramos mais importantes desse emaranhado podem ser distinguidos e enumerados. A primeira posição entre eles deve ser concedida à psicologia desenvolvida por Feuerbach em *A Essência do Cristianismo*. Feuerbach perturbava-se – como Kant em *Crítica da Razão Pura* antes dele – com o fato de que as proposições dogmáticas sobrevivem, mesmo quando seu caráter falacioso foi exaustivamente analisado e exibido aos olhos do público. Deve haver alguma realidade engendrando-as e sustentando sua vida, afinal; e como, para um crente doutrinário, se ele for bastante abalado pelo racionalismo, essa realidade não pode ser nem uma entidade transcendente nem uma verdade experienciada, os símbolos hão de ter alguma causa imanente ao mundo. Na *Crítica da Razão Pura*, Kant já tinha usado o termo *ilusão*, mas não tinha sido excessivamente claro a respeito da realidade responsável pelas ilusões e por sua pertinácia. No século XIX, quando a tentativa de resolver a charada da realidade perdida pela especulação gnóstica havia chegada ao fim e fracassado, a questão se tornou desesperada: após os grandes sistemas "idealistas", havia chegado a hora para respostas inequívocas, ou algo exacerbadas, por meio do recurso à natureza humana como causa das ilusões. Assim, Feuerbach interpretou os símbolos como projeções da consciência imanente ao mundo do homem. Sua psicologia da projeção permaneceu um dos pilares do credo do ideólogo desde então, e pode-se até dizer que ela é mais forte hoje do que na época de Feuerbach, já que, em nosso século, ela foi fortalecida pela psicanálise de Freud e Jung. Outro importante componente da ambiência ideológica é a crítica de Marx da religião. Marx baseou-se na psicologia de Feuerbach, mas desenvolveu-a além introduzindo o "Ser" no sentido de *Produktionsverhältnisse*, como causa dos diversos estados de consciência que induzem ou previnem as projeções ilusórias. É preciso ainda mencionar a *philosophie positive* de Comte, que interpretou os símbolos da verdade experienciada como específicos de uma "fase teológica"doutrinária da história, seguida por uma "fase metafísica" igualmente doutrinária, ambas prestes a ser superadas pelo dogmatismo da "ciência positiva". E, por fim, não devemos esquecer *O Futuro de uma Ilusão*, de Freud, pois o título do livro se tornou uma expressão popular, dando ao termo "ilusão", na boca do ideólogo, a autoridade de uma ciência incontestе como a psicologia. A lista poderia ser ampliada, mas já é longa o suficiente para estabelecer a questão: as ideologias, assim chamadas por convenção, são construções da história que interpretam o modo doutrinário da verdade como uma fase da consciência humana, prestes a ser superada por uma nova fase que será tanto a última fase da história, e a mais elevada.

A proposição "a experiência é uma ilusão", portanto, opera com dois truques intelectuais. Primeiro, ela obscurece a falácia da concretude deslocada que sua premissa de fundo tirou da verdade doutrinária; segundo, ela esconde a ideologia implicada que divide a história numa série de segmentos em bloco, cada qual governado por um estado de consciência. Que o segundo truque seja, exatamente como o primeiro, prefigurado pela doutrina que critica, é algo óbvio demais para necessitar de desenvolvimento; recordarei apenas a mais ostensiva figuração do prefigurado, isto é, a substituição da era de Cristo pela era de Compte, o *Fondateur de la Religion de l'Humanité*. Como o crente doutrinário dá seu assentimento existencial ao recurso traiçoeiro, ele é pego indo e vindo: no primeiro truque, torna-se vítima de sua própria falácia; no segundo, é posto de lado, como uma relíquia de um passado que se tornou obsoleto. A proposição é mesmo um excelente recurso polêmico.

A questão de como o problema da história se apresenta ao filósofo foi respondida, em grande parte, pela análise precedente. É verdade que descrevemos o problema tal como ele aparece no nível da existência doutrinária, mas não o descrevemos tal como ele se apresenta ao doutrinário. Para as pessoas que nele vivem, o subcampo é um mundo fechado; não há nada além dele, ou ao menos nada que elas desejem saber, caso tenham o desconforto de pressentir que, afinal, há algo, sim. Nossa análise, pelo contrário, enquanto descreve o mundo deles, não se moveu dentro dele, mas descreveu-o como o subcampo do horizonte de realidade mais amplo do filósofo. Como consequência, surge o ponto sobre o qual se articula um entendimento filosófico da história: que a verdade experienciada é excluída do subcampo, enquanto o campo maior é caracterizado por sua inclusão. As implicações dessa diferença de estrutura para uma visão abrangente da história devem agora ser desenvolvidas.

A existência doutrinária afeta as operações da mente. Como o modo deficiente de existência pertence ao campo abrangente da história, as deformações patológicas que caracterizam o subcampo são forças históricas. Devemos observar duas das principais deformações que ficaram visíveis em nossa análise:

1. A verdade experienciada pode ser excluída do horizonte da realidade, mas não da realidade mesma. Quando ela é excluída do universo do discurso intelectual, sua presença na realidade se faz sentir na perturbação das operações mentais. A fim de salvar as aparências da razão, o doutrinário tem de recorrer, como vimos, a meios irracionais, como não articular as premissas, recusar-se a discuti-las ou inventar expedientes para ocultá-las, e a usar falácias. Ele não se move mais no reino da razão, tendo descido ao submundo da opinião, no sentido técnico platônico de *doxa*. As operações mentais no subcampo são, portanto, caracterizadas pelo modo de pensamento dóxico e não racional.

2. Um estudo crítico da história, baseado no conhecimento empírico dos fenômenos, é impossível quando há uma recusa a reconhecer toda uma classe de fenômenos. Como as aparências do conhecimento empírico e também da ciência crítica precisam ser salvas tanto quanto as aparências da razão, um aparato considerável de expedientes foi desenvolvido para o fim de cobrir o defeito. Chamo esses expedientes de metodologia dóxica; o tipo resultante de ciência doutrinária, de empirismo dóxico. O problema é demarcado pelas construções da história para as quais nossa análise teve de advertir: elas tiram sua força de sua oposição não à fé e à filosofia, mas a formas doutrinais tardias da teologia e de metafísica; e elas permanecem no nível mesmo de doutrina a cujos fenômenos específicos se opõem. O truque convincente de cortar a história em fases ou estados de consciência ascendentes, com o propósito de colocar a consciência de quem faz esse corte no topo, só pode ser realizado se

houver o pressuposto de que a consciência do homem é imanente ao mundo e tão somente isso; o fato de que o homem é capaz de apreender

> *O ponto de interseção do intemporal*
> *com o tempo*[1]

e também os simbolismos que expressam essa apreensão devem ser ignorados. Além disso, o campo da realidade histórica tem de ser identificado e definido como campo de doutrina; e como os grandes eventos de participação não desaparecem da realidade, eles têm de ser achatados e triturados até que não sobre nada além de um entulho de doutrina. Platão, sobretudo, teve de passar pelas mais bizarras deformações para caber nas modas doutrinárias do momento. Durante o século XIX, seleções de suas *disjecta membra* foram usadas para fazer dele um socialista, um utopista, um fascista e um pensador autoritário. Para legitimar-se, a carnificina que os ideólogos fazem com a história demanda expedientes de cobertura que usam o nome de métodos – sejam eles das variedades psicológicas ou materialistas, cientificistas ou historicistas, positivistas ou behavioristas, sem juízo de valor ou de método rigoroso. Na segunda metade do século XIX, quando as construções dóxicas da história se tornaram tão numerosas que sua mútua incompatibilidade atraiu atenção, o fato da construção doutrinária foi até mesmo transformado em princípio metodológico: a "história" seria uma seleção construtiva de materiais em acordo com a visão particular ou o ponto de vista de alguém; esses pontos de vista eram chamados de "valores", ao passo que o conjunto de materiais sob eles era chamado de "ciência sem juízo de valor"; os pontos de vista ou os valores mesmos seriam isentados de um exame crítico; e o postulado da isenção foi reforçado pela absoluta recusa a admitir a existência de critérios. O traço não menos grotesco de uma era grotesca é a velocidade com que pontos de vista saem da linha de produção da consciência. De fato, a cena pública ficou tão repleta deles que, no século XX, a Sociedade Aberta – a de Popper, não a de Bergson – teve de ser inventada, a fim de impedir choques públicos entre opiniões particulares. Infelizmente, porém, o expediente para assegurar a paz entre as opiniões, senão a paz de espírito, não é à prova de falhas. Afinal, vez ou outra aparece alguém com um ponto de vista que leva a si mesmo a sério

---

[1] Trecho de "Dry Salvages", *Four Quartets*, de T. S. Eliot. (N. T.)

e oferece a todos os demais a oportunidade de juntar-se a ele em sua prisão intelectual ou ser mandado para um campo de concentração.

As leis de ferro da história segmentada são construídas para assustar os contemporâneos, colocando-os num estado de consciência que parece desejável para o respectivo pensador dóxico. A concepção da lei de ferro é o sonho do terrorista. A história não tem fases governadas por estados de consciência, porque não existe uma consciência imanente ao mundo que fosse educadamente exsudar esse ou aquele tipo de projeção em obediência à receita de um doutrinário. Afinal, a História é o Homem – e não o Doutrinário – em grande escala; e, como a consciência do homem é a realidade da tensão para a base divina de sua existência, a história é o embate entre a existência na verdade e os modos deficientes de existência. Um setor representativo desse embate foi iluminado pela análise da "Disputa". Há a terra devastada das discussões; essa terra devastada pressupõe uma verdade experienciada que engendrou os símbolos ora partidos; e uma irrupção espiritual ocorre em revolta contra a inverdade da existência. O setor é representativo no sentido de que não temos conhecimento empírico de um padrão diferente na história; também não existe uma terra devastada de doutrina literalista e de ceticismo que não se possa reconhecer que deriva de uma verdade experienciada, bem como não há irrupções espirituais num campo esvaziado de sua verdade prévia e de seu declínio. Não existe além no tempo para o embate no tempo; ou, se quisermos expressar o mesmo pensamento numa linguagem mais antiga, a *civitas Dei* e a *civitas terrena* estão misturadas na história ao longo de seu curso, desde o começo da humanidade até seu fim. Desse modo, a história da humanidade é uma sociedade aberta – a de Bergson, não a de Popper – que abrange tanto a verdade quanto a inverdade em tensão. É verdade que o equilíbrio da tensão pode se transferir – pessoalmente, socialmente e historicamente – para um polo ou outro; e certamente as mudanças no equilíbrio podem ser usadas para caracterizar períodos históricos. Nossa época atual, por exemplo, deve ser caracterizada como uma época em que a existência deficiente, como sua expressão simbólica, é socialmente predominante. Mas a predominância social de um polo não abole o outro, nem, com ele, a tensão. Falar de períodos caracterizados por um dos polos, como se o outro fosse excluído, seria equivalente a dizer que há períodos na história da humanidade caracterizados pela inexistência do Homem – ainda que às vezes haja a tentação de entregar-se a essa fantasia.

A segmentação doutrinária da história encontrou sua máxima expressão na seguinte fórmula: "Estamos vivendo numa era pós-cristã". Todo estilo, inclusive o doutrinário, tem seus encantos de perfeição – e o filósofo não consegue reprimir sua admiração pelo belo truque que faz da era "pós-Cristo" dos cristãos a era "pós-cristã" dos ideólogos. Graças ao assentimento existencial, a fórmula tornou-se amplamente aceita em nossa sociedade. Pensadores que sob outros aspectos estão acima do nível dos intelectuais comuns propõem-na com rosto sério, ainda que triste, e até os teólogos, que não deveriam cair nessa, vão amolecendo diante da pressão constante e demonstram uma disposição de desmistificar seus dogmas, de abandonar seus milagres mais encantadores, de renunciar ao nascimento virgem, e de sorumbaticamente admitir que Deus está morto. Essa atitude é lamentável, porque uma verdade cujos símbolos se tornaram opacos e suspeitos não pode ser salva por concessões doutrinais ao *Zeitgeist*, mas somente por um retorno à realidade da experiência que originalmente engendrou os símbolos. O retorno engendrará sua própria exegese – como na presente palestra – e a linguagem exegética tornará os velhos símbolos novamente translúcidos.

A eficácia social da fórmula indica uma ampla confusão e um amplo desespero: esclarecerei, portanto, os diversos níveis de seu significado. O simbolismo pertence à autointerpretação de um movimento revolucionário no modo deficiente de existência. Uma parte de seu sentido alcança, como a ponta de um *iceberg*, a realidade do processo histórico. A parta maior do sentido está submersa no mundo onírico da existência doutrinária, que foi apartada da realidade da tensão existencial; tratarei em segundo lugar desse imenso bloco de sentido submerso. Como o "pós-cristão" deriva de "pós-Cristo", tratarei, em terceiro lugar, das implicações do simbolismo para o "pós-" cristão.

À medida que a fórmula da "era pós-cristã" expressa uma consciência revolucionária de época, conseguimos entendê-la. A revolta do século XVIII, feita em nome da ciência e da razão contra o íncubo da teologia e da metafísica doutrinárias, certamente foi uma "época", e o desenvolvimento de seu ímpeto até o presente certamente marca uma "era" na história. Além disso, a consumação da revolta por meio da predominância social de sua doutrina pode dar aos conformistas dos últimos dias a gostosa sensação de que essa é a época deles, quando na verdade ela teria sido no século XVIII. À medida que a revolta contra o cristianismo doutrinário obteve um sucesso notável em nossa sociedade, existem sólidas razões para dizer que a era atual é "pós-cristã".

Porém, assim que o sentido realista da fórmula for explicitado, os limites de seu sentido e da época a que se refere, se tornarão visíveis. Quanto ao sentido, não podemos esquecer que a revolta ocorreu no subcampo da existência deficiente; sua ira se direcionava contra uma doutrina cristã que havia se tornado opaca, não contra a fé cristã. Por isso, distinguir a era de revolta ideológica como "era pós-cristã" seria atribuir à revolta uma profundidade que ela não possui – seria uma honra excessiva. Quanto aos limites da época, eles são estabelecidos exatamente por essa falta de profundidade. A revolta contra a teologia e a metafísica não recuperou a tensão existencial que havia passado pelos símbolos anteriores, mas abandonou inteiramente a verdade experienciada, resultando inevitavelmente num achatamento numa doutrina de consciência imanente ao mundo. A perda de realidade não foi reparada, mas só ainda mais agravada pelo desenvolvimento de doutrinas ideológicas que agora, por sua vez, tornaram-se opacas e perderam credibilidade. Ainda assim, era preciso viver a revolta, ao que parece, para trazer a questão de verdade *versus* doutrina a uma consciência aguda: no século XX, é possível discernir pelo menos os princípios de uma revolta verdadeiramente radical contra todas as espécies de doutrina, incluindo as ideológicas – como notei num trecho anterior desta palestra. Aquilo que o ideólogos chamam de "era pós-cristã" parece cada vez mais longe no passado, e aqueles dentre nós que preferem viver no presente antes caracterizarão sua era como pós-doutrinal.

No sentido realista, "era pós-cristã" é uma revolta antidoutrinal que, não tendo conseguido recapturar a realidade da tensão existencial, recaiu num novo dogmatismo. Aquele que adere a uma seita ideológica, porém, não aceitaria que nossa interpretação tenha o sentido que ele associa a seu símbolo. Ele ficaria indignado com a ideia de que seu "pós-" particular se tornasse um passado, com um novo "pós-" chegando ao presente; afinal, ele, por sua vez, quer que o símbolo "pós-" denote o estabelecimento de um estado final da sociedade na Terra. Além disso, ele ridicularizaria nossa acusação de que ele não conseguiu recapturar a verdade experienciada; ele diria, e com razão, que nunca buscou esse nonsense, porque "a experiência é uma ilusão". E, por fim, ele insistiria que objeta contra a teologia e a metafísica não porque a doutrina é um modo secundário de verdade, mas porque elas são concepções erradas do mundo e por muito tempo obscureceram a realidade que é a única coisa que lhe interessa. Esse enérgico protesto não pode ser simplesmente descartado. A posição do ideólogo parece ter alguma base na realidade; temos de determinar que realidade é essa, e como ela é transformada nas construções oníricas da história.

O ideólogo apela à realidade não da verdade experienciada, mas do mundo, e por uma boa razão. A revolta ideológica contra o tipo anterior de doutrina de fato tira a maior parte de sua força da experiência contemporânea do poder a ser obtido sobre a natureza por meio do uso da ciência e da razão. A ideologia é parasita da ciência moderna, tirando tanto seu *pathos* quanto sua agressividade dos conflitos dos cientistas com Igreja e Estado. No século XVI, e em algumas regiões até boa parte do século XX, o *contemptus mundi* cristão ainda pairava sobre a natureza; e a exploração da natureza era especificamente prejudicada pela crença dos literalistas na doutrina cristã como fonte infalível de informação a respeito da estrutura do mundo. Inevitavelmente, os exploradores da realidade até então negligenciada tiveram de sofrer as perseguições dos doutrinários literalistas. Não há nada onírico nesses fatos: a ciência, a tecnologia, a indústria e as memórias do embate são a base firme sobre a qual o ideólogo pode assumir sua posição. Mesmo assim, o terrorismo dos grupos ideológicos e dos regimes também é real; e a afirmação das ideologias de que são "ciências", bem como o desenvolvimento de metodologias dóxicas, não deixa dúvida de que de algum modo o pesadelo tem conexão com a ciência no sentido racional. Deve haver algum fator cuja adição mudará a realidade do poder sobre a natureza, com seus usos racionais na economia da existência humana, no sonho terrorista de poder sobre o homem, a sociedade e a história; e é difícil que haja dúvida sobre qual é esse fator: trata-se da *libido dominandi* que foi libertada quando a realidade foi esvaziada dos símbolos da verdade experienciada. No momento em que a realidade da ciência e do poder foi conquistada, a realidade da tensão existencial foi perdida, de modo que, da combinação de ganho e perda, com a *libido dominandi* como catalisadora, o novo sonho pode surgir. A técnica com que os símbolos do sonho são produzidos é bem conhecida. A casca da doutrina, desprovida de sua realidade engendrante, é transformada pela *libido dominandi* em seu equivalente ideológico. O *contemptus mundi* é metamorfoseado na *exaltatio mundi*; a Cidade de Deus, na Cidade do Homem; o milênio apocalíptico, no ideológico, a metástase ideológica por meio da ação divina, na metástase imanente ao mundo por meio da ação humana, etc. O centro do qual os símbolos particulares recebem seu sentido é a transformação do poder humano sobre a natureza num poder humano de salvação.

A autossalvação, porém, é uma autoimortalização. Como o sonho de participação numa "era pós-cristã" assegura ao crente ideológico a imortalidade que, nos termos da imagem partida, perdeu toda credibilidade, ele não consegue aceitar nem o sentido realista de sua própria expressão, nem a discussão racional de modo geral. Seu problema ficará claro assim que formularmos as alternativas à insistência em seu sonho. Para aceitar a razão, ele teria de aceitar a verdade experienciada – mas é difícil reviver a realidade da tensão existencial uma vez que ela se tenha atrofiado. Se a prisão de seu sonho, porém, fosse rompida de qualquer outra maneira que não fosse um retorno à realidade, o único panorama que se abriria para ele seria a monotonia da existência num tempo imanente ao mundo em que tudo é "pós-alguma-coisa-que-veio-antes" *ad infinitum*. A segunda alternativa traria uma torrente de ansiedade, e o pavor dessa torrente mantém fechadas as portas da prisão. Temos de lembrar desse horror quando às vezes nos perguntamos sobre a resistência de um ideólogo à discussão racional. A alternativa à vida no paraíso de seu sonho é a morte no inferno de sua banalidade. Sua imortalidade, feita por ele mesmo, está em jogo; e, a fim de protegê-la, ele precisa se aferrar à sua concepção de tempo. Afinal, o tempo em que o ideólogo coloca sua construção não é o tempo da existência na tensão para a eternidade, mas um símbolo por meio do qual ele tenta forçar o intemporal a uma identidade com o tempo de sua existência. Ainda que a realidade da tensão entre o intemporal e o tempo assim se perca, a forma da tensão é preservada pelo ato onírico de forçar os dois polos numa unidade. Podemos caracterizar a "era pós-cristã" do ideólogo, portanto, como um símbolo engendrado por seu sonho libidinoso de autossalvação.

Também o filósofo tem seus problemas com o "pós-", porque a participação na realidade não existente do fundamento é uma participação na intemporalidade; a consciência do fundamento é a área da realidade em que o intemporal chega ao tempo. Qual é, então, o lugar da tensão existencial? O tempo, com seu "pós-", ou o intemporal em que, pode-se presumir, não existe "pós-"? A experiência de uma realidade intermediária entre os dois polos é simbolizada de modo excelente por duas passagens dos *Quatro Quartetos*: "A história é um padrão de momentos intemporais"; e "o ponto de interseção do intemporal com o tempo". Para expressar a mesma experiência da realidade, Platão desenvolveu o símbolo da *metaxia*, do Intermédio, no sentido de uma realidade que toma parte tanto no tempo quanto na eternidade e que, portanto, não pertence integralmente nem a uma, nem a outra. Parece haver um fluxo da existência que não é a existência no tempo. Como a filosofia moderna não desenvolveu um vocabulário para descrever uma *metaxia*, usarei o termo *presença* para denotar o ponto de interseção na existência do homem; e a expressão *fluxo de presença* para denotar a dimensão da existência que é e não é o tempo. Então surgirá a questão de que sentido tem o símbolo "pós-" se a história é um fluxo de presença; e, por outro lado, de que sentido tem o símbolo "presença" se a presença da interseção é um fluxo semelhante ao tempo.

A questão agitou os pensadores cristãos. Afinal, a verdade da salvação e da imortalidade por meio da fé em Cristo, se convertida em doutrina, pode condenar ao inferno toda a humanidade que por acaso viveu antes de Cristo. Deixando de lado a brutalidade do procedimento, um filósofo não vai ficar muito feliz com essa doutrina, porque ele sabe que a tensão da fé para Deus não é um privilégio cristão, mas um traço da natureza humana. Um Santo Agostinho, por exemplo, estava perfeitamente ciente de que a estrutura da história é igual à estrutura da existência pessoal; e ele não hesitou em usar, por outro lado, símbolos históricos para expressar a realidade da tensão pessoal. Em *Enarrationes in Psalmos* 64.2 ele usa os símbolos históricos do Êxodo e da Babilônia para expressar o movimento da alma quando ela é atraída pelo amor para Deus:

> *Incipit exire qui incipit amare.*
> *Exeunt enim multi latenter,*
> *ex exeuntium pedes sunt cordis affectus:*
> *exeunt autem de Babylonia.*
>
> *Começa a sair quem começa a amar.*
> *Muitos que saem não o sabem,*
> *porque os pés daqueles que saem são afetos do coração:*
> *e, mesmo assim, estão saindo da Babilônia.*

Sua concepção da história como a história de duas cidades, misturando-se do começo da humanidade até seu fim, concebe-a como a história do êxodo pessoal do homem em larga escala. Mas como o "Cristo histórico", com uma data fixa na história, entra nessa concepção filosófica? Santo Tomás de Aquino fez essa pergunta e a destilou-até o ponto crítico: ele pergunta "se Cristo é a cabeça de todos os homens" (*Suma Teológica*, III, 8.2) e responde inequivocamente que ele é de fato a cabeça de todos os homens, e que, por conseguinte, o corpo místico da igreja consiste de todos os homens que existiram e existirão do começo do mundo até seu fim. Filosoficamente, a proposição implica que Cristo é simultaneamente o "Cristo histórico" com um "pré-" e um "pós-" no tempo, e a intemporalidade divina, onipresente no fluxo da história, sem nem um "pré-" nem um "pós-". Assim, à luz dessas implicações, o simbolismo da encarnação expressaria a experiência, com data na história, de Deus chegando ao homem e revelando-se como a Presença que é o fluxo de presença do começo do mundo até seu fim. A história é Cristo em grande escala. Essa última formulação não está em conflito com o "homem em grande escala" de Platão. Certamente os dois simbolismos diferem, porque o primeiro é engendrado numa experiência pneumática no contexto da revelação judaico-cristã, e o segundo é engendrado pela experiência noética no contexto da filosofia helênica; mas elas não diferem quanto à estrutura da realidade simbolizada. Para confirmar a identidade da estrutura expressa em diferentes simbolismos, citarei a passagem essencial da Definição de Calcedônia (451 d.C.) sobre a união das duas naturezas na pessoa única de Cristo: "Nosso Senhor Jesus Cristo... verdadeiro Deus e verdadeiro homem... reconhecido em duas naturezas... não sendo a distinção entre as naturezas de modo algum anulada pela união, antes suas características sendo preservadas e reunidas para formar uma pessoa e subsistência". Essa valente tentativa do *patres* de expressar a realidade dois-em-um da participação de Deus no homem, sem nem comprometer a separação dos dois nem dividir o único, diz respeito à mesma estrutura da realidade intermediária, da *metaxia*, que o filósofo encontra quando analisa a consciência do homem da participação no fundamento divino de sua existência.

A realidade do Mediador e a realidade intermediária da consciência têm a mesma estrutura.

No clima intelectual atual, nossa análise de símbolos equivalentes pode levar a um mal-entendido. Assim, permitam-me um aviso: o filósofo pode ajudar a tornar a revelação inteligível, mas só isso; um filósofo da consciência não é um substituto da revelação. O filósofo é um homem em busca da verdade; ele não é Deus revelando a verdade. O aviso é necessário, porque Hegel tentou combinar filosofia e revelação no ato de produzir um sistema de especulação dialética. Ele imaginou uma revelação incoativa de Deus por meio de Cristo que se completasse por meio da consciência que se tornava autoconsciente em seu sistema; e, analogamente, ele imaginou que o Deus que havia morrido em Cristo agora estivesse morto. Não preciso entrar em detalhes – já conhecemos o rescaldo hegeliano, com sua teologia existencialista e o movimento Deus-está-morto. Esse sonho hegeliano de fazer de Deus uma consciência, de modo que a consciência possa ser revelação, pertence à "era pós-cristã". Nossa investigação não é nem um construção "pós-cristã" da história, nem uma revelação da verdade; ela é antes um empreendimento anamnésico que visa a recuperar a presença da "bagunça geral de imprecisão de sentimento". T. S. Eliot capturou a essência desse empreendimento nos seguintes versos:

E o que há para conquistar
pela força e pela submissão já foi descoberto
uma ou duas ou muitas vezes, por homens que não se pode esperar
emular – mas não há competição –
há somente a luta para recuperar o que foi perdido
e achado e perdido outra e outra vez; e agora, sob condições
que parecem desfavoráveis

Talvez as condições sejam menos desfavoráveis do que pareciam ao poeta quando ele escreveu esses versos, quase uma geração atrás. De todo modo, temos de nos submergir agora no fluxo da presença, a fim de recuperar o sentido da imortalidade que cintilou na *Disputa* egípcia.

V

O homem, ainda que exista no tempo, experiencia a si próprio como participante no intemporal. A experiência engendra o tipo de simbolismo do qual a *Disputa* egípcia é uma variante. Esse complexo de símbolos deveras amplo deve ser considerado uma unidade, porque suas diversas partes – uma das quais é "imortalidade" – são as ramificações expressivas da experiência originante. Devemos descrever a natureza do complexo e suas variantes antes de poder usar a *Disputa* para a análise de certas questões relacionadas ao problema da imortalidade.

O complexo não é uma reunião acidental de símbolos, antes revelando uma estrutura na qual os símbolos membros têm lugar definido. A *Disputa* sugere ao menos que os seguintes grupos sejam típicos: (1) há um grupo nuclear que consiste dos símbolos "vida", "morte", "mortalidade" e "imortalidade"; (2) outro grupo é formado pelos símbolos que referem as entidades envolvidas no destino de vida e morte, como o homem, sua alma, ou parte de sua alma, e os deuses, ou Deus; (3) outro grupo diz respeito à ordem do cosmos e da sociedade, da justiça e do julgamento; (4) chamamos a atenção, agora, para um grupo que também aparece na filosofia helênica, no cristianismo e na gnose, isto é, o grupo de vida como prisão, como doença, como treva e como exílio, e da morte como libertação da prisão, recuperação da doença, luz brilhando nas trevas, e retorno para casa; (5) e, finalmente, há o grupo de imagens relacionadas à topografia dos mundos superior e inferior e dos destinos de seus habitantes.

As variantes históricas do complexo não atualizam os diversos grupos todos da mesma maneira ou com o mesmo peso relativo. As ênfases podem recair sobre as consequências da imortalidade para o ordenamento da existência na vida terrena, como na ética clássica. A tensão da existência pode romper, de modo que a injustiça da ordem social vá parecer irreparável no *aiōn* presente, e a ordem justa só possa ser esperada de uma metástase do mundo por meio da intervenção divina, no sentido de apocalíptica; ou ela pode ser deformada pela tentativa libidinosa de empurrar o intemporal para a identidade com o tempo, como nas especulações ideológicas sobre a política e a história. O cosmos pode ser considerado uma prisão demoníaca, de modo que o propósito da ação humana se reduzirá a encontrar os meios de fugir dela, como na gnose. A expectativa de imortalidade pode elevar-se a confortos egípcios, ou encolher até a sombra da existência no Hades helênico, ou expandir-se em êxtase na glorificação cristã. O drama da queda e da redenção pode assumir a forma de um mito cosmológico, como nos sistemas gnósticos; ou de um mito histórico, como na especulação marxista. As imagens da vida após a morte podem ser ricamente elaboradas, como nos simbolismos apocalípticos e gnósticos; e talvez as imagens míticas desapareçam sob a pressão do iluminismo e da desmitificação, sendo trocadas pelas imagens hedonistas de reinos perfeitos que serão obtidos por meio do progresso e da ação revolucionária, como em nossa própria época. Mesmo assim, onde quer que recaiam as ênfases, e de qualquer modo que os símbolos estejam equilibrados ou desequilibrados, o padrão do complexo permanece reconhecível.

As relações entre o complexo e suas variantes, e também as relações entre as variantes, são problemas da lógica da experiência e da simbolização, intricados demais para serem discutidos neste momento. Basta que enunciemos que as variantes do complexo não são indivíduos de uma espécie, mas variantes históricas em sentido técnico: elas têm um padrão reconhecível comum porque todas expressam a tensão da existência entre o tempo e o intemporal; e elas são variantes do padrão porque expressam modalidades da tensão. O fluxo de presença, com suas modalidades mutantes de experiência, é a fonte comum tanto das variantes únicas como de sua sequência. As variantes são, portanto, subunidades de sentido na unidade da sequência que deriva seu sentido do único fluxo engendrante de presença. O fato de que a sequência de variantes é uma unidade de sentido possibilita que nossa investigação ande para trás e para a frente na sequência, a fim de permitir que as variantes se elucidem mutuamente. As variantes, por mais remotas que estejam no tempo, nunca afundarão num passado morto e sem sentido, uma vez que tenham emergido do fluxo de verdade que tem "presença"; elas permanecerão fases no processo histórico da verdade viva, do qual nem o começo nem o fim são conhecidos; e em virtude dessa natureza a verdade de cada variante é suplementar à verdade das outras. Uma variante posterior pode ter diferenciado um aspecto da verdade experienciada que foi insuficientemente articulado numa variante anterior; por outro lado, a variante compacta anterior pode ter expressado aspectos da verdade que, sob a pressão de um problema recém-diferenciado e, portanto, enfatizado de maneira mais forte, não recebem a devida ênfase ou que desapareceram completamente da posterior. Além disso, o movimento de investigação de uma variante a outra tende a permitir que o sentido da sequência como um todo apareça – ainda que *sentido do todo*, devo avisar, não é o termo adequado para uma perspectiva da verdade que precisa ser obtida desde uma posição dentro do processo da verdade emergente.

Em minha conclusão usarei a *Disputa* para esclarecer alguns problemas da imortalidade que permanecerão obscuros enquanto nos concentrarmos excessivamente nas variantes posteriores. Tratarei primeiro da questão da alienação, porque ela serve de pano de fundo para o problema da imortalidade; e depois, com as motivações experienciais do símbolo "imortalidade".

Usarei o termo *alienação* para denotar uma certa disposição de existência. Sempre que essa disposição é estimulada a uma consciência intensa, ela engendra um grupo característico de símbolos. Encontramos esse grupo na *Disputa*, nos símbolos que referem a vida como prisão, etc.; o mesmo grupo aparece na filosofia pré-socrática e platônica; e, na ambiência gnóstica, ele floresce tão profusamente que as autoridades da área se inclinam a aceitá-lo como a diferença específica do gnosticismo. O termo *alienação* (*allotrosis, Entfremdung*) em si, porém, não aparece no discurso filosófico, até onde sei, antes de Plotino. Em seu contexto neoplatônico ele se refere a um afastamento de Deus tão grande que Deus é "alheio" ao mundo e ao homem; e esse sentido é muito próximo da linguagem do "Deus oculto" ou "alheio" ou da "Vida alheia" que encontramos em textos mandeístas e em outros textos gnósticos. No uso moderno, especialmente desde Hegel a Marx, o termo passou a referir o estado de existência propenso a engendrar esse grupo de símbolos – uma mudança de sentido que indica a nova atitude crítica da análise existencial. Continuarei o uso moderno, mas lhe darei maior precisão filosófica deixando que o termo refira uma disposição de existência cujas raízes estão na estrutura mesma da própria existência. Esse procedimento permitirá conectar a pluralidade de sentidos que o grupo de símbolos da alienação adquiriu ao longo da história com pluralidades semelhantes desenvolvidas por outros grupos. O nosso primeiro interesse é a conexão entre os desenvolvimentos de sentidos primários no grupo simbólico da alienação e no grupo simbólico de vida e morte.

Sabemos que a vida terminar na morte é apenas parte da vida que experienciamos. Sob a pressão das circunstâncias, esse suspense entre uma vida temporal que não é toda a vida, e uma vida não temporal que não faz sentido diante das condições do tempo e da morte, pode ser destilada num conflito em que o sentido da vida muda para morte e o da morte para vida. Em *Górgias* 492-93, Sócrates diz a Cálicles:

> *Bem, mas em nossa própria perspectiva, a vida é estranha. Digo que eu não*
> *me perguntaria se são verdadeiras as palavras de Eurípides, quando ele diz:*
> > *Quem sabe estar vivo não é estar morto,*
> > *e estar morto estar vivo?*
> *e pode ser que na realidade estejamos mortos; de fato, uma vez ouvi um de*
> > *nossos sábios*
> *dizer que agora estamos mortos, que o corpo é nosso túmulo.*

O duplo sentido platônico de vida e morte, corrente na cultura helênica talvez desde Pitágoras, é substancialmente o mesmo da *Disputa*; e na *Disputa* e no *Górgias* ele prepara a visão da ordem justa restaurada por meio do julgamento na vida após a morte. Podemos, portanto, falar de um estado de alienação quando a disposição existencial que engendra os duplos sentidos de vida e morte atingiu um estado de sofrimento agudo – como para o Homem na *Disputa*. O símbolo "alienação" pretende expressar um sentimento de alheamento da existência no tempo porque nos alheia do intemporal: somos alienados do mundo em que vivemos quando pressentimos que ele é a causa de nossa alienação do mundo a que verdadeiramente pertencemos; tornamo-nos estranhos no mundo quando ele obriga à conformidade com um modo deficiente de existência que nos alhearia da existência na verdade. Desenvolvendo ainda mais o simbolismo, a existência no tempo pode tornar-se um "mundo alheio" ou um "país estrangeiro", ou um "deserto" em que o viajante de outro mundo perdeu o caminho; ou o homem jogado nesse ambiente alheio pode encontrar sua direção e tomar parte num "progresso do peregrino", numa "ascensão da caverna", ou num prolongado "errar pelo deserto" que em última instância o levará à "terra prometida"; ou ele pode adaptar-se aos modos dos estranhos e encontrar seu lar entre eles, de modo que o mundo alheio se torne o mundo verdadeiro, fazendo do mundo verdadeiro um mundo alheio – problema que ocupou os poetas e filósofos helênicos de Hesíodo a Platão.

Segui o simbolismo da alienação de seu núcleo experiencial até algumas de suas ramificações a fim de não deixar qualquer dúvida de que o único modo de entender a variedade dos símbolos é voltar a seu ponto de origem na estrutura da existência. A alienação, como os símbolos dão a entender, é uma disposição de existência tão fundamental quanto a ansiedade. Os símbolos da alienação podem ser reconhecidos como hipóstases dos polos de tensão existencial. O "mundo" que, na perspectiva de nossa existência, discernimos partilhando tanto do tempo quanto do intemporal é dissociado, sob a pressão da disposição, em "este mundo" da existência no tempo e no "outro mundo" do intemporal; e, como não existimos nem nesse modo nem no outro, mas na tensão entre o tempo e o intemporal, a dissociação do "mundo" nos transforma em "estranhos" para os dois mundos hipostasiados. O simbolismo dos dois mundos pode então ser ainda mais desenvolvido segundo o modo que conhecemos da *Disputa*, ou dos mitos platônicos e gnósticos, ou das especulações ideológicas modernas. No que diz respeito às situações históricas que provocarão um sentimento de alienação forte o bastante para engendrar as grandes expressões simbólicas, um exame das variantes sugere o colapso da ordem tradicional e os períodos subsequentes de desordem, tanto pessoal quanto social, como seu cenário típico. No caso da *Disputa*, a pressão situacional é dada pelo colapso da ordem imperial, pela prolongada desordem do Primeiro Período Intermediário, e pelo ceticismo em relação aos símbolos tradicionais de ordem; no caso dos pré-socráticos e de Platão, pela ordem cada vez menor nas *poleis*, pelas contínuas guerras entre elas, pela ameaça à sua existência mesma apresentada pela ascensão de organizações de poder em escala imperial, e pela desintegração da *patrios doxa* pelo ceticismo e pela sofística; de modo geral se admite que o Apocalipse, a gnose e o cristianismo tenham sido condicionados pela expansão do império e pela destruição de uma ordem tradicional comunitária; e, no caso da alienação moderna, a pressão é dada pelo declínio do cristianismo até a crença dogmática, pela onda iluminista, pela dissolução das formas econômicas e sociais tradicionais pela sociedade industrial e pelas guerras globais.

Por convenção, os simbolismos da alienação são associados à gnose. Será apropriado, portanto, formular o impacto de nossa análise sobre essa questão.

No estado atual da ciência, ainda estamos divididos entre os antigos métodos historicistas e os métodos críticos da análise existencial. O historicismo é um método dóxico, conectado à degeneração geral da verdade experienciada em crença numa doutrina; os símbolos, quando concebidos como doutrina, são afastados de sua experiência engendrante e tornam-se fenômenos históricos em si mesmos. Uma vez que um simbolismo tenha atraído sua atenção por alguma razão, o estudioso historicista o descreverá conscienciosamente a partir das fontes e então passará a explorar sua filiação história até onde permitir o conhecimento dos materiais. O método foi aplicado à gnose. Os sistemas gnósticos são certamente são fenômenos espetaculares na "história das ideias" e merecem atenção; os simbolismos de alienação e o famoso "dualismo" são tão fortemente desenvolvidos que é justificado considerá-los a diferença específica do pensamento gnóstico; e os simbolismos helênico e iraniano são parecidos o suficiente para permitir a construção de uma longa pré-história do pensamento gnóstico. A *Disputa* egípcia até o momento fugiu à atenção – mas eu não ficaria surpreso se mais cedo ou mais tarde ela fosse usada para extrapolar a história da gnose para além do Irã e chegar a seu verdadeiro começo no Egito. Mesmo assim, até na época da exuberância gnóstica Eugène de Faye insistiu, em seu *Gnostiques et Gnosticisme* (1913), em que os simbolismos gnósticos não poderiam ser entendidos sem recorrer à experiência que os engendra. Hoje, com nossa riqueza de materiais comparativos, temos de insistir ainda mais nesse ponto. Se a alienação é de fato uma disposição fundamental da existência, sua simbolização deve ser esperada sempre que uma situação de desordem acumulou pressão suficiente; como, porém, os símbolos de alienação não passam de um grupo no complexo abrangente, nada se segue, para o sentido da variante como um todo, de sua aparição. A disposição da alienação pode afetar a tensão da existência de mais de um jeito, e os modos resultantes de experiência e as variantes de simbolização não são necessariamente gnósticas. A discussão da *Disputa* e o filosofar de Platão também não têm nada a ver com a gnose; e dificilmente consideraremos São Paulo um gnóstico porque ele nos aconselha a viver neste mundo como se não pertencêssemos a ele. Se queremos superar a confusão causada pelo historicismo, faremos melhor em lembrar o tratamento que Clemente de Alexandria deu ao assunto. Para os fins de sua polêmica contra Marcião e outros gnósticos, ele apresenta (*Stromateis* III.3.12-21) uma coletânea formidável de símbolos de alienação recolhidos de poetas e filósofos helênicos; depois, ele explica que a coletânea é tão aceitável para ele quanto para Marcião enquanto interpretação verdadeira da condição humana, mas que nem por isso ele concordará com as conclusões que Marcião tira dela. Clemente nos apresenta o caso exemplar de um *corpus* único de símbolos de alienação que pode servir em três contextos experienciais tão diferentes quanto a filosofia pagã, a gnose e o cristianismo. Concluo, portanto, que a aparição dos símbolos de alienação não marca como gnóstica nenhuma das variantes, ainda que elas estejam notavelmente desenvolvidas no contexto gnóstico. O problema da gnose é outro.

Os problemas apresentados pelo símbolo "imortalidade", ou melhor, pelo par "mortalidade"–"imortalidade" são colocados no centro das atenções pelas seguintes afirmativas:

1. O simbolismo da imortalidade não é específico do cristianismo e da revelação. Ele está bem articulado já à época da *Disputa*, itso é, numa variante estritamente cosmológica do complexo.

2. Imortalidade é um predicado que pressupõe um sujeito. Na linguagem homérica, o homem é mortal, os deuses são imortais; na filosofia clássica, ou ao menos em sua parte noética, a alma é imortal; no cristianismo primitivo, a imortalidade significa a ressurreição corporal do homem, garantida pela ressurreição de Cristo; na *Disputa,* o sujeito da imortalidade é a alma, ou melhor, uma das almas do Homem.

3. Qualquer que seja o sujeito do qual a imortalidade é predicada, o símbolo diz respeito à duração de uma entidade.

4. O símbolo "imortalidade" pressupõe a experiência da vida e da morte. Os símbolos "vida"–"morte" não são sinônimos da existência espaço-temporal do homem, de sua geração e corrupção, vistos desde fora, mas expressam a consciência do homem de existir numa tensão para o fundamento divino de sua existência. Vimos os duplos sentidos de vida e morte engendrados pela consciência da participação, durante a existência no tempo, no intemporal. O par "mortalidade"–"imortalidade" está relacionado ao par "vida"–"morte" e a seus duplos sentidos.

Os problemas vêm dos modos mutantes da experiência e da correspondente pluralidade dos símbolos variantes. As quatro afirmativas sugerem pelo menos dois modos históricos de experiência: no primeiro nível, o da experiência primária do cosmos, aparecem as entidades das quais são predicadas a mortalidade ou a imortalidade; no segundo nível, o da consciência diferenciada, os símbolos expressam os polos de tensão existencial. O movimento do primeiro para o segundo modo de experiência, porém, não é acompanhado de um novo conjunto de símbolos; os símbolos mais antigos são preservados e seus sentidos mudam. Além disso, parece que os primeiros sentidos não podem ser descartados quando a segunda modalidade é alcançada, de modo que, no segundo contexto, os símbolos aparecem com dois sentidos; as simbolizações da verdade experienciada não excluem uma à outra, mas se suplementam. O resultado é uma confusão de sentidos nada desprezível. Tentarei desemaranhar esse problema ao menos em princípio.

Uma famosa passagem da *Ética a Nicômaco* (X, VII, 8) de Aristóteles mostrará o simbolismo da imortalidade no ponto de transição do primeiro para o segundo modo de experiência:

> *A vida do intelecto* (noûs) *é superior ao nível humano, não em virtude de sua humanidade, caso ele a atinja, mas em virtude de algo dentro dele que é divino; e, à medida que esse algo é superior a sua natureza composta, na mesma medida sua atividade é superior ao exercício de outros tipos de virtude. Se, assim, o intelecto é algo divino em comparação com o homem, também a vida do intelecto é divina em comparação com a vida humana. Por isso também não devemos seguir aqueles que recomendam que um homem tenha pensamentos de homem, e um mortal pensamentos de mortalidade, mas devemos imortalizar* (athanatizein) *o tanto quanto possível e fazer tudo para ter uma uma vida de acordo com a coisa mais elevada no homem.*

Os dois modos de experiência e de simbolização são claramente reconhecíveis, e a confusão de sentidos é impressionante. No nível mais antigo encontramos as entidades, isto é, os deuses imortais e os homens mortais; no novo nível, representado por Platão e Aristóteles, encontramos a tensão da existência com seus polos de mortalidade e imortalidade. A passagem alude a um agudo conflito entre os guardiões da tradição e os filósofos. Afinal, os tradicionalistas creem em deuses e em homens como entidades distintas, e insistem em que os homens só tenham pensamentos adequados a seu status de mortais, enquanto os filósofos descobriram que o homem não é tão mortal assim e partilha da imortalidade divina, insistindo, portanto, que seu pensamento se volte principalmente para o divino. Trata-se de um choque entre duas teologias; os filósofos abolem os deuses da tradição politeísta e identificam seu próprio Deus como o *Noûs* que se revela, pela busca noética, como Fundamento da existência. No trecho, porém, o conflito não é expressado com total clareza, porque a tradição é forte o bastante para obscurecer a tensão recém-descoberta da existência com a simbolização anterior de deuses e homens. Mesmo para Aristóteles o homem ainda é o mortal que só pode pensar pensamentos mortais; ainda que de todo modo consiga pensar o divino, ele é capacitado para isso por uma certa parte nele, o intelecto, que é uma entidade divina. Será então que o homem aristotélico é uma união temporária de homem-mortal com uma entidade divina-imortal que será dissolvida na morte? A resposta deve ser não; porque, a essa altura, a tensão da existência, por sua vez, faz sentir sua influência e engendra o magnífico símbolo de *athanatizein*. Traduzi o *athanatizein* como o intransitivo *imortalizar*, porque o símbolo pretende caracterizar a vida noética como hábito de ação pelo qual o homem pode e deve aumentar sua imortalidade potencial até sua plena estatura. A prática de "imortalizar" é para Aristóteles uma virtude superior a todas as outras. Como na *Ética a Nicômaco* Aristóteles distingua somente as virtudes éticas das dianoéticas, sem nomear a classe superior – a que também pertencem *phronēsis* e *philia* – proponho o termo *virtudes existenciais*.

O estado de confusão em que Aristóteles deixou o problema se tornou uma força histórica, que causa confusão até no pensamento moderno. Afinal, se o *Noûs* é tanto o deus além do homem quanto a entidade divina dentro do homem, então os dois correm o risco de desabar numa coisa só no exato momento em que não forem firmemente separados pela tensão da existência. Foi isso que aconteceu com a *Begriffsspekulation* de Hegel: as entidades separadas tornaram-se momentos no processo dialético; e a tensão entre elas reaparece como o movimento dialético interno ao *Geist*. Quando a consciência da tensão existencial se atrofia – como se atrofiou na teologia e na metafísica doutrinárias do século XVIII, não somos arremessados de volta numa crença pré-aristotélica em mortais e imortais. Do estado de confusão na verdade emerge o novo tipo de sistema que transforma a participação experienciada no divino numa posse especulativa do divino. O sistema teve um sucesso prodigioso, e ainda tem, porque oferece o aparato intelctual para as diversas tentativas ideológicas e teológicas de colocar Deus e o mundo, a sociedade e a história, sob o controle do homem.

A fim de dissolver a funesta confusão, primeiro tornarei mais precisos seus pontos cruciais:

1. A confusão surge no momento da transição da experiência primária do cosmos para a consciência da participação do homem no fundamento divino. A linguagem do mito cosmológico não expressará adequadamente a realidade recém-descoberta de interação e de mútua participação entre Deus e o homem.

2. Os filósofos pré-socráticos e clássicos desenvolveram uma multidão de novos símbolos que expressarão a experiência de uma área da realidade intermediária entre Deus e o homem. Há, em primeiro lugar, os símbolos platônicos do Intermédio (*metaxia*) e do homem espiritual (*daimonios aner*), que existe na tensão do Intermédio. Curioso é que foi desenvolvida uma riqueza de símbolos que expressam as nuances da tensão existencial, como "amor" (*philia*, *eros*), "fé" (*pistis*), "esperança" (*elpis*), ao mesmo tempo em que o símbolo "tensão" (*tasis*) só aparece na filosofia estoica, para expressar a estrutura da realidade em geral. A natureza do Intermédio enquanto participação mútua de humano e divino é simbolizada pela *methexis* platônica e pela *metalepse* de Aristóteles, a vida ativa na tensão pelas virtudes existenciais mencionadas anteriormente. Os símbolos da consciência são desenvolvidos incoativamente ao se instar que a *aisthēsis* e o *noûs* trabalhem; e, como símbolo para o *locus* dessa experiência, a *psychē* há de servir. A experiência em si, porém, é descrita cuidadosamente como busca (*zētēsis*) por parte do homem e atração (*kinēsis*) por parte de Deus.

3. Apesar do simbolismo altamente desenvolvido que expressa o Intermédio da participação, surgem algumas dificuldades do lado dos participantes. Afinal, os parceiros divinos e humanos dessa tensão não são os imortais

e mortais da tradição, mas um novo tipo de Deus e homem. Vimos Platão desenvolver o *daimonios aner* a fim de distinguir o novo homem do mortal (*thnētos*) de antigamente; quando a distinção não é feita, deparamo-nos com as dificuldades da passagem aristotélica. Numa linguagem moderna da consciência, o problema do novo homem pode ser formulado da seguinte maneira: quando o homem descobre sua existência na tensão, ele se torna consciente de que sua consciência é tanto o *locus* quanto o *sensorium* da participação no fundamento divino. À medida que a consciência é o *locus* da participação, sua realidade partilha do humano e do divino sem ser inteiramente nenhum dos dois; à medida que é o *sensorium* da participação, ela definitivamente pertence ao homem, localizando-se em seu corpo na existência espaço-temporal. A consciência, assim, é tanto o polo temporal da tensão *(sensorium)* quanto a tensão inteira, incluindo seu polo do intemporal (*locus*). Nossa participação no divino continua limitada à perspectiva do homem. Se a distinção entre os dois sentidos de consciência for negligenciada, surge o perigo de se recair na divinização do homem ou na humanização de Deus.

4. Na experiência primária do cosmos, a mortalidade é o modo de duração do homem; a imortalidade, o dos deuses. Ao nível da consciência diferenciada, o sentido do simbolismo muda sutilmente de um jeito que ficará claro quando associarmos o par "mortalidade"–"imortalidade" com os duplos sentidos de vida-morte na passagem do *Górgias*. Então teríamos de dizer: a mortalidade significa que a vida do homem, tendo durado um certo tempo, sucumbirá à morte; a imortalidade significa que a vida do homem durará mais do que a morte. O sentido das duas frases será mais claramente transmitido quando elas forem combinadas numa única afirmativa: a vida do homem é estruturada pela morte. O símbolo "vida" nessa última formulação expressará com exatidão a experiência do Intermédio que também engendrou o *daimonios aner* platônico. A vida estruturada pela morte não é nem a vida dos mortais nem a duração dos deuses, mas a vida experienciada na tensão da existência. É a vida vivida no fluxo da presença.

5. Ainda que a simbolização possa ser exata, temos o sentimento desconfortável de que algo nos escapou. Será que isso é tudo o que sabemos da imortalidade? Os mais fortes dirão que não ligam para essa imortalidade anêmica. O que aconteceu com as imagens mitopoéticas da vida após a morte, como por exemplo a da posição de conselheiro na barca do deus-sol, como na *Disputa*; ou com a de seguidor no séquito de Deus, como no *Fedro*; isso para

não falar no Inferno, no Purgatório e no Paraíso de Dante? Bem, no que diz respeito à tensão da existência, temo que isso seja tudo – ainda que já seja um bocado, porque rastreamos o simbolismo da imortalidade até sua origem na experiência de que a vida é mais do que a vida dos mortais. Mesmo assim, o questionamento rebelde motivado por um desejo de realização além da tensão, de um propósito para o êxodo do Sheol, de um destino para os que vagam no deserto, e assim por diante, é bastante saudável, porque a experiência da tensão existencial de fato não é toda a experiência do homem. Temos de levar em conta o fato de que o símbolo "imortalidade" significa inequivocamente uma duração à maneira dos deuses, ainda que a existência do homem em tensão para o fundamento divino não vá lhe dar qualquer informação sobre o modo de existência divino. Como, então, sabemos que os deuses são "eternos" (*aiōnios*), e o que significa a duração dos deuses, se eles tão distintamente não duram no tempo, de modo que o simbolismo mais apropriado para a existência do homem é a tensão entre o tempo e o intemporal?

A resposta a essa pergunta, a que chegamos pela nossa sequência de refinamentos, virá pelo recurso à *Disputa*.

A variante egípcia do simbolismo revela um sofrimento agudo causado pela alienação e pelo desejo de preservar a existência na verdade contra a pressão para conformar-se a um modo deficiente de existência. Como, porém, a consciência da tensão existencial ainda não se diferenciou, seus problemas precisam ser expressados na linguagem compacta do mito cosmológico. Trata-se da linguagem não da tensão, mas das entidades envolvidas no destino de vida e morte; e o entendimento das entidades praticamente não é afetado pelo conflito teológico característico da transição da experiência do cosmos para o da participação existencial. As entidades são o homem, sua alma, o reino do Egito, e o deus-sol; a ordem (*ma'at*) que permeia as entidades tem sua fonte no deus-sol e corre a partir dele, por meio do Faraó, para a administração do reino e, em última instância, para as pessoas que vivem no reino. Quando algo não funciona na ordem do Faraó, do reino e do homem, a solução imaginada é a restauração da ordem por meio da cooperação do Homem em sua origem na barca do deus-sol. Assim, as entidades formam uma comunidade de parceiros consubstanciais na ordem divina. Essa comunidade divinamente ordenada – a que aplicamos o termo grego tardio *kosmos* – é experienciada pelo Homem como a realidade duradoura da qual ele faz parte. A duração do cosmos é a duração dos deuses que criam e mantêm sua ordem; e o Homem da *Disputa* pode participar de sua duração sintonizando sua existência com a ordem dos deuses. A experiência primária da realidade cósmica, portanto, oferece os espaços e os tempos para a vida dos deuses e para a vida após a morte do homem. As imagens da imortalidade são engendradas pela experiência primária da coduração do homem com o cosmos.

A confusão se dissipará se admitirmos a estratificação histórica na experiência que o homem tem da realidade. Há, em primeiro lugar, a experiência compacta do cosmos e, em segundo, a expressão diferenciada da tensão existencial. Para expressá-la adequadamente, os dois tipos de experiência engendram dois conjuntos diferentes de símbolos. Ao primeiro conjunto pertencem, entre outros:

a) o tempo do cosmos; e a coduração com o cosmos;
b) os deuses intracósmicos;
c) a linguagem da história mítica e suas ramificações.

Ao segundo conjunto pertencem, entre outros:

1) a polarização do tempo cósmico no tempo e o intemporal da tensão; e o fluxo de presença;
2) o Deus transcendente ao mundo;
3) a linguagem da vida noética e espiritual.

Quanto ao símbolo "imortalidade", podemos, portanto, dizer: as imagens da vida após a morte originam-se na experiência compacta da realidade cósmica; o simbolismo da vida estruturada pela morte se origina da experiência do homem de sua existência em tensão para o fundamento divino.

Podemos acabar com a confusão e com as construções equivocadas uma vez que elas tenham aparecido – mas não podemos impedir as perturbações da ordem existencial que historicamente surgirão das mudanças nos modos de experiência e causar sempre novas confusões e construções equivocadas. Permitam-me brevemente advertir, para concluir, quanto a esse problema, já que vivemos numa época de grandes perturbações vindas dessa fonte.

As duas experiências não pertencem a realidades diferentes, mas à mesma realidade em modos diferentes. A experiência da realidade cósmica inclui em sua compactação a tensão existencial; e a consciência diferenciada da existência não tem realidade sem o cosmos em que ela ocorre. No nível da experiência cósmica, encontramos, por conseguinte, uma rica variedade de hinos e de preces que expressam a tensão pessoal da existência, e mesmo documentos como a *Disputa*; por outro lado, no nível da experiência existencial, o homem tem de lidar com problemas da realidade cósmica que demandam ressimbolização à medida que o simbolismo mais antigo se tornou incompatível com os novos *insights* da tensão existencial. Platão, por exemplo, percebia agudamente o dilema do filósofo: ele desenvolveu um novo tipo de simbolismo, o mito filosófico, para expressar no nível noético a realidade cósmica que anteriormente fora o domínio do mito tradicional. Além disso, em *Epínomis* ele advertiu seriamente contra a desacreditação do mito tradicional, porque as pessoas cuja fé no mito é destruída não se tornarão necessariamente filósofos, mas ficarão espiritualmente desorientadas e recairão em algum modo deficiente de existência. Assim, o cristianismo herdou, por meio do Antigo Testamento e do Novo, um corpo sólido de mitos cósmicos, e viveu com ele deixando-o permanecer e digerindo teologicamente somente aquilo que os instrumentos filosóficos do momento pareciam permitir. Os simbolismos compactos, em suma, podem tornar-se obsoletos à luz de novas intuições, mas a realidade que eles expressam nem por isso deixa de ser real. Se deixarmos qualquer parte da realidade sair de vista recusando-lhe um status público no mundo dos símbolos, ela levará uma espécie de vida subterrânea e fará que sua realidade seja sentida em disposições intensas de alienação, ou mesmo em puros e simples distúrbios mentais. C. G. Jung disse algumas coisas sobre isso. Ainda que tivéssemos de rejeitar todas as simbolizações tradicionais da realidade cósmica como se fossem incompatíveis com nosso modo atual de experiência, ainda estamos vivendo na realidade do cosmos e não no universo da física, apesar da propaganda e da lavagem cerebral de nossos ideólogos cientificistas. As construções ideológicas da história que ignoram a estratificação histórica da experiência e relegam os estratos compactos, considerando-os "estados de consciência" obsoletos, a um passado morto, devem ser entendidas, no que diz respeito a uma de suas motivações, como atos de desespero causados por um estado agudo de alienação, porque elas tentam aniquilar por meio do assassinato de uma realidade perturbadora que ainda não encontrou uma ressimbolização satisfatória. Essas observações, ainda que não possam ser mais do que meros palpites, talvez sugiram um novo entendimento de alguns dos problemas que movem a época atual.

A Influência Mútua entre Teologia e Filosofia

Leo Strauss

I

Quando tentamos retornar às raízes da civilização ocidental, logo observamos que a civilização ocidental tem duas raízes que estão em conflito uma com a outra, a bíblica e a filosófica grega, e isso para começarmos com uma observação deveras desconcertante. Mesmo assim, essa compreensão também tem algo reconfortante e tranquilizante. A vida mesma da civilização ocidental é a vida entre dois códigos, uma tensão fundamental. Por isso, não há nenhuma razão intrínseca à própria civilização ocidental, em sua constituição fundamental, pela qual ela deva abdicar da vida. Mas esse pensamento tranquilizador só se justifica se vivermos essa vida, isto é, se vivermos esse conflito. Ninguém pode ser ao mesmo tempo filósofo e teólogo, nem, aliás, uma terceira coisa que esteja além do conflito entre filosofia e teologia, ou uma síntese de ambos. Mas cada um de nós pode e deve ser um dos dois, o filósofo aberto ao desafio da teologia ou o teólogo aberto ao desafio da filosofia.

Existe um conflito ou desacordo fundamental entre a Bíblia e a filosofia grega. Esse conflito fundamental fica numa certa medida obscurecido por uma similaridade pontual próxima. Existem, por exemplo, algumas filosofias que aparentemente se aproximam do ensinamento bíblico – pensemos nos ensinamentos filosóficos que são monoteístas, que falam do amor de Deus e do homem, que até admitem a prece, etc. E assim a diferença às vezes se torna quase invisível. Mas reconhecemos a diferença imediatamente se fizermos esta observação. Para um filósofo ou filosofia, nenhum evento particular ou contingente pode ser absolutamente sagrado. Esse particular ou contingente é chamado, desde o século XVIII, de histórico. Assim, as pessoas começaram a dizer que religião revelada significa religião histórica, para distingui-la da religião natural, e que os filósofos poderiam ter uma religião natural, e, mais ainda, que o histórico é essencialmente superior ao natural. Como consequência dessa interpretação do particular e contingente como histórico, tornou-se comum a ideia, ainda hoje, de que a Bíblia é enfaticamente histórica, que a Bíblia como que descobriu a história (ou os autores bíblicos), ao passo que a filosofia enquanto filosofia é essencialmente não histórica. Essa visão subjaz a grande parte das interpretações contemporâneas do pensamento bíblico. O que se chama de existencialismo é na verdade só uma forma mais elaborada dessa interpretação. Não creio que essa abordagem ajude muito a entender a Bíblia, pelo menos no que diz respeito a suas partes básicas; e, como explicação, sugerirei aqui apenas uma consideração: que esses conceitos atuais, como História com H maiúsculo, são conceitos muito tardios, altamente derivativos, e que por essa razão mesma não podem abrir para nós o pensamento antigo, um pensamento que não é de modo algum derivativo, estando na verdade no começo de uma tradição.

Pode-se começar a descrever a discórdia fundamental entre a Bíblia e filosofia grega, e fazê-lo desde um ponto de vista puramente histórico, a partir do fato de que observamos primeiro uma ampla concordância entre a Bíblia e a filosofia grega a respeito tanto da moralidade quanto da insuficiência da moralidade; a discordância diz respeito àquele "x" que completa a moralidade. Segundo a filosofia grega, esse "x" é a *theoria*, a contemplação, e o complemento bíblico pode ser chamado, creio que sem criar nenhum entendimento enganoso, de piedade, a necessidade de misericórdia ou de redenção divina, de amor obediente. Para sermos mais precisos (o próprio termo "moralidade" está entre esses termos derivativos que não são lá muito adequados para compreender o pensamento anterior), podemos trocar o termo "moralidade" pelo termo "justiça", um termo comum às duas fontes; e justiça significa primariamente obediência à lei, lei em sentido pleno e abrangente, lei divina. Voltando ainda além disso, sugerimos como ponto de partida de todo o desenvolvimento moral da humanidade, se é que podemos falar assim, uma identificação do bom com o ancestral. Dessa equação primitiva que ainda entendemos, de que ainda fazemos uso na vida real, surgiu necessariamente a noção de uma lei divina. E depois, num passo mais à frente, o problema da lei divina: a noção original de uma lei divina ou de um código divino implica que há uma ampla variedade deles. Essa variedade mesma e, mais especificamente, a contradição entre os diversos códigos divinos, faz que a ideia de uma lei divina em sentido simples e primário seja radicalmente problemática.

Há duas soluções possíveis e diametralmente opostas para esse problema: a filosófica e a bíblica. A solução filosófica pode ser assim descrita: os filósofos transcendem inteiramente a dimensão dos códigos divinos, toda a dimensão da piedade e da pia obediência a um código pré-dado. No lugar disso, eles embarcam numa demanda livre pelos começos, pelas coisas primeiras, pelos princípios. E eles presumem que a partir do conhecimento de primeiros princípios, dos primeiros princípios, dos começos, será possível determinar o que é bom por natureza, ao contrário daquilo que é bom meramente por convenção. Essa busca pelos começos acontece por meio da percepção sensorial, do raciocínio, e daquilo que eles chamam de *noēsis*, que é traduzida literalmente como "entendimento" ou "intelecto", e que talvez possamos traduzir com um pouco mais de cuidado como "percepção", uma percepção com os olhos do espírito, e não sensível. Mas enquanto essa percepção certamente tem seu equivalente bíblico e até seu equivalente místico, esse equivalente no contexto filosófico nunca está divorciado da percepção sensível e do raciocínio baseados na percepção sensível. Em outras palavras, a filosofia nunca se esquece de sua semelhança com as artes e as técnicas, com o conhecimento usado pelo artesão e com seu tipo de conhecimento humilde mas sensível.

Passando agora à alternativa bíblica, aqui a premissa básica é que um código particular divino é aceito como verdadeiramente divino; aquele código particular de uma tribo particular é o código divino. Mas o caráter divino de todos os demais códigos supostamente divinos é simplesmente negado, e isso implica uma rejeição radical da mitologia. Essa rejeição da mitologia também é característica do impulso primário da filosofia, mas a rejeição bíblica da mitologia procede na direção oposta à da filosofia. Para dar algum sentido ao termo mitologia, que aqui sou obrigado a usar, eu diria que a mitologia é caracterizada pelo conflito entre deuses e forças impessoais por trás dos deuses. Aquilo que em grego às vezes é chamado de *moira*, por exemplo. Já a filosofia troca o destino impessoal, como podemos dizer, pela natureza e pela necessidade inteligível. A Bíblia, por outro lado, concebe Deus como causa de tudo mais, inclusive das necessidades impessoais. A solução bíblica depende, portanto, da crença na onipotência de Deus. A noção de onipotência demanda, é claro, o monoteísmo, porque se há mais de um Deus obviamente nenhum dos dois pode ser onipotente. Só os autores bíblicos, podemos dizer, compreendem o que realmente significa a onipotência, porque só se Deus é onipotente pode um código particular ser o código absoluto. Mas um Deus onipotente que a princípio é perfeitamente cognoscível pelo homem está num certo sentido sujeito ao homem, à medida que o conhecimento é, num certo sentido, poder. Assim, um deus verdadeiramente onipotente tem de ser um deus misterioso, e é esse, como se sabe, o ensinamento da Bíblia. O homem não pode ver o rosto de Deus, e sobretudo o nome divino, "Eu serei aquele que serei", significa que nunca é possível em nenhum presente saber aquilo que Deus será. Mas se o homem não tem qualquer poder em nenhum sentido sobre o Deus bíblico, como pode haver qualquer relação entre o homem e Deus? A resposta bíblica é a Aliança, um ato livre e misterioso de amor por parte de Deus, e a atitude correspondente por parte do homem é a confiança, ou a fé, que é radicalmente diferente da certeza teórica. O Deus bíblico é conhecido em sentido humanamente relevante só por suas ações, por suas revelações. O livro, a Bíblia, é o relato daquilo que Deus fez e daquilo que ele prometeu. Não é uma especulação sobre Deus. Na Bíblia, como diríamos, os homens falam das ações e das promessas de Deus a partir de sua experiência de Deus. Essa experiência, e não o raciocínio baseado na percepção sensível, é a raiz da sabedora bíblica. Essa diferença radical entre a Bíblia e a filosofia grega também aparece de um lado no caráter literário da Bíblia, e de outro nos livros filosóficos gregos. As obras dos filósofos gregos são realmente livros, obras, obras de um homem, que começa por aquilo que ele considera o começo necessário, seja esse simplesmente o começo ou o melhor começo para levar as pessoas àquilo que ele considera a verdade. E esse um homem/um livro foi característico do pensamento grego desde o começo: Homero. Mas a Bíblia é fundamentalmente, como hoje geralmente se acredita, uma compilação de fontes, o que significa que a Bíblia continua uma tradição com mudanças mínimas, e daí as famosas dificuldades com que se defrontam os estudiosos da Bíblia. O ponto decisivo, creio, é este: aqui não há começo feito por um indivíduo, não há, em última instância, começo feito pelo homem. Há uma semelhança entre essa arte da escrita e a forma preferida de escrita, na tradição judaica, isto é, o comentário, que sempre se refere a algo anterior. O homem não começa.

Em minha análise pressupus que a igualdade entre o bom e o ancestral é a igualdade primordial. Pode ser assim em termos cronológicos, mas não se pode deixar as coisas assim, claro, porque surge a questão de por que deveria ser assim, que provas há dessa igualdade? Essa questão é bastante longa, e não me proponho a respondê-la agora. Eu apenas referiria um mito grego de acordo com o qual Mnemosine, a memória, é a mãe das musas, querendo dizer a mãe da sabedoria. Em outras palavras, primariamente o bom, o verdadeiro, como quer se queira chamá-lo, só pode ser conhecido como o antigo porque antes do surgimento da sabedoria a memória ocupava o lugar da sabedoria. Em última instância, creio, seria preciso voltar até um dualismo fundamental no homem para entender esse conflito entre a Bíblia e a filosofia grega, o dualismo de ato e fala, de ação e pensamento – dualismo esse que necessariamente levanta a questão de qual dos dois tem a primazia – e pode-se dizer que a filosofia grega afirma a primazia do pensamento, da fala, ao passo que a Bíblia afirma a primazia do ato. Sei perfeitamente que isso se presta a mal-entendidos, mas permita-me ficar por isso mesmo por enquanto.

II

De todo modo, temos de enfrentar o fato de que há uma oposição radical entre a Bíblia e a filosofia, e que essa oposição deu margem a um conflito secular desde seu começo. Esse conflito é típico do Ocidente, do ocidente no sentido amplo do termo, incluindo até toda a bacia do Mediterrâneo, é claro. Eu ousaria dizer que, enquanto houver civilização ocidental, haverá teólogos que suspeitarão dos filósofos, e filósofos que serão incomodados ou que se sentirão incomodados pelos teólogos. Mas, como dizem, temos de aceitar nosso destino, e ele nem é o pior destino que se pode imaginar. Temos esta oposição radical: a Bíblia recusa-se a ser integrada em um arcabouço filosófico, bem como a filosofia se recusa a ser integrada num arcabouço bíblico. Quanto à recusa bíblica, há a observação, tão comum, de que o deus de Aristóteles não é o Deus de Abraão, de Isaac e de Jacó, e que, portanto, qualquer tentativa de integrar o entendimento bíblico ao entendimento filosófico significa abrir mão daquilo que se quer dizer com Deus de Abraão, de Isaac e de Jacó. Quanto à filosofia, isso é talvez um pouco obscurecido por alguns fatos, e, portanto, precisamos nos deter neles um instante. Esse obscurecimento, creio, se deve em última instância ao fato de que nas discussões sobre a relação entre teologia e filosofia, a filosofia é identificada com o sistema filosófico completado, na Idade Média, é claro, primariamente com Aristóteles – e com isso não quero dizer que Aristóteles tem um sistema, ainda que às vezes pareça que tem – mas certamente com Hegel na época moderna. Isso, é claro, é uma forma muito especial da filosofia; não é a forma primária e necessária da filosofia. Preciso explicar isso.

Numa obra medieval, *Kuzari*, de Yehuda Halevi, encontramos a seguinte afirmação: "Sócrates diz ao povo: 'Não rejeito sua sabedoria divina, eu simplesmente não a entendo. Minha sabedoria é meramente sabedoria humana'". Na boca de Sócrates, como nesse apotegma, sabedoria humana significa sabedoria imperfeita ou busca pela sabedoria, isto é, filosofia. Como ele percebe a imperfeição da sabedoria humana, é difícil de entender por que ele não vai daí para a sabedoria divina. A razão sugerida nesse texto é a seguinte: como filósofo, ele se recusa a assentir a qualquer coisa que não lhe seja evidente, e para ele a revelação não passa de uma possibilidade não evidente e não provada. Diante de uma possibilidade não provada, ele não a rejeita, ele apenas suspende o julgamento. Mas aqui surge uma grande dificuldade, que pode ser formulada da seguinte maneira: é impossível suspender o julgamento a respeito de questões absolutamente urgentes, relacionadas a questões de vida e morte. Ora, a questão da revelação é obviamente da máxima urgência. Se não há revelação, a descrença na revelação ou a desobediência à revelação são fatais. A suspensão do julgamento em relação à revelação pareceria então impossível. O filósofo que se recusa a assentir à revelação porque ela não é evidente nisso mesmo rejeita a revelação. Mas essa rejeição não se justifica se não se prova a falsidade da revelação. O que significa dizer que o filósofo, ao defrontar-se com a revelação, parece compelido a contradizer a ideia mesma da filosofia, ao rejeitar sem base suficiente. Como podemos entender isso? A resposta filosófica pode ser assim formulada: a questão de máxima urgência, a questão que não admite suspensão, é a questão de como se deve viver. Para Sócrates, essa questão é resolvida pelo fato de ele ser filósofo. Como filósofo, ele sabe que somos ignorantes a respeito das coisas mais importantes. A ignorância, o fato evidente dessa ignorância, claramente prova que a busca pelo conhecimento das coisas mais importantes é para nós a coisa mais importante. A filosofia é, portanto, obviamente a maneira correta de viver. Isso, segundo ele, é também confirmado pelo fato de que sua felicidade vem de obter o mais alto grau possível de clareza que ele pode obter. Ele não vê qualquer necessidade de assentir a nada que não lhe seja evidente. E se lhe dizem que sua desobediência à revelação pode ser fatal, ele pergunta: o que significa fatal? No caso extremo, seria a danação eterna. Os filósofos do passado, porém, tinham certeza absoluta de que um Deus onisciente não puniria com a danação eterna nem com nada similar os seres humanos que buscam a verdade ou a clareza. Depois temos de considerar se essa resposta é mesmo suficiente. De todo modo, a filosofia significa, e este é o ponto decisivo, não um conjunto de proposições, um ensinamento, e nem mesmo um sistema, mas um modo de vida, uma vida animada por uma paixão específica, o desejo ou eros filosófico, não como instrumento ou departamento da autorrealização humana. A filosofia entendida como instrumento ou departamento é, evidentemente, compatível com todo pensamento sobre a vida, e, portanto, também com a maneira de vida bíblica. Mas isso não é mais filosofia no sentido original do termo. Isso foi muito obscurecido, creio, pelo desenvolvimento ocidental, porque a filosofia, na Idade Média cristã, foi certamente desprovida de seu caráter de modo de vida e se tornou apenas um compartimento muito importante.

Devo, portanto, tentar reformular por que, de acordo com a noção original de filosofia, a filosofia é necessariamente um modo de vida e não uma mera disciplina, ainda que a mais elevada disciplina. Devo explicar, em outras palavras, por que a filosofia não poderia levar à intuição de que algum modo de vida exceto o modo de vida filosófico seria o correto. A filosofia é a busca pelo conhecimento a respeito do todo. Sendo essencialmente uma demanda e não sendo jamais capaz de tornar-se sabedoria, como algo distinto da filosofia, os problemas são sempre mais evidentes do que as soluções. Todas as soluções são questionáveis. Agora, o modo de vida correto só pode ser plenamente estabelecido por um entendimento da natureza do homem, e a natureza do homem só pode ser esclarecida por um entendimento da natureza do todo. Assim, o modo de vida correto não pode ser estabelecido metafisicamente, a não ser por uma metafísica completa, e, portanto, o modo de vida correto permanece questionável. Mas a incerteza mesma de todas as soluções, a ignorância mesma relacionada às coisas mais importantes, faz que a busca pelo conhecimento seja a coisa mais importante, e, portanto, que uma vida dedicada a ela seja o modo de vida correto. Assim, a filosofia em seu sentido pleno e original é certamente incompatível com o modo de vida bíblico. A Filosofia e a Bíblia são as alternativas ou as antagonistas no drama da alma humana. Cada uma das duas antagonistas afirma conhecer ou possuir a verdade, a verdade decisiva, a respeito do modo de vida correta. Mas só pode haver uma verdade: daí o conflito entre essas duas reivindicações e necessariamente entre os seres pensantes; e isso inevitavelmente significa discussão. Cada um dos dois oponentes vem tentando há milênios refutar o outro. Esse esforço continua em nossos dias, e na verdade está assumindo uma nova intensidade após algumas décadas de indiferença.

III

Agora tenho algumas palavras a dizer sobre o argumento contemporâneo. O argumento contemporâneo em favor da filosofia, podemos dizer, é praticamente inexistente por causa da desintegração da filosofia. Já falei numa ocasião anterior sobre a distinção entre filosofia e ciência tal como entendida hoje, uma distinção que leva necessariamente a um descrédito da filosofia. O contraste entre a falta de resultados da filosofia e o enorme sucesso das ciências traz isso à tona. A ciência é a única busca intelectual que hoje pode dizer que é a perfeição do entendimento humano. A ciência é neutra quanto à revelação. A filosofia ficou incerta quanto a si mesma. Só uma citação, uma afirmação de um dos filósofos mais famosos de hoje: "A crença na revelação é verdadeira, mas não verdadeira para o filósofo. A rejeição da revelação é verdadeira para o filósofo, mas não é verdadeira para o crente". Voltemo-nos agora para argumento contemporâneo em favor da revelação, mais promissor. Não perderei tempo falando do argumento mais popular, tirado das necessidades da civilização contemporânea, da crise contemporânea, que simplesmente se resumiria a isto: que hoje, a fim de competir com o comunismo, precisamos da revelação enquanto mito. Ora, esse argumento é ou burro ou blasfemo. Não é preciso dizer que encontramos argumentos similares no sionismo, e acho que todo esse argumento já foi previamente descartado por Dostoiévski em *Os Demônios*.

Agora, o argumento sério em favor da revelação pode ser formulado da seguinte maneira: não existe nenhuma evidência objetiva em favor da revelação, o que significa que não existe um fiapo de evidência em favor da revelação exceto, em primeiro lugar, a experiência, a experiência pessoal do encontro do homem com Deus, e, em segundo lugar, a prova negativa da inadequação de todas as posições descrentes. Quanto ao primeiro ponto – de que não existe evidência objetiva em favor da revelação exceto a experiência do encontro particular com Deus – surge uma dificuldade: qual é a relação entre essa experiência pessoal e a experiência expressada na Bíblia? Torna-se necessário distinguir entre aquilo que é experienciado pelos profetas, aquilo que podemos chamar de chamado de Deus ou a presença de Deus, e aquilo que eles disseram, e aquilo que eles disseram teria de ser chamado, como é chamado hoje por todos os teólogos não ortodoxos, uma interpretação humana da ação de Deus. Já não se trata mais da ação mesma de Deus. A interpretação humana não pode ser autorizada. Mas surge a questão, será que todo significado específico associado ao chamado de Deus ou à presença de Deus não é uma interpretação humana? Por exemplo, o encontro com Deus será interpretado de maneiras radicalmente diferentes pelo judeu de um lado e pelo cristão de outro, para nem dizer nada do muçulmano e dos demais. Contudo, só uma interpretação pode ser a verdadeira. Há, portanto, a necessidade de discussão entre os diversos crentes na revelação, discussão essa que só pode de algum modo aludir à objetividade. Quanto ao segundo ponto – a prova negativa da inadequação de qualquer posição descrente –, é normalmente bem forte à medida que mostra a inadequação do progressismo, do otimismo ou do cinismo modernos, e nesse sentido eu a considero absolutamente convincente.

Mas essa não é a dificuldade decisiva. A dificuldade decisiva diz respeito à filosofia clássica, e aqui as discussões, até onde as conheço, não chegam a enfrentar a dificuldade real. Para mencionar apenas um ponto, diz-se que a filosofia clássica se baseia numa espécie de delírio, e é possível provar que se trata de um delírio. Diz-se que a filosofia clássica se baseia na crença injustificada de que o todo é inteligível. Agora, essa questão é bem longa. Permitam-me aqui limitar-me a dizer que o protótipo do filósofo em sentido clássico foi Sócrates, que sabia que não sabia de nada, que nisso admitiu que o todo não é inteligível, que simplesmente se perguntou se, ao dizer que o todo não é inteligível, não admitimos ter alguma compreensão do todo. Afinal, não poderíamos dizer coisa nenhuma a respeito de algo a respeito de que não sabemos absolutamente nada, e este, ao que me parece, é o sentido daquilo que tão erroneamente se traduz como o inteligível: que o homem enquanto homem necessariamente tem uma percepção do todo. Permitam-me concluir esse ponto. Até onde sei, os argumentos contemporâneos em favor da revelação e contra a filosofia se baseiam numa compreensão inadequada da filosofia clássica.

Agora, para encontrar nossas coordenadas, voltemos a uma camada mais elementar do conflito. O que é verdadeiramente significativo no argumento contemporâneo então ficará claro, e compreenderemos também as razões para o afastamento da objetividade no argumento em favor da revelação na teologia contemporânea. A típica visão mais antiga relacionada à revelação e à razão hoje só é plenamente aceita pela Igreja Católica, por judeus ortodoxos e por protestantes ortodoxos. Claro que falo apenas da versão judaica. A questão é: como sabemos que a Torá vem do Sinai, como sabemos que é a palavra do Deus vivo? A resposta judaica tradicional é primariamente o que nossos pais nos disseram, e o que os pais deles lhes disseram, numa cadeia ininterrupta de tradição confiável, voltando até o Monte Sinai. Se a questão é respondida dessa forma, torna-se inevitável perguntar: será que a tradição é confiável? Mencionarei apenas um espécime da discussão anterior. No começo de seu código jurídico, Maimônides oferece a cadeia da tradição de Moisés até a época talmúdica, e nela aparece a figura de Aías silonita, que teria recebido a Torá do Rei Davi, e que também é apresentado como contemporâneo de Moisés, tendo recebido a Torá de Moisés. Agora, qualquer que tenha sido a intenção de Maimônides ao inserir essa história talmúdica, do nosso ponto de vista ela seria uma indicação do fato de que essa cadeia da tradição, sobretudo em suas partes mais antigas, contém aquilo que hoje é chamado de "mítico", isto é, elementos não históricos. Não me deterei nas conhecidas discrepâncias da Bíblia. A questão de quem escreveu o Pentateuco foi respondida tradicionalmente, é claro, por Moisés, a tal ponto que, quando Espinosa questionou a origem mosaica da Torá, presumiu-se que ele negava sua origem divina. Quem escreveu o Pentateuco, o próprio Moisés, ou homens que só conheciam a revelação de ouvir falar ou indiretamente? Os detalhes aqui não nos interessam; temos de considerar o princípio.

É possível a prova histórica do fato da revelação? Uma prova histórica do fato da revelação seria comparável à prova histórica do fato, digamos, do assassinato de César por Bruto e Cássio. Pode-se demonstrar que isso é impossível. No caso de fatos históricos propriamente ditos, ou de fatos históricos no sentido comum do termo, sempre há evidências de observadores imparciais ou de testemunhas dos dois lados. Por exemplo, aqui, amigos e inimigos de César. No caso da revelação, não há observadores imparciais. Todas as testemunhas são adeptos, e todos os transmissores foram crentes. Além disso, não existem pseudoassassinatos nem pseudoguerras, mas existem pseudorrevelações e pseudoprofetas. A prova histórica pressupõe, portanto, critérios para distinguir a revelação genuína da espúria. Conhecemos o critério bíblico, ao menos o critério decisivo em nosso contexto: um profeta só é verdadeiro profeta se não contradiz as revelações clássicas anteriores, a revelação mosaica. Portanto, a questão é: como estabelecer a revelação clássica?

A resposta tradicional costumeira era: "milagres". Mas aqui a dificuldade emerge da seguinte forma: os milagres enquanto milagres não podem ser demonstrados. Em primeiro lugar, um milagre enquanto milagre é um fato cujas causas naturais desconhecemos, mas nossa ignorância da causa de um dado fenômeno não nos dá o direito de dizer que ele não pode ter sido produzido por nenhuma causa natural, mas apenas sobrenaturalmente. Nossa ignorância do poder da natureza – é assim que Espinosa formula o argumento – nos desqualifica para recorrer em qualquer momento à causalidade sobrenatural. Agora, esse argumento, nessa forma, não é exatamente adequado pelas seguintes razões: porque, se o nosso conhecimento do poder da natureza é certamente muito limitado, algumas coisas sabemos, ou ao menos homens como Espinosa acreditavam saber, que são impossíveis por natureza. Menciono apenas a ressurreição de um homem morto, para tomar o exemplo mais forte, que Espinosa admite que nunca poderia ter acontecido naturalmente. Assim, o argumento tirado da ignorância da ignorância do poder da natureza é suplementado pelo seguinte argumento: de que talvez seja teoricamente possível estabelecer em alguns casos que um certo fenômeno é miraculoso, mas sucede que todos os casos a respeito dos quais se diz isso só são conhecidos por relatos, e muitas das coisas que são relatadas jamais aconteceram. Mais precisamente, todos os milagres que são importantes, certamente para o judeu e até para o protestante (o caso do catolicismo é diferente), aconteceram numa era pré-científica. Milagre nenhum foi feito na presença de físicos de primeira linha, etc. Portanto, por essas razões, muitas pessoas hoje dizem, e isso também foi dito por alguns teólogos famosos do passado, que os milagres pressupõem a fé; eles não existem para estabelecer a fé. Mas se isso é suficiente, se isso está de acordo com a visão bíblica dos milagres, é uma questão. Para começar, poder-se-ia fazer uma objeção: se você considerar a história do profeta Elias no Carmelo, você vê que a contenda entre Deus e Baal é decidida por um acontecimento objetivo, igualmente aceitável ao sentido de percepção de crentes e de não crentes.

O segundo argumento comum tradicional em favor da revelação é o cumprimento das profecias. Mas não preciso dizer que isso também oferece dificuldades enormes. Em primeiro lugar, temos a ambiguidade das profecias, e mesmo nos casos de profecias sem ambiguidade – por exemplo, a profecia de Ciro no quadragésimo capítulo de Isaías, que hoje é considerada uma profecia feita após o acontecimento, segundo o raciocínio de que essa profecia seria um milagre se estabelecida, mas ela só é conhecida pelo relato, e assim se chega à questão da crítica histórica das fontes.

É ainda mais impressionante a outra linha argumentativa, que prova a revelação pela qualidade intrínseca da revelação. A lei revelada é a melhor das leis. Isso, porém, significa que a lei revelada está de acordo com o padrão racional da melhor lei; mas, nesse caso, será que a lei supostamente revelada não é na verdade produto da razão, da razão humana, obra de Moisés e não de Deus? Contudo, a lei revelada, ainda que nunca contradiga a razão, supera a razão; ela é suprarracional, portanto, não pode ser produto da razão. Esse argumento é muito famoso, mas, novamente, temos de perguntar: o que significa suprarracional? O supra tem de ser provado mas não pode ser provado. Aquilo que a razão inassistida vê é somente um elemento não racional, um elemento que, ainda que não contradiga a razão, não encontra ele mesmo base na razão. Do ponto de vista da razão, essa possibilidade é indiferente: pode ser verdadeira, falsa, boa ou má. Ela deixaria de ser indiferente se se provasse que é verdadeira ou boa, o que significa ser verdadeira ou boa segundo a razão natural. Mas, novamente, nesse caso ela seria aparentemente produto da razão, da razão humana. Permitam-me formular isso em termos mais gerais. Ou a lei revelada é plenamente racional – nesse caso é produto da razão – ou não é plenamente racional – nesse caso ela pode ser tanto produto da desrazão humana quanto da super-razão divina. De modo ainda mais geral, ou a revelação é um fato brutal, sem correspondente na experiência humana – e nesse caso ela é uma singularidade sem qualquer importância humana – ou ela é um fato significativo, um fato demandado pela experiência humana para resolver os problemas fundamentais do homem – e nesse caso ela pode perfeitamente ser produto da razão, ou a tentativa humana de resolver o problema da vida humana. Pareceria então que é impossível para a razão, para a filosofia, assentir à revelação enquanto revelação. Além disso, as qualidades intrínsecas da lei revelada não são consideradas decisivas pela própria lei revelada. A lei revelada enfatiza não o universal, mas o contingente, e isso leva às dificuldades que indiquei antes.

Voltemo-nos agora para o outro lado desse panorama; essas coisas, é claro, estão pressupostas no secularismo contemporâneo. Agora, todos esses argumentos, e outros similares, só provam que a razão humana inassistida sofre de ignorância invencível em relação à revelação divina. Eles não provam a impossibilidade da revelação. Presumamos que a revelação seja um fato, ainda que não seja um fato acessível à razão inassistida, feito para ser inacessível à razão inassistida. Porque se houvesse conhecimento certo não haveria necessidade de fé, de confiança, de verdadeira obediência, de livre submissão a Deus. Nesse caso, toda a refutação da suposta rejeição das supostas provas históricas objetivas da revelação seria completamente irrelevante. Permitam-me considerar esse simples exemplo de Elias no Carmelo: será que os fieis de Baal, que foram convencidos por Elias ou por Deus, eram observadores científicos imparciais? Num famoso ensaio, Francis Bacon fez uma distinção entre idólatras e ateus e disse que os milagres existiam apenas para o convencimento não dos ateus, mas dos idólatras, isto é, de pessoas que a princípio admitem a possibilidade de ação divina. Esses homens temiam e tremiam, não além da esperança ou do medo como os filósofos. Não é a teologia, mas a filosofia, que evita a questão. A filosofia demanda que a revelação defenda o que afirma perante o tribunal da razão humana, mas a revelação enquanto tal se recusa a reconhecer esse tribunal. Em outras palavras, a filosofia só reconhece aquelas experiências que todos os homens de todas as épocas podem ter à plena luz do dia. Mas Deus disse ou decidiu que quer permanecer na bruma. A filosofia vence à medida que se limita a repelir o ataque que os teólogos fazem à filosofia com as armas da filosofia. Mas a filosofia por sua vez sofre uma derrota assim que inicia uma ofensiva própria, assim que tenta refutar não as provas necessariamente inadequadas da revelação, mas a revelação mesma.

IV

Hoje existe, creio, uma visão ainda muito comum, comum aos livres-pensadores dos século XIX e XX, de que a ciência moderna e a crítica histórica refutaram a revelação. Eu diria que não refutaram nem mesmo a ortodoxia mais fundamentalista. Vamos dar uma olhada. Há aquele famoso exemplo que desempenhou esse papel ainda no século XIX e, para aqueles dentre nós que têm formações conservadoras ou ortodoxas, em nossas próprias vidas. A idade da Terra é muito maior do que os presumem os relatos bíblicos, mas esse argumento é obviamente muito viciado. A refutação pressupõe que tudo acontece naturalmente; mas isso é negado pela Bíblia. A Bíblia fala em criação; a criação é um milagre, o milagre. Todas as evidências da geologia, da paleontologia, etc. só são válidas contra a Bíblia a partir da premissa de que não houve milagre. O argumento livre-pensador na verdade se baseia num raciocínio fraco. Ele evita a questão. Algo análogo se dá com a crítica textual – as incoerências, as repetições e outras aparentes deficiências do texto bíblico: se o texto é divinamente inspirado, todas essas coisas significam algo inteiramente diferente daquilo que significariam se tivéssemos o direito de presumir que a Bíblia é um livro meramente humano. Nesse caso elas são só deficiências, mas do contrário são segredos.

A crítica histórica pressupõe a descrença na inspiração verbal. O ataque, o ataque famoso e tão eficaz da ciência e da crítica histórica à revelação, baseia-se na exclusão dogmática da possibilidade de milagres e da inspiração divina. Limitar-me-ei aos milagres, porque a inspiração verbal é ela mesma um milagre. Ora, esse ataque, que subjaz a todos os argumentos científicos e históricos, seria defensável se soubéssemos que os milagres são impossíveis. Então realmente poderíamos tirar todas essas conclusões. Mas o que isso significa? Teríamos de possuir ou uma prova da inexistência de um Deus onipotente, único capaz de milagres, ou uma prova de que os milagres são incompatíveis com a natureza de Deus. Não vejo alternativa a isso. Agora, a primeira alternativa – uma prova da inexistência de um Deus onipotente – pressuporia que temos perfeito conhecimento do todo, de que por assim dizer conhecemos cada pedacinho, e não há lugar para um Deus onipotente. Em outras palavras, o pressuposto é um sistema completo. Temos a solução de todos os enigmas. E assim acho que podemos descartar essa possibilidade por ser absurda. A segunda alternativa – isto é, de que os milagres são incompatíveis com a natureza de Deus – pressuporia um conhecimento humano da natureza de Deus: na linguagem tradicional, a teologia natural. De fato, a base, a base esquecida do livre pensamento moderno é a teologia natural. Quando as batalhas decisivas foram travadas, não no século XIX, mas nos séculos XVIII e XVII, a tentativa de refutar os milagres, etc. se baseava num suposto conhecimento da natureza de Deus – o nome técnico disso é teologia natural.

Esbocemos o caráter geral desse argumento. Deus é o ser mais perfeito. É isso que todos os homens referem por Deus, não importando se Ele existe ou não. Ora, os filósofos dizem que podem provar a incompatibilidade da revelação e de qualquer outro milagre com a perfeição divina. Essa história é longa, não só nos séculos XVII e XVIII, como também, claro, na Idade Média. Tentarei esboçar o argumento voltando às suas raízes humanas. Fundamentalmente, o argumento filosófico na teologia natural se baseia numa analogia da perfeição humana. Deus é o ser mais perfeito. Mas só conhecemos empiricamente a perfeição na forma de perfeição humana, e se considera que a perfeição humana é representada pelo sábio ou pela mais elevada aproximação humana do sábio. Por exemplo, como o sábio não inflige punição infinita a seres humanos falhos, Deus, ainda mais perfeito, faria menos. Um sábio não faz coisas tolas ou despropositadas, mas usar o milagre da inspiração divina, por exemplo, para dizer a um profeta o nome de um rei pagão que reinará séculos mais tarde seria uma tolice. Quer dizer, é esse o argumento por trás dessas coisas ou de algo desse gênero. A isso eu responderia da seguinte maneira: a perfeição de Deus supõe que ele é incompreensível. Os caminhos de Deus podem parecer loucura para o homem; isso não significa que eles sejam tolos. A teologia natural teria, em outras palavras, de se livrar da incompreensibilidade de Deus para refutar a revelação, e isso ela nunca fez.

Houve um homem que tentou forçar a questão negando a incompreensibilidade da essência de Deus, e esse homem foi Espinosa. (Devo dizer, de passagem, que minha análise dessas coisas é grandemente baseada em Espinosa.) Pode-se aprender muito com Espinosa, que dentre os críticos modernos da revelação é certamente o mais extremo, não necessariamente em seu pensamento, mas na expressão de seu pensamento. Gosto de citar a observação de Hobbes, que, como vocês sabem, é notório por sua audácia, que disse que não ousou escrever com a audácia de Espinosa. Espinosa diz que "Temos conhecimento adequado da essência de Deus", e, se temos isso, é claro que Deus é plenamente compreensível. Aquilo que Espinosa chamou de conhecimento adequado da essência de Deus levou à consequência de que milagres de qualquer espécie são impossíveis. Mas e o conhecimento adequado de Espinosa da essência de Deus? Vamos considerar isso por um momento, porque esse exemplo não é realmente singular nem acidental. (Muitos de vocês leram a *Ética* de Espinosa, e sua exposição desse conhecimento.) A *Ética* de Espinosa começa, como vocês sabem, com algumas definições. Agora, essas definição são elas mesmas totalmente arbitrárias, especialmente a famosa definição de substância: a substância é aquilo que é em si mesmo e que é concebido em si mesmo. Uma vez que se admita isso, tudo mais se segue; os milagres tornam-se impossíveis. Mas, como as definições são arbitrárias, as conclusões são arbitrárias.

As definições básicas, porém, não são arbitrárias se as considerarmos em relação às suas funções. Espinosa define com essas definições as condições que devem ser preenchidas para que o todo seja plenamente inteligível. Mas elas não provam que essas condições são efetivamente preenchidas – isso depende do sucesso da empreitada de Espinosa. A prova está no sucesso. Se Espinosa for capaz de dar uma descrição clara e nítida de tudo, então nos depararemos com essa situação. Temos uma descrição clara e nítida do todo, e, por outro lado, temos descrições obscuras do todo, uma das quais seria a descrição bíblica. E assim todas as pessoas sãs prefeririam a descrição clara e nítida à obscura. Essa, creio, é a verdadeira prova que Espinosa quer dar. Mas será que a descrição do todo de Espinosa é clara e nítida? Aqueles que tentaram aplicar, por exemplo, sua análise das emoções, não estariam tão certos disso. Mas, além disso, mesmo que ela seja clara e nítida, será que é necessariamente verdadeira? Será que sua clareza e sua nitidez não se devem ao fato de que Espinosa remove aqueles elementos do todo que não são claros e distintos e que nunca podem ser representados de maneira clara e distinta? Agora, fundamentalmente, o procedimento de Espinosa é o mesmo da ciência moderna segundo sua concepção original – tornar o universo uma unidade completamente matematizável, clara e distinta.

Em suma: a refutação histórica da revelação (e aqui digo que isso não mudou se você tomar a revelação no sentido mais fundamentalista do termo) pressupõe a teologia natural porque a refutação histórica sempre pressupõe a impossibilidade dos milagres, e a impossibilidade dos milagres em última instância só é garantida pelo conhecimento de Deus. Ora, uma teologia natural que preencha essas condições pressupõe por sua vez uma prova de que a natureza de Deus é compreensível, e isso, por sua vez, demanda que se complete o verdadeiro sistema da descrição verdadeira ou adequada do todo. Como essa descrição do todo verdadeira ou adequada, e não só meramente clara e nítida, certamente não está disponível, a filosofia jamais refutou a revelação. Nem, para voltar àquilo que eu disse antes, a revelação, ou melhor, a teologia, jamais refutou a filosofia. Afinal, do ponto de vista da filosofia, a revelação é apenas uma possibilidade; e, em segundo lugar, o homem, apesar do que dizem os teólogos, pode viver como filósofo, isto é, de maneira não trágica. Parece-me que todas as tentativas, feitas, por exemplo, por Pascal e por outros, de mostrar que a vida da filosofia é fundamentalmente miserável, pressupõem a fé; elas não são aceitáveis nem possíveis como refutações da filosofia. De maneira geral, eu diria que todas as supostas refutações da revelação pressupõem a descrença na revelação, e todas as supostas refutações da filosofia já pressupõem a fé na revelação. Parece não haver base comum a ambas, e, portanto, superior a ambas.

Se se pode dizer coloquialmente que os filósofos nunca refutaram a revelação e que os teólogos nunca refutaram a filosofia, isso soaria plausível, considerando a enorme dificuldade do problema desde qualquer ponto de vista. E nesse sentido se pode dizer que dissemos algo bastante banal; mas, para mostrar que não se trata de algo banal, ofereço esta consideração como conclusão. E aqui, quando uso o termo *filosofia*, uso-o no sentido comum e vago do termo, que inclui qualquer orientação racional no mundo, incluindo a ciência e, vá lá, o bom senso. Se é assim, a filosofia tem de admitir a possibilidade da revelação. Isso significa que a filosofia mesma possivelmente não é o modo de vida correto. Ela não é necessariamente o modo de vida correto, não é evidentemente o modo de vida correto, porque a possibilidade da revelação existe. Mas então o que significa a escolha da filosofia nessas condições? Nesse caso, a escolha da filosofia se baseia na fé. Em outras palavras, a busca pelo conhecimento evidente se baseia numa premissa não evidente. E me parece que essa dificuldade está por trás de todo o filosofar contemporâneo e que é essa dificuldade que está no fundo daquilo que, em ciências sociais, é chamado de problema de valor: a filosofia ou ciência, como quer que ela seja chamada, é incapaz de dar uma explicação evidente da sua própria necessidade. Não creio que eu tenha de provar que, mostrar a utilidade prática da ciência, da ciência natural e social, obviamente não prova de maneira alguma sua necessidade. Quer dizer, não falarei dos grandes sucessos das ciências sociais, porque eles não são tão impressionantes; mas, quanto aos grandes sucessos das ciências naturais, nós, na era da bomba de hidrogênio, nos deparamos com a questão outra vez completamente aberta de se esse esforço é realmente razoável tendo em vista a sua utilidade prática. Esta, é claro, não é a razão mais importante do ponto de vista teórico, mas uma das que certamente desempenharam um grande papel.

Índice Analítico

A
Abel e Caim, 147-49
Abimeleque, 151-52
Abraão, 149-53, 158, 168, 253
Aculturação, 167, 172
Adão e Eva, 146-47, 149
Adimanto, 15
Adversus Haereses (Irineu), 194-95
Aeneas Silvio, 75
Agathon, 113
Agesilau (Xenofonte), 65, 72-78, 80-82, 85, 165
Agnosticismo, 209
Agnōstos theos (divindade oculta), 189, 192-93
Agnostos Theos (Norden), 194
Agostinho, Santo, 58, 110, 116, 232
Aías silonita, 258
Aieōn, 103
Aiōn, 235
Aiōnios (eterno), 245
Aisthēsis, 243

Além, 184
Alemanha, 131, 160
Alēthēs logos, 182-83
Alexandre, 76
Aliança entre Deus e a humanidade, 149-52, 252
Alienação, 178, 205, 218, 236-40, 245, 247-48
Alma: Agostinho sobre, 58; alma do mundo, 52; Aristóteles sobre, 52, 109; desenvolvimento de, 109; dicotomia corpo / alma, 16; *dike* como, 36, 111; e a "Disputa de um Homem, que Contempla o Suicídio, com Sua Alma" egípcia, 213-21, 227, 234, 236-40, 245-47; e a metaxia, 202; e a *vita contemplativa*, 93; e o ego psicológico, 60; imortalidade da, 116, 174; Platão sobre, 109, 111-12, 174, 209; símbolos da, 232; Zenão sobre, 52
Amathēs (homem tolo), 187
América, Estados Unidos, 77, 122

Amicitia, 87, 109
Amós, Livro de, 153, 157, 161
Anamnesis (Voegelin), 47
Ananias, 162,
Anaxágoras, 157
André (apóstolo), 175
Anima animi, 60
Anima naturaliter christiana, 108
Anselmo da Cantuária, 59
Anthelkein (contraforça), 180-81
Antropologia filosófica, 18, 35, 91, 125. *Ver também* natureza humana
Antropomorfismo, 109
Apangellei (mandamentos), 193
Aparneistai (negar, renegar, repudiar), 201
Apeiron (infinito ilimitado), 22
Apocalipse, Livro do, 199, 202, 239
Apocalíptico, 75, 82, 196, 198-99, 210, 212, 230, 235
Apolo, 163
Apologia (Platão), 22, 112, 162, 175-76
Aporein, 170
Aporon, 178
Apospasmata, 52
Aquino, Santo Tomás de. *Ver* Santo Tomás de Aquino
Archai, 103
Archē (governo), 103, 170, 187
Archōn, 75, 177
Aretē, 92
Aristē politeia, 103, 125
Aristófanes, 15, 66, 158
Ariston (melhor), 178
Aristóteles: ciência política de, 7-9, 11-12, 18, 37, 40, 72; comentadores de, 101; comentário de Averróis sobre, 52; desenvolvimento das posições de, 14; e Locke, 123; e o problema cardeal da filosofia, 47; filosofia exegética de, 210; influência de, na Idade Média, 254; relação entre Platão e, 159; sobre a alma, 52, 109; sobre a *aretē* dianoética, 92; sobre a *aristē politeia*, 125; sobre a história do todo, 93; sobre a imortalidade, 241-42; sobre a natureza humana, 159, 164, 173; sobre a *philia politique*, 216; sobre a *philia*, 109; sobre a *pólis*, 125; sobre a *prōtē archē*, 191; sobre a razão pura, 157; sobre *aporein*, 170; sobre as questões de fundamentos, 46; sobre Deus, 156-57, 178, 253; sobre o espaço, 70; sobre o *noûs*, 45, 62, 110, 186, 216, 241; Strauss sobre princípios *versus* dispositivos de prudência relacionados, 124-27; – Obras: *De anima*, 52, 62, 157; Ética a *Eudemo*, Ética *Eudemiana*, 81, 157; Ética a *Nicômaco*, 157, 179, 241-42; *Metafísica*, 157, 178-79, 186, 191; *Política*, 37
Assassinato, 147, 149, 248, 258
Astrologia, 83
Ateísmo, 191
Athanatizein (imortalização), 179, 242
Atos dos Apóstolos, Livro dos, 192-93
Austen, Jane, 84
Autoriatären Staat (Voegelin), 52
Autos (eu), 180
Autossalvação, 183, 231
Averróis, averroístico, averroística, 52-54, 62, 83

B

"Barbarismo da Reflexão" (Vico), 67
Baal, 259, 261
Babel, Torre de, 150
Babilônia enquanto símbolo, 232
Bacon, Francis, 261
Balthasar, Hans Urs von, 125

Banquete, O, 36, 112
Basileus, 114
Basilides, 195
Behaviorismo, 9, 13
Bergson, Henri, 46, 95-6, 125, 211, 226-27
Berkeley, George, 69
Bermuda, 122
Berns, Walter, 128
Bíblia: aliança de Deus com Abraão na, 149-52; autoria do Pentateuco, 258; Caim e Abel na, 146-48; caráter literário da, 146, 153-54; conflito entre a filosofia grega e a, 143-47; contrapartidas gregas do Antigo Testamento, 158-63; Dez Mandamentos na, 153; Dilúvio e Noé na, 147-50; e o código divino, 144-46; Espinosa sobre, 137-38, 263-65; estudo histórico-crítico da, 138-40, 261-62; experiência noética no Novo Testamento, 184-193, 200; Filho de Deus na, 194-204; história da criação na, 140-45, 261; história e Antigo Testamento, 54, 128, 139; influência da, em Maquiavel 82-84; Jesus Cristo como Messias na, 196-99, 204; milagres na, 136, 138-41, 174-75, 184, 197-98; Moisés na, 75-76, 82, 141-42, 153-54, 185; natureza misteriosa de Deus na, 153; Novo Testamento na, 55; onipotência de Deus, 147-48, 262; Paixão de Jesus Cristo e História de Salvação na, 177, 181, 183-86, 196-98; Salmos na, 138-39, 157; Queda de Adão e Eva, 145-47; sabedoria na, 138, 155; sentido da vida e da morte no Novo Testamento, 173-77, 200; Strauss sobre, 105, 135-54, 249-53; Voegelin sobre evangelho e cultura, 167, 206. *Ver também* Profetas, Revelação; Torá; e livros específicos da Bíblia
Bios theōrētikos, 37, 125
Bodin, Jean, 56
Böhme, Jakob, 60
Bomba de hidrogênio, 265
Bondade *versus* virtude, 67
Bruto, 258
Bythos, 194

C
"Canção do Harpista", 214
Caim e Abel, 147-49
Cairns, Huntington, 10, 13, 34-36, 40
Califórnia, 127, 132
Calvinismo, calvinista, 87, 89
Calvino, João, 101
Cam, 149
Camus, Albert, 122
Canaã, 149-50
Cânone vicentino, 108
Caos (na *Teogonia* de Hesíodo), 155
Carlos I, 122
Carpócrates, 195
Carr, David, 45, 48
Carta sobre a Tolerância (Locke), 121
Caso Dreyfus, 160
Cássio, 258
Cassuto, U, 141, 144
Castruccio (Maquiavel), 75, 83
Catão, 79
Catecismo Holandês, 168-70
Catolicismo, 87, 115, 259. *Ver também* cristianismo
Causa sui e *causa rerum,* 191-92
Celso, 191
Cemitério marinho (Valéry), 88
César, 78-79, 258

Cesarismo, 78-80
Ceticismo, 209-11, 213, 227, 239
China, 7, 49, 127
Ciência: ciência desprovida de valores, 225; Cohen sobre, 159; e a bomba de hidrogênio, 265; e a religião, 103, 109-10; e a revelação, 109-10, 256, 261; e o cientificismo, 11, 15, 68-70; Platão sobre, 36; Rousseau sobre, 67; Strauss sobre, 105; superstições primitivas *versus* a, 189; Voegelin sobre, 36, 105; Weber sobre, 107. *Ver também* ciência política; ciências sociais
Ciência política: crises políticas e a, 7-8, 13, 23; de Platão e de Aristóteles, 7-12, 18, 37, 40, 72; propósito da, 9; Toynbee sobre, 7. *Ver também* ciências sociais
Ciências sociais: cientificismo e, 11, 15, 68-70; crítica de Strauss resumida, 13-14, 45-46; crítica de Voegelin resumida, 14-17; epistemologia e, 14-15; metodologia nas, 15; problema do valor, 265; proposição ilegítima nas, 35. *Ver também* ciência política
Cientificismo, 11, 15, 68-70
Cínico, 38
Círculo Stefan George, 112
Ciro, 74-75, 80-83, 260
Ciropédia (Xenofonte), 74-75, 80-81
City and Man (Strauss), 132
City College da Universidade Municipal de Nova York, 135
Civilização, 67
Civitas Dei, 227
Civitas terrena, 227
Clemente de Alexandria, 108, 202, 240
Código divino, 251
Cogitare, 171-72

Cogito ergo sum, 172
Cognitio fidei, 101
Cohen, Hermann, 158-60
Collingwood, Robin George, 118, 126
Colossenses, 187-88
Comte, Auguste, 71, 195, 224
Comunismo, 53, 55-56, 256
Concupiscentia, 122
Condillac, Étienne Bonnot de, 119-20
Condorcet, Marquês de, 71
Conhecimento: conhecimento "meramente humano", 107, 115; e os profetas, 159. *Ver também* revelação
"Crise das Ciências Europeias" (Husserl), 48
Consciência, 8, 16-17, 19-21, 23, 36, 37, 45, 102, 109-10, 114, 119-20, 122, 124-25, 151, 172, 181, 183, 185-86, 190, 193-94, 197-98, 200-05, 207, 215, 217, 223-29, 231, 233-34, 236, 241, 243-45, 247
Conscientia, 120
Contemptus mundi, 59, 230
Contemptus vulgi, 76
Conteúdo do mundo, 60
Contra Celsum (Orígenes), 191
Contrapartidas gregas do Antigo Testamento, 153-57
Copérnico, 69
Corão, 102, 138
Coríntios, 185-86
Counter-Revolution of Science (Hayek), 69
Court Traité de l'Existence (Maritain), 91
Crise da modernidade, crise da ciência moderna, crise moderna, 19, 25, 40
Crise pyrrhonienne, 210
Crisis of the European Sciences and Transcendental Phenomenology, The (Husserl), 45

Cristianismo: ataque de Celso ao, 191; e a ciência jurídica de Cairns, 10, 13, 16; e a ciência platônico-aristotélica, 10-12, 37, 62; e a filosofia helenística, 167-68, 170, 172, 175-76, 189, 198, 204; e a imortalidade, 116, 207, 209, 211-13, 218-20, 231-32, 234-36, 240-42, 244-46; e a metafísica, 108; e a natureza, 230; e a natureza humana, 15, 18, 60, 125, 159, 164, 223, 232; e a prova da existência de Deus, 58-60, 62, 172; e a revelação, 107-08, 114-15, 181, 190, 192-93, 195-96, 199, 202, 204, 210, 233-34, 240, 254-65; e Agostinho, 58, 60, 108, 110, 116, 202, 232; e Descartes, 59-60; e Hegel, 99; e Husserl, 61; e Marx, 99, 101; e meditação, 58-59; e o *Catecismo Holandês*, 168-70; e o catolicismo, 87, 115, 259; e o Deus Desconhecido, 192-206; e o gnosticismo, 194-95, 203-05; e o Império Romano, 167; e o protestante, protestantismo, 99, 101, 103, 208, 258-59; e os mitos cósmicos, 247; e transcendência, 48; Espinosa sobre, 87; Feuerbach sobre, 223; guerras de religião do século XVI, 210; revolta contra o cristianismo doutrinário, 228; separação da teologia escolástica da teologia mística ou experiencial, 193; visão tomista do, 52, 87, 109. *Ver também* Jesus Cristo; Novo Testamento

Cristo. *Ver* Jesus Cristo

"Critério segundo o Qual Se Distingue a Verdade da Heresia" (Clemente de Alexandria), 108

Crítias, 165

Crítias (Platão), 113

Crítica bíblica, 138-40

Crítica da Razão Pura (Kant), 223

Crítica histórica da Bíblia, 138-40, 260-62

Critique (revista acadêmica), 85, 88

Cromwell, Oliver, 81, 202

Cronos, 155-56

Cropsey, J., 45

Cruzadas, 127

Cultura: conceito científico de, 135-36; e aculturação, 167, 172; e desaculturação, 170, 172-73, 181-82; Nietzsche sobre, 136-37; Voegelin sobre o evangelho e a, 167-206

D

Daimonia, 111

Daimonion, 164, 176

Daimonios aner (homem espiritual), 187-88, 243-44

Dante, 76, 245

Dasein, 114

Davi, rei, 165, 258

De Anima (Aristóteles), 52, 62, 157

Definição da Calcedônia, 233

"Democracy in the New Europe" (Voegelin), 130

Demônios, Os (Dostoievski), 256

Demonstratio, 59-60

D'Entrèves, H. P., 125

Denzinger, Heinrigh J. D., 208

Desaculturação, 170, 172-73, 181-82

Descartes, René: e *cogito ergo sum,* 172; e o cristianismo, 59-60; e o problema da subjetividade transcendental, 48; Husserl sobre, 49, 57-62; sobre a natureza humana, 172; sobre Deus, 59-60; sobre o progresso, 54-55; Strauss sobre, 34-35; Voegelin sobre, 48-49, 54-55, 57-61, 100; – Obra: *Meditações,* 58, 60, 110, 171-72, 211

Deus: aliança entre a humanidade e, 149-52, 252; Aristóteles sobre, 156-57, 178, 253; atos de, na Bíblia, 138; como Javé, 176, 182, 192, 198-99, 204; como Trindade, 110; Descartes sobre, 59-60; Deus Desconhecido, 192-205; e a meditação cristã, 58; e a Queda de Adão e Eva, 145-47; e Adão e Eva, 146-47, 149; e Caim e Abel, 147-49; e os profetas, 161-62, 191-92, 195, 203, 256-57; Espinosa sobre, 263-64; glória de, 158-59; Hegel sobre, 172; Husserl sobre, 47; Kant sobre, 49; Locke sobre, 120; natureza misteriosa de, no Antigo Testamento, 152-53, 252; nome de, no Antigo Testamento, 152; onipotência de, 252, 262; perfeição de, 262-63; Platão sobre, 157-58, 178; provas da existência de, 58-60, 62, 171; relação entre Jesus Cristo e, 157-58, 195-205. *Ver também* Revelação

Deutero-Isaías, 38, 191-93

Deuteronômio, Livro do, 153, 158

Deux Sources de la Morale et de la Religion (Bergson), 95

Dez Mandamentos, 153

Diálogo (Justino Mártire), 168

Diálogos de Platão, diálogos platônicos, 39, 73, 90, 106, 111-14, 178

Dike (alma), 36, 111

Dilúvio na Bíblia, 148-51, 153

Dionísio, 112

Direito natural, 100, 102, 119-20, 122-24, 126, 128

Direito natural alemão, 126

Discorsi (Maquiavel), 82-83, 138

Discours sur les Sciences et les Arts (Rousseau), 99

Discours sur l'Origine d'Inegalité (Rousseau), 89

"Disputa de um Homem, que Contempla o Suicídio, com Sua Alma", 213-21, 227, 234, 236-40, 245-47

Doctrina Christiana, 108

Dogmatismo, 7, 19, 22, 210-11, 224, 229

Dostoiévski, Fiódor, 84, 256

Doutrinas, doutrinização e doutrinalização, 8-9, 18-19, 21, 23, 44, 69, 79-80, 113, 157, 167, 169, 173, 182, 184, 186, 193-95, 198, 208-09, 223-30, 232, 239

Doxa, 225, 239

Duke University, 36, 130

Dunning, William, 56

Dux, 76

Dynamis (força), 187

E

Economica, 69

Educação de Ciro (Xenofonte). *Ver Ciropédia* (Xenofonte)

Egito: "Disputa de um Homem, que Contempla o Suicídio, com Sua Alma" do, 213-21, 227, 234, 236-40, 245-47; e o gnosticismo, 240; Faraó no, 151, 218-19, 245; Hinos de Amon do, 189-91; mito cosmológico do, 127, 174, 182, 188, 203, 235, 243, 245; mito egípcio de Platão, 66

Ego, 48, 51, 58, 60-62, 171

Ego cogitans, ego cogitante, 60-61

Ego psicológico, 60

Ego transcendental, 48, 58, 60

Egologia, egológica, 45, 47-48, 58, 60, 62

Eikōn (imagem), 187-88

Eikōn tou noetou (imagem do Eterno), 188

Eikōn tou theou, 188

Ekklēsia tou theou, 168
Elias, 168, 196, 199, 259, 261
Eliot, T. S., 209, 226, 234
Elpis (esperança), 243
Empédocles, 78, 142, 154, 156
Enarrationes in Psalmos (Agostinho), 232
Enchiridion (Denzinger), 208
Enciclopedistas, 71
Enéadas (Plotino), 203
Enteléquia, 49, 52, 55-56
Epekeina (Além), 183
Epekeina nou, 203
Epínomis (Platão), 247
Epistēmē, 39, 59, 92, 104-05, 110
Epistemologia, 15, 47-48, 59
Epístolas *Ver* epístolas específicas
Epithymia (desejo), 178
Era messiânica, 164
"Era pós-cristã", 228-29, 231, 234
Eriquímaco, 15
Eros, 36, 112, 255
Eros (na *Teogonia* de Hesíodo), 155
Escândalo (obstáculo), 200
Escatológica, escatológico, 14, 202
Eschaton (último acontecimento), 100, 202
Escola Alemã do Sudoeste, 56
Escolásticos, 125, 189
Escravos, 122
Espaço, 24, 41, 52, 69-70, 80, 88, 128, 195, 207, 211, 241, 246
Espinosa, Baruch de, 87, 89, 138-39, 258-59, 263-64
Espírito da Filosofia Medieval, O (Gilson), 120
Ésquilo, 111
Essência do Cristianismo, A (Feuerbach), 223
Esse, nosse, velle, 110
Estados de consciência, 224-25, 27, 247

Ética (Espinosa), 263
Ética a *Eudemo, Ética Eudemiana* (Aristóteles), 81, 157
Ética *a Nicômaco* (Aristóteles), 157, 179, 241-42
Eunuquismo espiritual, 71
Eurípides, 174, 237
Eva e Adão, 146-47, 149
Evangelho. *Ver* Cristianismo; Jesus Cristo; Novo Testamento; e evangelhos específicos
"Evangelho e Cultura" (Voegelin), 167-205
Evangelisato (boas novas), 192
Evangelium Aeternum, 55
Exaltatio Mundi, 230
Existência doutrinária, 221-22, 224-25, 228
Existencial (como termo), 90-93
Êxodo, Livro do, 153
Êxodo como símbolo, 232, 243
Exousia (autoridade), 187, 198
Experiência como ilusão, 222-24, 229
Experiência noética, 20, 210, 233

F
Falácia da concretude deslocada, 70, 220, 224
Falasifa, 44
Fantastica fornicatio, 110
Farabi, 129
Farber, Marvin, 45-46, 62
Fascismo, 53
Fausto, 90
Faye, Eugène de, 239
Fé. *Ver* cristianismo; religião
Fédon (Platão), 36
Fedro (Platão), 112, 178, 202-03, 245
Fenomenalismo, 13, 70
Fenomenologia, 47, 54-55

Fenomenologia do Espírito (Hegel), 97
Feuerbach, Ludwig Andreas, 99, 223-24
Fichte, Johann, 195
Fides, 110
Fides caritate formata, 101
Filipe (apóstolo), 175, 192
Filipe da Macedônia, 83
Filosofia: argumento contemporâneo em favor da, 256; como modo de vida, 255-56, 264-65; e a camuflagem filosófica, 122; e o *logos spermatikos,* 168; história e filosofia clássica, 100, 102; Strauss sobre a independência entre fé e, 99, 102, 106-07; Strauss sobre a influência mútua de teologia e, 249-65; Strauss sobre a verdadeira filosofia *versus* a filosofia moderna, 123-24; Strauss sobre o conflito entre a Bíblia e a, 249-53; Strauss sobre os filósofos clássicos em geral, 257; Voegelin sobre evangelho e, 168-73. *Ver também* filósofos; e filósofos específicos
Filosofia-sistema, 103
Filosofia estoica, 243
Filosofia existencialista, 19, 90-93
Filosofia política árabe, 40
Filósofos: abordagem da história dos, 219-34; e a era pós-cristã, 224-27; e a revelação, 254-56; e a tensão da realidade e dentro dela, 219-21; Platão sobre o governo dos, 159; símbolos usados por, 219-23; Sócrates sobre, 164. *Ver também* filosofia; e filósofos específicos
Finito / infinito, 17
Física (Aristóteles), 69
Fluxo de presença, 232-33, 236, 246
"Formation of the Marxian Revolutionary Idea, The" (Voegelin), 98

Forster, E. M., 212
Foundation of Phenomenology (Farber), 46
Fourier, Charles, 195
France, Anatole, 122
Freud, Sigmund, 224
Friedländer, 106
From Enlightenment to Revolution (Voegelin), 36, 71, 130
Fundação Charles. R. Walgreen para o Estudo das Instituições Americanas, 12
Fundação Rockefeller, 33
Futuro de uma Ilusão, O (Freud), 224

G
Gaia (Terra), 155
Gálatas, Epístola aos, 186
Galileu, 48, 70
Gallimard, 85, 88, 97
Geist, 243
Geometria, 70
George, Stefan, 112, 117
Geschwister-Scholl Institut der Universität München, 129
Gierke, Otto von, 56-57
Gilson, Étienne-Henry, 111, 120, 125
Gnēsios philosophounte, 90
Gnōsis, 185-86
Gnosticismo, 100-01, 194-95, 204-05, 237
Gnostique et Gnosticisme (Faye), 239
"Gnostische Politik" (Voegelin), 118
Goethe, Johann Wolfgang von, 64, 90
Górgias (Platão), 90-91, 96, 112-13, 174-75, 190, 237, 244
Gourevitch, Victor, 85
Gregos, 54-55, 105, 109, 136, 138, 158, 168, 175-76, 252. *Ver também* Aristóteles; Platão; Sócrates; e outros filósofos
Guerra das culturas, 127

Guerra preventiva, 126
Guilherme III, 81
Gurian, Waldemar, 72, 88, 91, 97-99

H
Halevi, Yehuda, 254
Hallowell, John, 36, 130
Hayek, F. A., 69
Hebreus. *Ver* Israel e israelitas; judaísmo.
Hebreus, Epístola aos, 207
Hegel, G. W. F.: dialética de, 46-47, 211, 233, 243; e a epistemologia, 47; e a historicidade do espírito, 49; e Joaquim de Fiore, 102; e o cristianismo, 99; e o direito natural, 123; e o gnosticismo, 235; especulação hegeliana, 202; influência de, 196; Kojève sobre, 88, 97; relação entre Kant e, 160; Rosenzweig sobre, 96; sobre a consciência, 173; sobre a reflexão histórica e a filosofia, 85; sobre *Geist,* 243; Sócrates *versus,* 90 – Obras: *Fenomenologia do Espírito,* 97*; Hegel and the State* (Rozenzweig), 96; *História da Filosofia,* 60
Heidegger, Martin, 14, 19-20, 90, 104, 114
Helkein (atrair ou arrastar), 178-80, 184-85
Helvetius, Claude-Adrien, 119-20
Hen anagkaion, 105, 117
Henoc, 148
Heráclito, 66, 101, 103, 168
Heródoto, 75
Hesíodo, 66, 109, 154-56, 238
Hierarquia Neerlandesa, 168
Hiero (Xenofonte), 65, 72-77, 80-81, 83-84, 85, 97-98
Hinos de Amon, 189-91
Hipódamo, 15

História: abordagem dos filósofos da, 219-34; Agostinho sobre, 201, 232; da filosofia, 49-61; das ideias políticas, 92; dimensão prática da, 18; do espírito, 56-57; e a ciência platônico-aristotélica, 11; e a filosofia clássica, 100, 103; e as deformações da existência doutrinária, 225-35; e o historicismo, 13-14, 20, 46, 78, 100, 103, 125, 239-40; e o Velho Testamento, 55, 128, 139; Escola Alemã do Sudoeste, 56; escritura "demoníaca" da, 57; Gierke sobre, 57; Goethe, 64; história apodíctica, 53-55; Husserl sobre, 49-58; Joaquim de Fiore sobre, 56; Kant sobre, 52; leis de ferro da história segmentada, 227; Strauss sobre filosofia política e, 85-86; teleologia da, 49-50, 52, 57; três fases da, 51; Voegelin sobre a dimensão histórica, 19
História da criação: de Hesíodo, 155-56; de Platão, 157-58; na Bíblia, 141-46, 261
História da Filosofia (Hegel), 60
História de Salvação e Paixão de Jesus Cristo, 177, 179-81, 183-84
Historicismo, 13-14, 20, 46, 78, 100, 103, 125, 239-40
History of Political Ideas, 36, 38, 41, 44-45, 70, 127
History of Political Philosophy (Strauss e Cropsey), 45
Hitlerista, 53, 55, 160
Hobbes, Thomas: e a modernidade, 89; e o direito natural, 120, 123; e o medo da morte, 211; sobre a guerra, 126; Strauss sobre, 45-46, 77, 103, 107,
Hobbes, Thomas; e a modernidade; e o direito natural; e o medo da morte; sobre a guerraStrauss sobre;

Homem Revoltado, O (Camus), 122
Homero, 66, 109, 179, 252
Homo universalis, 99
Homōiosis theo, 188
Hooker, Richard, 119-20
Hoover Institution, Stanford, 23, 27, 120-91
"How Farabi Read Plato's *Laws*" (Strauss), 129
Hula, Eric, 40, 64
Husik, I., 107
Husserl, Edmund, 40, 45-46, 20-21, 47-62, 110, 115
Hybris (excesso), 126, 178
Hylē, 103,
Hyperouranion, 202

I
Idade Média, 49, 100-01, 105, 157, 173, 210, 254-55, 263
"Ideal Social em Platão e nos Profetas, O" (Cohen), 158
Idealismo alemão, 49, 124
Ideas (Husserl), 45, 48
Ideia de uma História Universal com Propósito Cosmopolita (Kant), 54
Ideias, 9, 17-18, 56, 59, 91-93
Ideologias, 17, 223-24, 230
Ideologias políticas. *Ver* ideologias
Igualdade, 116, 122, 253
Île des Pengouins (France), 122
Illuminatio, 57
Iluminismo, 46, 235
Imaginação, 52, 139, 182-83, 190, 198, 202, 204-05
Imago Dei, 121, 219
Imanência e imanentização, imanentizar, 61, 100-01
Imortalidade: Aristóteles sobre, 241-42; e a "Disputa de um Homem, que Contempla o Suicídio, com Sua Alma" egípcia; e os símbolos, 207-09, 234-48; filósofos sobre, 219-23; na era pós-cristã, 223-24; Platão sobre a imortalidade da alma, 174; visão cristã da, 116, 207, 209, 211-13, 218-20, 231-32, 234-36, 240-42, 244-46; W. James sobre, 213-21, 227, 234, 236-40, 245-47
"Imortalidade: Experiência e Símbolo" (Voegelin), 207-48
Imperfeição. *Ver* perfeição / imperfeição
Império Alemão, 54
Império Romano, 167
Incognitus Deus (Deus Desconhecido), 194. *Ver também* Deus Desconhecido
Índia, 7, 49
Inferno, 103, 231-32, 245
Infinito. *Ver* finito / infinito
"Influência mútua entre teologia e filosofia, A" (Strauss), 249-66
Inglaterra, 81, 123
Institutas (Calvino), 101
Intellectus (substância humana), 52-53
Intentio, 58-60
Intermediário, 115, 213, 239
Introduction à la lecture de Hegel (Kojève) 88, 97
Investigações Lógicas (Husserl), 48
Irã, 239
Irineu, 194-95, 205
Isaac, 151-53, 158, 253
Isaac Abravanel, Six Lectures (Strauss), 44
Isaías, Livro de, 143, 161, 164, 191, 193, 260
Islã, islamismo, islâmico, 63, 102
Israel e israelistas, 38, 64, 127, 139, 141, 153, 158, 182-83, 189, 192, 194, 199. *Ver também* Antigo Testamento
Italianà, 53

J

Jacó, 139-40, 152-53, 158, 164, 253
Jaeger, Werner, 109, 117
Jafé, 150
James, William, 211
Jaspers, Karl, 125
Javé, 176, 182, 192, 198-99, 204. *Ver também* Deus
Jeremias, 161-62, 180-82, 196, 199
"Jerusalém e Atenas: Algumas Reflexões Preliminares" (Strauss), 135-65
Jesus Cristo: como Filho de Deus, 194-205; como Messias, 197-200, 204; crucificado, 196; e a conversão de Paulo, 179, 197; e as pessoas pobres, 203; e o Juízo Final, 177; e o Pai-Nosso, 199; e o Sermão da Montanha, 199; e os pobres de espírito, 169; Encarnação do Verbo em, 168; entrada triunfal de, em Jerusalém, 174-75; milagres de, 183, 228; naturezas divina e humana de, 187-88, 194-204, 232-33; Paixão de, e História de Salvação, 177, 179-81, 183-84; ressurreição de, 183, 198, 240, 259; revelação do Deus Desconhecido por, 194-205, 233; sobre o cumprimento da lei e dos profetas, 189, 203; sobre o sentido da vida e da morte, 174-78, 200; Voegelin sobre a importância de, 35. *Ver também* Cristianismo; Novo Testamento
João, Evangelho de, 175-77, 184-85, 188, 196, 198-99
João, Primeira Epístola de, 192-93
João Batista, 196, 198-99
Joaquim de Fiore, 56, 83, 100, 102
Johannes Althusius und die Entwicklung der naturrechtlichen Staatstheorien (Gierke), 56
Johnson, Alvin, 64-65, 76, 99
Jonas, 161, 196
Journal of Politics, 65-66, 130
Judaísmo, judaico, 61, 63, 83, 109, 115, 136, 158, 175-76, 188-89, 196, 204, 252, 257-59
Judeus. *Ver* judaísmo
Juízo Final (Novo Testamento), 177
Jung, C. G., 224, 247
Justino Mártir, 168

K

Kalos k'agathos (cavalheiro), 112
Kant, Immanuel: e a epistemologia, 47; e o direito natural, 123; relação entre Hegel e, 160; sobre a história, 52; sobre a ilusão, 224; sobre a natureza humana, 52-55; sobre a razão pura, 157; sobre Deus, 60; sobre o progresso, 53-55; Strauss sobre, 90, 123, 157, 160; Voegelin sobre, 48, 52-55; – Obras: *Crítica da Razão Pura*, 223; *Ideia de uma História Universal com um Propósito Cosmopolita*, 54
Katakgello (proclamar), 193
Katalysai (dissolver), 189
Kaufmann, Felix, 46, 48
Keiler, H. M., 44
Kelsen, Hans, 46
Kierkegaard, Søren, 90, 115
Kinesis (atração), 243
Kinetai (movido), 186
Kitteredge, Tracy, 33
Kojève, Alexandre 72, 77, 85, 88, 97, 99
Kosmos (mundo), 175-77, 246
Kraus, Karl, 122
Krisis (julgamento), 176
Kuzari (Halevi), 254

L

Lameque, 148
Laud, William, Arcebispo, 122
Law of Partnership (Gierke), 56
"Law of Reason in the *Kuzari*" (Strauss), 63
Lázaro, 175
Lei natural, 119
Leibniz, Gottfried W., 69
Leis (Platão), 36-37, 113-14, 116-17, 157-58, 178-80, 182
Lênin, V. I., 55, 202
Liberdade, 124, 237
Libido dominandi, 230
Life of Timur, 75, 83
Linguagem, destruição da, 17
Lippmann, Walter, 95
Locke, John, 45, 119-24, 126
"Locke's Doctrine of Natural Right" (Strauss), 118, 120
Logical Investigations (Husserl), 48
Logismos (juízo), 180
Logos: Logos divino, 168, 184, 193; Zeno sobre, 52
Logos (razão), 52-53, 139, 178, 180, 182
Logos spermatikos, 168
Lousiana State University (LSU), 38, 69
Löwith, Karl, 86, 102
LSU. *Ver* Lousiana State University (LSU)
Lubac, Henri de, 125
Lucas (apóstolo), 193
Lucas, Evangelho de, 176, 191, 193
Lucrécio, 86-89
Luteranismo, 87
Lutero, Martinho, 89, 101, 110

M

Ma'at, 218-19, 245
Maimônides, 44, 83, 258
Major Trends of Jewish Mysticism (Scholem), 44
Mal, 8, 51, 80, 99, 143-48, 150, 153-54, 157, 172, 211, 217
Malak, 198-99, 204
Malaquias, Livro de, 198-99
Maquiavel, Nicolau, 46, 72, 74-76, 82-85, 124, 138
Marcião, 195, 240
Maritain, Jacques, 91
Marsílio, 44
"Marsilius of Padua" (Strauss), 45
Marx, Karl, 89, 98-99, 101, 122, 224, 237
Marxismo, marxista, 53, 55, 183, 235
Mateus, Evangelho de, 174, 176, 189, 194-200, 203
Meditação, 58-60, 140, 208
Meditações (Descartes), 58, 171-72, 211
Memorabilia (Xenofonte), 78, 165
Messias, 197-200, 204
Messiasgeheimnis, 197
Metafísica, 19-20, 53, 56, 60-61, 90, 108, 110-11, 153, 171, 173, 183, 189, 224-25, 228-29, 243, 255
Metafísica (Aristóteles), 157, 178-79, 186, 191
Metalepse, 243
Metanoein (arrepender-se), 193
Metaxia, 170, 181-82, 187-88, 195, 200-02, 231-33, 243
Methexis, 182
Métis (Sabedoria), 155
Metodologia nas ciências sociais, 15
Milagres, 103, 139-40, 183, 198, 228, 259, 261-64
Miqueias, 165
Misticismo, 44, 210
Mito: definição de mitologia, 251; e a Bíblia, 139; e o cristianismo, 247; e

Platão, 10, 36-37, 66-67, 104, 106, 112-14, 180, 182, 238, 247; e transcendência, 219; histórias de criação, 155-58; mito de Atlântida, 113; mito do julgamento dos mortos, 112, 174; mito do Titereiro, 180, 182; mito egípcio e Platão, 66; mitos cosmológicos, 127, 174, 182, 188, 203, 235, 243, 245; na antiguidade de maneira geral, 209; Vico sobre, 67

Mito cosmológico, 127, 174, 182, 188, 203, 235, 243, 245

Mito de Atlântida, 113

Mito do julgamento dos mortos, 112, 174

Mito do Titereiro, 180, 182

Mnemosine, 155, 253

Modernidade, 19, 76, 89, 210-11

Moira, 251

Moisés, 75, 82-83, 141, 153-54, 185, 189, 204, 258, 260

Mongóis, 40, 63

"Mongol Order of Submission to the European Powers" (Voegelin), 40

Monogenēs (único gerado), 188, 202

Monogenēs theos, 188

Monoteísmo, 116, 189, 191, 252

Moralidade, 84, 250

More, Henry, 70

More, Thomas, 126-27

Mortalidade. *Ver* imortalidade; vida e morte

Morte e vida, 17-18, 174-185, 200, 213, 214, 216-18, 231, 235, 237-38, 241-42, 244-46, 254

Movimento Deus-está-morto, 234

Movimentos políticos de massa, 15, 17

Muçulmanos. *Ver* islã

Musas, 154-55, 253

Mussolini, Benito, 53

Mythos, 139

N

Nacional-socialismo, 13, 53, 56

Natan, 165

Natural Right and History (Strauss), 12, 100, 119-20

"Natural Right and the Historical Approach", 100

Natureza, 230

Natureza humana: Aristóteles sobre, 125, 159, 164, 173; criação de Adão e Eva na Bíblia, 145-47; cristianismo sobre, 15, 18, 60, 125, 159, 164, 223, 232; Descartes sobre, 172; e a *imago Dei*, 121, 219; e a Queda de Adão e Eva, 147-49; e o autoconhecimento, 109; Husserl sobre, 48, 52-53; imagem helênica da, 37, 48; Kant sobre, 52-55; Locke sobre, 120-21; Platão sobre, 125, 157, 187-88, 242-44; Siger de Brabant sobre, 52; Strauss sobre, 14; visão tomista da, 51-52; Voegelin sobre, 18-19, 35. *Ver também* antropologia filosófica

Nazismo. *Ver* nacional-socialismo

Nemrod, 149-50

Neoplatonismo, 44

Neotomismo, 46, 102

New Science of Politics, The (Voegelin), 16, 98, 109

New York University, 129

Newton, Sir Isaac, 70

Nietzsche, Friedrich, 14, 54, 89, 136-37

Nieuwe Katechismus, 168

Noé, 148-51

Noein, 103

Noēsis (entendimento, intelecto), 251

Noeton (objeto de pensamento), 186

Nominalismo, 210

Nooumana (mente), 187

Norden, Eduard, 194
Nosos (loucura), 210
"Notes on Lucretius" (Strauss), 86
Noûs, 45, 62, 110, 186, 216, 241-43
Novo Testamento: e a experiência noética, 210, 233; Filho de Deus no, 194-204; Husserl sobre, 55-56; Jesus Cristo como Messias no, 197-200, 204; João Batista no, 196, 198-99; Logos do, 168; milagres no, 183, 228; Paixão de Jesus Cristo e História de Salvação no, 177, 179-81, 183-84; sentido da vida e da morte no, 174-78, 200; Voegelin sobre evangelho e cultura, 167-206; Voegelin sobre evangelho e filosofia, 168-73. *Ver também* cristianismo; Jesus Cristo; Revelação; e livros específicos do Novo Testamento
Nuvem do Não Saber, A, 58

O
Objeções ideológicas à crença doutrinária, 222
Objetividade, 19, 48, 51, 58-59, 61, 137, 257-58
Oikumenē, 175, 177
Omphalos délfico, *omphalos* de Delfos, 12, 37
"On a New Interpretation of Plato's Political Philosophy" (Strauss), 65
"On Collingwood's Philosophy of History" (Strauss), 118
"On Husik's Work on Medieval Jewish Philosophy" (Strauss), 107
"On the Intention of Rousseau" (Strauss), 67
"On the Spirit of Hobbes' Political Philosophy" (Strauss), 107, 123
On Tyranny (Strauss), 65, 85
Ontologia, 21, 62, 91-92
Ontōs ōn, 116

Ordem do ser, 18, 110
Ordem e História (Voegelin), 12, 36
Ordem política, 7-8, 18, 21, 121-22, 128, 164
Oresteia (Ésquilo), 111
Orígenes, 191, 193
"Origins of Scientism" (Voegelin), 67-69, 71
"Os 1001 Fins" (Nietzsche), 136
"Oxford Political Philosophers, The" (Voegelin), 118, 124

P
Paganismo, 190
Paixão de Jesus Cristo. *Ver* História de Salvação e Paixão de Jesus Cristo
Palestras de Buck Hills Falls, 129
Palestras em memória de Frank Cohen, série de, 135
Palestras Walgreen, 98-102, 107, 114, 117
Pan to plērōma (total inteireza), 187
Pandora, 156
Parábola da Caverna, 179, 80
Paraíso, 83, 90, 145, 157, 231, 245
Parmênides, 101, 103, 154, 156
Pathē, 51, 179, 181
Pathos, 179, 185, 200, 230
Patres, 172, 233
Patrios doxa, 239
Paulo, São: censura aos pagãos por, 191; conversão de, 151, 197; e o discurso no Areópago, 193; e o gnosticismo, 240; referências de W. James a, 211; símbolos usados por, 216; sobre a resistência de Israel ao evangelho, 189; sobre a série natureza, lei e espírito, 110; sobre o resplandecer do conhecimento,184-87 ; sobre o sentido da

vida e da morte, 18. *Ver também* epístolas específicas
Pecado. *Ver* mal
Pedro (apóstolo), 196-97, 199-201
Pedro, Segunda Epístola de, 174
Peithō, 111-12
"People of God, The" (Voegelin), 38, 42
Pepleromenoi (inteireza), 187
Perfeição / imperfeição, 17
Periagōgē, 113, 179
Persecution and the Art of Writing (Strauss), 40, 44, 63, 87, 118, 124, 163
Pérsia, 81, 204
Philia (amor), 109, 242-43
Philia politique, 216
Philosophia, 45-46, 48
Philosophical Essays in Memory of Edmund Husserl, 45
Philosophical Quarterly, 118, 124
Philosophie positive, 224
Philosophie und Gesetz (Strauss), 44, 63
Philosophoi, 115
Philo-sophoi, 138
Philosophoumena, 172
Philosophy and Law (Strauss), 44, 103-05
"Philosophy of Existence: Plato's *Gorgias*", 90-91
Phōtismos, 185
Phronēsis, 242
Pilatos, 196
Pistis (fé), 103, 243
Pitágoras, 237
Pitonisa, 163
Platão: ciência política de, 7-12, 18, 37, 40; Cohen sobre, 158-60; comentadores de, 91, 96; diálogos de e desenvolvimento de posições de, 39, 73, 90, 106, 111-14, 178; diferentes interpretações de, para fazê-lo caber em modas doutrinais, 240; e a Parábola da Caverna, 179-80; e a razão, 168; e julgamento do mito morto, 112, 174; e o mito da Atlântida, 113; e o Mito do Titereiro, 180, 182; e o mito, 10, 36-37, 66-67, 104, 106, 112-14, 180, 182, 238, 247; e o problema cardeal da filosofia, 47; e o sentido da vida e da morte, 177-81; em comparação com a Bíblia, 157-58; em comparação com Xenofonte, 73, 81; filosofia exegética de, 210; intenção de, 39; mito egípcio de, 66; relação de Aristóteles e, 160; símbolos usados por, 242, 247; sobre a alma, 109, 111-12, 174, 209; sobre a ciência, 36; sobre a criação do mundo, 157-58; sobre a *doxa,* 239; sobre a metaxia, 170, 233, 243; sobre a natureza humana, 157, 187-88, 242-44; sobre a poesia *versus* a filosofia, 37; sobre a *pólis,* 74, 80, 90, 111, 113, 116, 126, 203; sobre a psique, 20-22; sobre a razão pura, 157; sobre a sociedade, 221; sobre a sofística, 93, 113; sobre a tirania, 72-73, 80, 111; sobre *ariste politēia*, 125; sobre as ideias, 56; sobre as questões de fundamentos, 46; sobre Deus, 157-58, 178; sobre o Cosmos, 235; sobre o Deus Desconhecido, 202-03; sobre o governo dos filósofos, 159; sobre o homem questionador, 169-70; sobre o *noûs,* 45, 62, 241; Strauss sobre os princípios *versus* dispositivos de prudência relacionados a, 124-27; – Obras: *Apologia,* 22, 112, 162, 175-76; *Crítias,* 113; *Epínomis,* 247; *Fédon,* 36; *Fedro,* 112, 178, 202-03, 245; *Górgias,* 90-91, 96, 112-13, 174-75, 190, 237, 244; *Leis,* 36-37,

113-14, 116-17, 157-58, 178-80, 182; *O Banquete,* 36, 112; *Político,* 75-76, 80, 102, 114; *Protágoras,* 112; *República,* 22, 36-37, 66, 81, 96, 111-13, 117, 142, 157, 174-75, 178-79; *Teages,* 113; *Teeteto,* 78, 112, 188; *Timeu,* 110, 113, 116, 158, 188
Plato and Aristotle (Voegelin), 66
"Plato's Egyptian Myth" (Voegelin), 66
Plērōma, 203
Plērōsai (cumprir), 189
Plotino, 203, 205, 237
Pneuma (espírito), 185
Poesia *versus* filosofia, 66
Poggio Bracciolini, Gian Grancesco, 75
Polímarco, 15
Pólis, 73-74, 80, 90, 111, 113, 116, 126, 203
Politeísmo, 109, 113, 116, 189-90
Política (Aristóteles), 37
"Political Philosophy and History" (Strauss), 85, 86
Political Philosophy of Hobbes, The (Strauss), 103
Político (Platão), 75-76, 80, 102, 114
Politike epistēmē, 39
Polo, 15
Ponto arquimédico, 58-59, 61
Popper, Karl, 9, 94-97, 226-27
Positivismo, 13-14, 36, 46, 94, 102
Praeparatio evangélica, 198
Pragmatismo, 13, 102
Práxis, 21-22, 93, 103
Presença, 20, 76, 108, 140, 153, 161, 165, 184-85, 187, 189-90, 192-93, 195-96, 198, 200-01, 203-05, 207, 215-16, 225, 232-34, 236, 244, 246, 257, 259
Primeiro Discurso (Rousseau), 67

Príncipe, O (Maquiavel), 72, 74-76, 82-83
Princípio de *sola fide,* 87
Princípios políticos, 125
Processo, 50, 56
Produktionsverhältnisse, 224
Profeta armato (profeta armado), 75
Profetas: Cohen sobre o ideal social e, 158-60; como Servo Sofredor, 192; e o conhecimento, 159; em comparação com Sócrates, 160-65; experiência *versus* palavras dos, 256-57; falsos profetas, 162; inspiração divina dos, 262-63; Jesus Cristo como cumprimento dos, 189, 203; Jesus Cristo em comparação com, 195, 198-99; Maquiavel sobre os profetas armados, 75-76, 82-83; Moisés como, 153-54, 189; revelação e cumprimento das profecias, 259; sobre a realidade divina, 191-92. *Ver também* revelação; e profetas específicos
Progresso, 18, 21, 51-52, 54-55, 57, 77, 148, 160, 173, 211, 235, 238
Projeção, 224, 227
Projetos sociais imanentes ao mundo, 17
Proletariado, 53
Prometeu, 156
Prometeu Acorrentado (Ésquilo), 111
Propaganda, 17, 42, 96, 247
Protágoras (Platão), 112
Prōtē archē, 191
Proteron pros hēmas, 103
Protestantismo, 99, 101. *Ver também* cristianismo
Prōton physei, 102-03
Psicanálise, 224
Psychē, 109, 177, 201, 243
Psychen, 174-75
Purificatio, 57

Q

Quarrel with God (Thompson), 124
Quatro Quartetos (Eliot), 231
Queda de Adão e Eva, 144-46
Querefonte, 163

R

Raça, ideia de, 17
Racionalismo, 89, 93-94, 184, 223
Ratio, 56, 121
Ratio divina, 121
Razão, 168, 170-74, 176, 178, 180, 182-84, 188, 205, 220, 222, 225, 228-31, 239, 249-50, 254, 258, 260-61, 265
Razão natural. *Ver* razão
Re, 190, 218
Realissimum, 59
Rebeca, 152
Reforma, 101
Reforma de Wesley, 123
Relativismo, 102
Religião: crítica de Marx da, 224; e a ciência, 103, 109-10; e a ordem social, 64; e o *Catecismo Holandês,* 168-70; Kierkegaard sobre a fé, 115; Rousseau sobre a religião civil, 67; Strauss sobre a independência de fé e filosofia, 99, 102, 106-07. *Ver também* cristianismo; islã; judaísmo; revelação; teologia
Religião civil, 67
Religiões políticas, 17
Renascimento, 35, 38-39, 49, 114
República (Platão), 22, 36-37, 66, 81, 96, 111-13, 117, 142, 157, 174-75, 178-79
Res cogitans, 171
Revelação: argumentos a favor da, 258-61; argumentos contra a, 261-65; características distintivas da, 107-08; conhecimento humano em comparação com, 107, 115; dicotomia entre razão e, 184; e a ciência, 109-10, 256, 261; e a crítica histórica da Bíblia, 261-62; e a Idade Média, 105; e a onipotência de Deus, 262; e a perfeição de Deus, 262-63; e o catolicismo, 259; e o cristianismo, 107-08, 114-15, 181, 190, 192-93, 195-96, 199, 202, 204, 210, 23-34, 240, 254-65; e o cumprimento das profecias, 259; e o judaísmo, 257-59; e o mito e o diálogo platônico, 114; e os filósofos, 254-56; e os milagres, 259, 261-64; Espinosa sobre, 138-39, 263-64; falta de evidências objetivas da, 256-57; por Jesus Cristo do Deus Desconhecido, 194-205, 233; problemas relacionados, 106-10; qualidade intrínseca da, como prova, 260; Strauss sobre, 105, 114-17, 254-65; Voegelin sobre, 107-11, 113, 189-93. *Ver também* profetas
Review of Politics, 72, 78, 88, 90, 97-98, 100
Revue de Philosophie, 123
Revue des Études Juives, 40, 44, 63
Riezler, Kurt, 97, 128
Rohde, Erwin, 109
Romanos, Epístola aos, 170, 174, 187-89
Românticos, 49, 111
Rômulo, 75, 82-83, 147
Rosenzweig, Franz, 96
Roth, Michael S., 85
Rousseau, Jean-Jacques, 45-46, 67, 89, 99, 124
Ruach, 191, 193
Rússia e URSS, 88, 160

S

Sabedoria na Bíblia, 155
Salmo, 139, 157

Salutati, Coluccio, 78
Samuel, Segundo Livro de, 165
Santayana, George, 88-89
Santo Tomás de Aquino, 52, 121, 232
Sapientia, 108, 110
Sara, 151
Sartre, Jean-Paul, 171
Satanás, 200
Savonarola, 83
Scheler, Max, 11
Schleiermacher, Friedrich, 106
Scholem, Gershom, 44
Schuman, Fred L., 65
Schütz, Alfred, 31, 47, 62
Scientia, 110
Segundo Tratado de Governo, O (Locke), 119-21
Sem, 150
Ser, 46-47, 109, 170, 224
Ser-em-movimento, 22
Servo Sofredor, 192-93
Set, 147
Sexto Empírico, 210
Shorey, Paul, 174
"Siger de Brabant", 44, 52
Simão, 195-96
Símbolos: análise de símbolos equivalentes, 232-33; como doutrina, 238-39; Comte sobre, 224; da autossalvação, 183, 231; da consciência, 241; da filosofia estoica, 243; de alienação, 178, 205, 218, 236-40, 245, 247-48; do Êxodo e da Babilônia, 232; do sonho, 230; dos deuses da cultura cosmológica, 203; dos textos platônicos, 218; e a abordagem da história pelos filósofos, 219-34; e a era pós-cristã, 229; e a imortalidade, 207-09, 234-48; e a tensão da realidade e dentro dela, 17-18, 219-21, 242; e evangelho, 195, 197-98; e Intermediário, 181-83; e o gnosticismo, 194-95, 204-05, 237; e simbolização, 188, 197, 200, 235; equívocos a respeito, 209; Feuerbach sobre, 223-24; Jung sobre, 247; na "Disputa de um Homem, que Contempla o Suicídio, com Sua Alma", 213-21, 227, 234, 236-40, 245-47; objeções ideológicas à crença doutrinal, 222-24; problema da opacidade dos, 85; ressimbolização de deuses mais antigos, 202; símbolos de antes-e-depois, 189; símbolos platônicos, 242, 247; transfiguração dos símbolos transcendentes ao mundo em projetos sociais imanentes ao mundo, 17; uso dos, pelos filósofos, 219-23
Símbolos transcendentes ao mundo, 17
Sionismo, 256
Snell, Bruno, 109
Social Research, 33, 35, 38-40, 43, 46, 62, 64-65, 67-68, 89, 128
"Social Science of Max Weber, The" (Strauss), 107
Sociedade Aberta e Seus Inimigos, A (Popper), 94
Sociedades abertas *versus* sociedades fechadas, 95, 226-27
Sócrates: ataque de Aristófanes a, 66; defesa de, contra as acusações de não crer nos deuses atenienses, 162-64; e a Parábola da Caverna, 179; e a razão, 168; e Crítias, 165; e Hegel, 90; e o *daimonion,* 164, 176; e o mito do julgamento dos mortos, 174; e os diálogos, 112-14, 116, 178; e Xenofonte, 77; em comparação com os profetas, 160-65; julgamento de, 112-13; mis-

são divina de, 163-64; mito da alma socrática, 11; morte de, 10, 37, 111, 174, 181; Platão sobre, 10, 14, 21, 37, 160; revelação de, e conflitos culturais, 190; sobre a imperfeição da sabedoria humana, 254, 257; sobre a tirania, 81; sobre o sentido da vida e da morte, 237; sobre os filósofos, 164

Sodoma e Gomorra, 151-52

Sofística, 93, 113, 239

Sólon, 66

Sōmatikos, 187

Sophia, 115

Sophrosyne (autodomínio), 178

Soviet Politics, at Home and Abroad (Schuman), 65

Spinoza's Critique of Religion (Strauss), 89, 103

Stafford, William, 122

Stokes, Harold W., 129

Strauss, Benno, 35, 38

Strauss, Leo: aposentadoria de, 72; caligrafia de, 24, 47, 94, 98-99, 125-27; e os ensaios de Voegelin para *Social Research*, 35, 37-44, 67-71; fundos da Fundação Rockefeller para, 33; lugar das cartas de, 23-24; morte de, 9; mudança de, para Chicago, 72, 88; na Califórnia, 128-29; palestras dadas por, na Universidade de Chicago, 12; palestras Walgreen, dadas por, 99-100, 102-04; publicações de, 12-13, 40-41, 44-46, 63-67, 72-87, 85-87, 97-102, 104-07, 117-24, 123, 129-32; resenha de Voegelin de *On Tyranny* e resposta de Strauss, 72-85, 88-89, 97; visão geral da correspondência entre Voegelin e, 8-10, 23-25; – Ideias de: crítica das ciências sociais em geral, 13-14, 45-46; sobre a crise da modernidade, 8-9, 18-19, 24-25; sobre a independência de fé e filosofia, 99, 102, 105-06; sobre a influência mútua de teologia e filosofia, 249-65; sobre a política platônico-aristotélica, 9-12, 34-35, 62; sobre a revelação, 105, 114-17, 254-65; sobre a transcendência do "prático", 19; sobre existencial, 18-22, 92-94; sobre guerras ideológicas, 17; sobre Husserl, 40, 45, 62; sobre Locke, 119-24, 126; sobre o começo da Bíblia e suas contrapartidas gregas, 135-58; sobre o processo de pensamento, 22-24; sobre os diálogos platônicos, 90, 111-14; sobre Popper, 94-95, 97; sobre Sócrates e os profetas, 158-65. *Ver também* publicações específicas

Stromateis (Clemente de Alexandria), 240

Stuart, 122

Subjetividade do ego, 51, 61

Subjetivismo, 19, 115

Suicídio, contemplação do, 213-15, 219

Sum ergo cogito, 172

Suma Teológica (Tomás de Aquino), 120, 232

Sunita, 102

Suplicantes, As (Ésquilo), 111

T

Talmud, 138

Tasis (tensão), 170, 243

Taubes, Jacob, 102

Teages (Platão), 113

Teeteto (Platão), 78, 112, 188

Teleologia, 49-50, 52, 57

Télos, 50-51, 53-54, 56, 58, 61, 94

Tensão: da psique, 22; e símbolos, 17-18, 219-21, 242

Teogonia, 20, 92, 190

Teogonia, A (Hesíodo), 154-55
Teologia, 140, 157, 173, 183, 189, 193, 202, 225, 228-29, 234, 243, 249-65. *Ver também* cristianismo; religião
Teologias civis, 17
Teoria *versus* práxis, 93, 103
Terra Devastada, A (Eliot), 209
Tertium, 74, 105
"Teses sobre Feuerbach" (Marx), 99
Teseu, 75, 82-83
Thaumazon, 178
Theioi nomoi, 106
Theiotēs (divindade), 187
Theoria (contemplação), 93, 250
Theory of Legal Science, The (Cairns), 10, 13, 16, 34
Theos aisthetos (deus visível), 188
Theotes (realidade divina), 187-90, 193
Thnetos (homem mortal), 187
Thompson, Lawrence, 124
Thoughts on Machiavelli (Strauss), 12, 124
Tiago, Epístola de, 174, 244
Timeu (Platão), 110, 113, 116, 158, 188
Tirania: e cesarismo, 78-80; livro de Strauss sobre, 72-85, 97-100; Maquiavel sobre, 74-76, 82-85; Platão sobre, 72-73, 80, 111; tirania atual *versus* tirania clássica, 77-78; Xenofonte sobre, 72-78
To gnoston tou theou, 187
Tolerância, 64, 137
Torá, 136, 138, 140, 144, 148, 154, 258. *Ver também* Antigo Testamento
Toynbee, Arnold J., 7, 167
Trabalhos e os Dias, Os (Hesíodo), 155
Tradição cartesiana. *Ver* Descartes, René
Tragédia, 111-12, 116
Transcendência e transcendentalismo, 21, 49, 57-61, 109, 212, 219

Trasímaco, 113, 117
Tratado Teológico-Político (Espinosa), 138
Tucídides, 132

U

Unio mystica, 57
Universidade de Chicago, 12, 120, 130-32
Universidade Notre Dame, 72, 131-32
Uranos (céu), 155
Utilitarismo, 123
Utopia (More), 126

V

Valentino, 195
Valéry, Paul, 88-89
Valores e o problema do valor, 226, 265
Variedades da Experiência Religiosa, As (James), 211
Vauvenargues, Luc de Clapiers de, 119-20
Antigo Testamento: Aliança de Deus com Abraão no, 149-52; Caim e Abel no, 147-49; como coleção de livros, 153-54; contrapartidas gregas do, 158-63; Dez Mandamentos no, 153; Dilúvio e Noé em, 148-51; e história, 54, 128, 139; história da criação no, 140-45, 261; Javé em, 176, 182, 192, 198-99, 204; milagres no, 138-40, 184; Moisés no, 75-76, 82, 141-42, 153-54, 185; natureza misteriosa de Deus no, 152-53; Queda de Adão e Eva, 145-47. *Ver também* profetas; revelação; Torá
Veltro, 76
Verdade: verdade existencial, 18-21, 90-91, 201-05; verdade objetiva, 90; e simbolização, 201
Verdade tensional, 19

Vico, Giambattista, 67
Vida após a morte. *Ver* imortalidade
Vida e morte, 17-18, 174-185, 200, 213, 214, 216-18, 231, 235, 237-38, 241-42, 244-46, 254
Virtù ordinata, 75
Virtude: Aristóteles sobre, 242-43; bondade *versus*, 67; conceito pré-moderno de, 123; Maquiavel sobre, 74, 83; Rousseau sobre, 67; virtudes existenciais, 242
Vita contemplativa, 93
Vita di Castruccio Castracani (Maquiavel), 75, 83
Vita Tamerlani, 75
Vitoria, Francisco de, 127
Voegelin, Eric: caligrafia de, 24; crítica das ciências sociais de modo geral por, 14-18; ensaios para *Social Research*, 35, 37-44, 67-71, amigos de, 46-48; fundos da Fundação Rockefeller para, 33; lugar das cartas de, 23-24; morte de, 9; mudança de, para Munique, em 1958, 129; na Notre Dame University, 131-32; na Califórnia, 127; na Louisiana State University (LSU), 35, 38, 128; palestras na Universidade de Chicago por, 12; palestras Walgreen por, 99-100, 102, 107, 114; problemas de saúde de, 126-28; publicações de, 12-13, 36-38, 40, 52-53, 66-67, 71, 90-92, 98, 118, 129-30; resenhas de livros por, 9-13, 33-34, 40, 46, 62, 64-65, 72-77, 84-85, 88; resenha de *On Tyranny*, de Strauss, e comentários de Strauss, 72-84, 88-89, 97-98; viagem de, a Chicago, 98, 100-01; visão geral da correspondência entre Strauss e, 8-10, 23-25;
– Ideias de: sobre a crise da modernidade, 8-9, 18-19, 24-25; sobre a dimensão histórica, 19; sobre a natureza humana, 18-19, 35; sobre a objetividade, 19; sobre a ordem política, 18, 21; sobre a revelação, 107-11, 113, 189-93; sobre evangelho e cultura, 167-206; sobre existencial, 91-92; sobre Husserl, 46-61; sobre Locke, 119-24, 126; sobre o problema platônico-aristotélico, 10-11, 36-37; sobre o processo de pensamento, 22-24; sobre o processo, 18-20, 23; sobre os diálogos platônicos, 107-08, 111-14, 178; sobre os símbolos e a imortalidade, 207-48; sobre Popper, 95, 97. *Ver também* publicações específicas
Volk alemão, 53

W
"Walker's Machiavelli" (Strauss), 118, 120
Wallas, Graham, 95
Weber, Max, 34, 40, 45, 107
Whitehead, Alfred North, 70, 220
Wilamowitz, Ulrich von, 117
William of Rubruquis (Rubrouck), 63

X
Xenófanes, 66, 101, 103
Xenofonte, 65, 72-78, 80-82, 84-85, 165
Xiita, 102

Z
Zeitgeist, 228
Zenão, 52
Zētein, 178
Zētēsis, 170, 243
Zeus, 114, 154-56, 176

Dos mesmos autores, leia também:

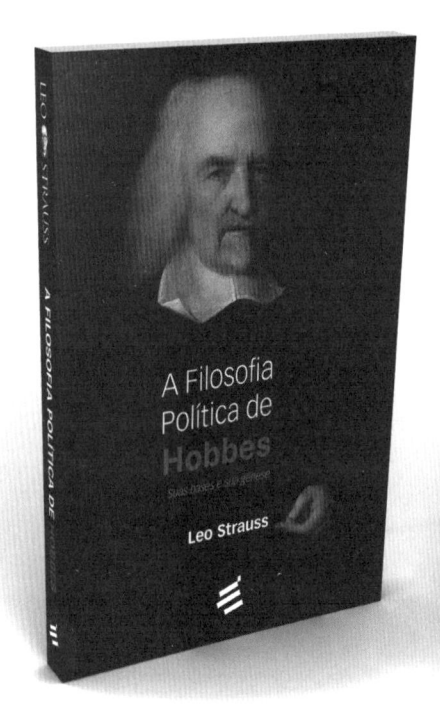

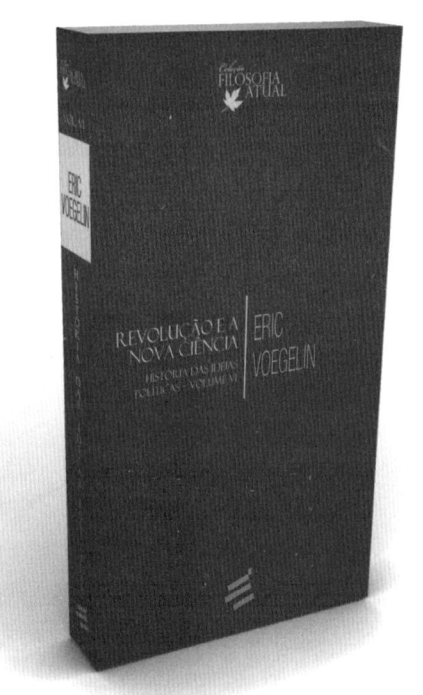

Nesta análise clássica, Leo Strauss detalha o que é original e inovador na filosofia política de Thomas Hobbes. Ele argumenta que as ideias de Hobbes surgiram não da tradição ou da ciência, mas de seu próprio conhecimento profundo da natureza humana. Seguindo o desenvolvimento da doutrina moral de Hobbes desde seus primeiros escritos até sua maior obra, *Leviatã*, Strauss explica as contradições no conjunto da obra de Hobbes e descobre relações surpreendentes entre Hobbes e o pensamento de Platão, Tucídides, Aristóteles, Descartes, Spinoza e Hegel.

Ao escrever este volume de sua *História das Ideias Políticas*, Voegelin confrontou várias questões "metodológicas" que tinham sido contornadas, evitadas ou tratadas indiretamente quando lidou com os acontecimentos políticos e as ideias políticas de períodos históricos anteriores. Com base nesta análise sistemática dos "materiais", *Revolução e a Nova Ciência* trouxe diretamente ao foco o que agora chamamos a questão da historicidade.

facebook.com/erealizacoeseditora   twitter.com/erealizacoes   instagram.com/erealizacoes   youtube.com/editorae

issuu.com/editora_e   erealizacoes.com.br   atendimento@erealizacoes.com.br